中国文学海外传播研究书系·21世纪北美中国文学研究著译丛书

北京师范大学中国文学海外传播研究中心
张健 刘洪涛 石江山（Jonathan Stalling）主编

21世纪北美中国文学研究著译丛书

英语世界的
庄子主体形象构建研究

A Study on Subjectivity of Zhuangzi in English-Speaking World

王泉 著

中国社会科学出版社

图书在版编目（CIP）数据

英语世界的庄子主体形象构建研究／王泉著 . —北京：中国社会科学
出版社，2017.3

ISBN 978 – 7 – 5161 – 9891 – 9

Ⅰ . ①英…　Ⅱ . ①王…　Ⅲ . ①庄周（前 369—前 286）—人物研究
Ⅳ . ①B223.55

中国版本图书馆 CIP 数据核字（2017）第 042697 号

出 版 人	赵剑英	
责任编辑	刘志兵	
特约编辑	张翠萍等	
责任校对	石春梅	
责任印制	李寡寡	

出　　　版	中国社会科学出版社	
社　　　址	北京鼓楼西大街甲 158 号	
邮　　　编	100720	
网　　　址	http://www.csspw.cn	
发 行 部	010 – 84083685	
门 市 部	010 – 84029450	
经　　　销	新华书店及其他书店	

印　　　刷	北京明恒达印务有限公司	
装　　　订	廊坊市广阳区广增装订厂	
版　　　次	2017 年 3 月第 1 版	
印　　　次	2017 年 3 月第 1 次印刷	

开　　　本	710×1000　1/16	
印　　　张	17.5	
插　　　页	2	
字　　　数	289 千字	
定　　　价	65.00 元	

21世纪北美中国文学研究著译丛书
编委会

中国文学海外传播研究书系·总序

张　健

　　营造良好的世界文化生态，促进不同民族文化间的相互了解与尊重、对话与交流，借以实现和谐世界的人类理想，越来越成为一种世界性的共识。文学作为人类精神文化的重要载体，由于其自身所具有的鲜明的民族特质和相对的共通性，由于其包含在特定社会生活内容当中的丰富的情感诉求和对于人性的多方位思考，由于其所具有的较强的可读性和极为广泛的受众基础，它的国际传播可以而且应当成为跨文化交流的一种重要而有效的途径。

　　中国的文学源远流长，承载着博大精深的中国文化。中国文化的要义之一，就是"和"。为了"和"，中国文化主张"和而不同"。因为在这种文化看来，绝对的"同"必然导致绝对的"不和"。这一点，与当今世界各民族文化、区域文化之间互荣共生的时代精神是完全吻合的。中国文学因此成为世界上了不起的文学之一，中国人对于本国文学的思考因此成为人类思想当中重要的一部分。在世界范围内传播中国的文学及其对于文学的思考不仅仅是国家文化战略的需要，同时也符合人类和平发展的根本利益。在一个全球化的时代，为了保证当今世界民族文化多样性的存在，通过我们创造性的工作，让世界上更多的人群能够分享中华优秀文化的精髓，为人类文化的繁荣与世界的和平作出中华民族独特的贡献，是中国文学及其研究重大而崇高的历史责任。

　　有鉴于此，北京师范大学文学院，作为中国内地中文教育与文学研究的学术重镇之一，近年来一直在跨文化的文学传播与交流方面进行着积极的尝试和切实的努力。为此，我们成立了"中国文学海外传播研究中心"，并且从 2009 年开始实施了一项"中国文学海外传播"的计划。其旨归有二：一是希望站在民间和学术的立场，通过与国外教育、学术机构中有识之士长期有效的合作，在海外直接从事中国文学及其研究的传播工作，向世界展现当代中国最鲜活的状貌和样态；二是希望在中国文学及其研究国际化的大趋势当中为本土文学及其研究的繁荣增添新的契机、新的视阈和新的活力。这项计划的具体内容除组织召开跨学科、跨界别的与"中国文学海外传播"有关的大型国际学术研讨会，在海外出版发行英文期刊《今日中国文学》，翻译出版中国作家的重要新作及国内学者的相关论著，在国内编辑出版著名英文期刊《当代世界文学》的中国版，发布中国文学及其研究的海外文情报告以外，还包括了另外一个后续的大型项目，即分批出版《中国文学海外传播研究书系》。

我相信，这项计划的成功实施，可以有效地展示中国文学的当代风采，有利于建构世界文学中完整而真实的中国形象，增进国际社会对于当代中国及其文化的了解与认识，有利于不同国家、种族和民族间的文学、文化乃至思想和学术的交流，有利于中国文学海外传播经验的积累，有利于中国文学海外传播方面的发展战略与策略的探讨和调整，有利于本土的中国文学及其研究的创造性发展。它的意义应该是重大而深远的。

到目前为止，我们已经成功举办了两次跨学科、跨界别的大型国际学术研讨会，反响很好；英文学术期刊《今日中国文学》现已正式出版四期，面向全球发行，在西方的作家、诗人、批评家、学者、编辑、出版商、发行商、文学爱好者、汉语爱好者当中业已引起广泛的关注和浓厚的兴趣；《当代世界文学·中国版》已经编辑出版了四辑；列入"今日中国文学"英译丛书的作品和作品集已经通过了论证和审定，其版权协议、翻译等各项准备工作正在进行之中，在完成英译以后它们将由美国方面的出版社负责在世界范围内出版发行；海外文情报告和英译的国内学者论文集中的一部分也已进入付梓出版的阶段。由于中外双方的精诚合作与国内的多方支持，计划终于取得了重要的突破和初步的实绩。

但另一方面，三年多的传播实践在使我们进一步认识到中国文学海外传播事业的重大意义的同时，也告诉了我们这项事业的高度复杂性和它特有的难度。文化、制度、社会现实上的差异和语言上的障碍，是我们必须面对的难题；海内外之间多方的沟通与磨合是我们日常的功课；超越实务层面的理性而系统的思考是我们需要迎接的挑战。"中国文学的海外传播"无疑是一项崇高的事业，而崇高的事业无疑又是需要为之付出巨大精力、智力和心力的。究竟应该如何去遴选作品，才能表现出当代中国的文学及其研究的独特神韵和真实风貌，才能反映出中国社会历史性的变化？怎样做才能保证乃至提高中国文学在海外传播的有效性？应当如何从发展和变化的眼光去看待外国读者的阅读心理和欣赏趣味，去看待中国本土的文学及其研究的传统和独特性？如何理解和对待海外汉学在中国文学、中国文学研究及其海外传播问题上的作用和影响？如何在世界范围内扩大资源，提升高学养、有神韵的翻译能力？如何更有利于海外出版物向教育教学资源的转化？凡此种种，显然都需要深入的探讨和系统的思考。人类崇高的事业必然是有思想的事业。我们需要来自多重视角的洞见与卓识，我们期待更多同道在智力和学术上的跟进。而这也就成为我们设计《中国文学海外传播研究书系》的初衷之一。

当然，这套书系的创意，绝非仅仅来自中国文学海外传播过程中实践性的迫切需求，除此之外，它与我们的学术追求和理论抱负，与我们对于中国文学及其研究的历史趋势、中国文学海外传播事业的总体认识和判断，同样有关。

随着经济全球化和高科技迅猛发展的进程，随着中国综合国力的不断提升，中国文学及其研究已经进入国际性的跨区域、跨文化、跨族群互动交流的新阶段。内地与台港澳地区、中国与世界各国之间的文化和学术上的交流与合作不仅日益频繁而且日渐深化，中国内地的文学和文学研究正在悄然融入世界文学和国际学术的广阔天地。中国离不开世界，世界缺少不了中国。西学仍在东渐，中学正在西传。在一种全球化的时代语境当中，如何发展和看待中国的文学及其研究，早已不再仅仅是中国人自己的事情，它已然成为国际社会越来越多有识之士共同关心的话题。中国的文学、对于中国文学的研究、中国文学的海外传播、对于中国文学海外传播的研究这四者已经空前紧密地联系在一起。中国文学及其研究的世界性格局正在由此形成。

在这种背景之下去讨论中国文学及其研究，自然是离不开国际意识和国际视野的。特别是当"涉外"的中国文学及其研究已然成为一种需要人们高度关注和重视的新"现实"的时候，中国文学及其研究的内涵、功能、方法、层次、意义和其所适用的范围显然已经并正在发生着前所未有的深刻变化。"涉外"的中国文学及其研究并非今天才有,但在过去,它们明显属于一种边缘性的附加部分,而今,它却成了中国文学及其研究不可分割的一部分。这对传统意义上的"涉内"的"中国文学及其研究"无疑是一种具有历史意义的丰富和拓展。这种丰富和拓展要求我们在理念观念、认知内容、思想方法、研究范式、传播方式、制度环境等方面进行一系列相应的调整,以一种更为自觉的态度关注和引领中国文学及其研究领域的这些历史性的新变化。

世界性的格局,需要我们更为深入地认识中国文学及其研究的国际化问题。这种国际化实际包含了外化和内化两个最为基本的方面。其"外化",是指中国文学及其本土研究在国际上的传播;其"内化",指的是发生在中国文学及其本土研究内部的自我调整与优化。这种自我调整与优化最为根本的内驱力当然来自中国社会的内部,但它显然又是同域外文学及其学术研究在中国的传播,同中国文学、本土的中国文学研究向外的传播及其反馈密切相关的。外化和内化应该是国际化问题当中相互依存、交相互动、密不可分的两个方面。我们强调中国文学及其研究的向外传播,丝毫不意味着我们可以忽视中国文学及其研究自身的调整、建设与优化。

但问题是,在一些人那里,这种"外化"往往遮蔽了"内化"的必然性和必要性。在这些人看来,所谓"中国文学及其研究"本身实际上不仅是既定的,而且是恒定的,所谓"外化"或"涉外",无非是要把这些既定、恒定的东西以一种既有的方式"向外"传播出去而已。殊不知,传播即交流,而交流从来不可能是单向度的。在交流的过程中,交流的双方乃至多方或早或迟,或显或隐都会发生相应的变化。中国文学的海外传播,情况亦会如此。传播出去的中国文学固然依旧是"中国文学",但它已经不再是原初意义上的中国文学,而是经过了"他者"理解的、打上了某种"他者"印记的"中国文学"。这种情况反转回来势必又会直接或间接地影响到本土原生的中国文学。在一种世界性的格局之下,"外化"和"内化"、"涉外"和"涉内",是难以截然分开的。在我看来,中国文学的海外传播,无论是就传播的主体、客体、中介,还是就传播的环境、机制、动力而言,都会存在着一种极其复杂微妙的、多层多向互动的转化过程。对于这一复杂的转化过程的理性总结和系统研究，不仅会直接推进海外传播的实务，而且它本身就是中国文学及其研究的重要组成部分。

"涉内"的中国文学及其研究和"涉外"的中国文学及其研究，当然会有明显的区别，但是它们之间的相关性和统一性不可忽视。我们应当看到在两者之间事实上存在着的复杂的互动关系。我们需要重视中国文学及其研究在国际传播过程中对于本土的中国文学及其研究所提供的反馈性影响，不仅是为了更好地"外化"，同时也是为了本土的中国文学及其研究自身的进一步"优化"。在这个意义上，我觉得我们应该认真研究一下国外特别是英语世界的文学及其研究的情况和国外大学相关机构的教学科研情况。尽管我们和他们在许多方面有着明显的不同，我们在文学及其研究方面有着丰富而成功的经验，我们无须也不会跟在他们后面亦步亦趋，但是他们作为"他者"所提供的经验是值得我们认真对待和有选择地借鉴的。在文化和学术跨地域、跨族群、跨语言的交流与传播当中，"差异"的积极意义有时或许大于它的消极意义，有了"差异"才会有"差异"与"差异"之间的互识、互动、互补、互融、相生，才可能生成人类文明多元而和谐发展的建设性力量。

就此意义而言，中国文学海外传播研究完全可以并且正在成为中国文学及其研究当中的一个带有交叉学科性质、极具发展前景的新兴领域。这一由中国文学与传播学两个基本学科在全球化语境下的耦合而形成的新兴领域，就目前的情形看，已经具有了可持续的、特定的研究对象和比较明确的研究目标。尽管它在短时间内还不大可能形成一门相对独立的学科，但我相信，经过越来越多有识之士的不懈努力，随着研究资源的不断丰富和积淀以及研究方法的不断成熟，它最终是完全可以建构起一整套属于它自己的、逻辑化的科学知识体系的。愿我们《中国文学海外传播研究书系》的陆续出版，对于加快这一学术发展的进程能够有所助益。

我们希望这套大型的研究书系能够提供一扇了解中国文学及其研究海外传播与接受基本状况的窗口，打造一个在国际化大背景下思考中国文学及其研究问题的多向对话与交流的平台。很显然，这套书系不可能为人们提供终结性的统一结论，但可以为我们提供一次理解、尊重、包容、借鉴乃至超越彼此间差异的新的可能，让海内外更多的有识之士从这种围绕"中国文学海外传播"问题而展开的，"和而不同"的，跨学科、跨文化的多重对话与往复交流当中，获取新的启示、新的灵感、新的兴趣、新的话题和新的动力。《论语》有言："以文会友，以友辅仁。"我们真诚地希望这套书系的出版能够得到国内外更多朋友的关注，同时也希望海内外有志于传播和研究中国文学的同道们不吝赐教赐稿，让我们大家一起来推动这项有益于人类福祉的事业。

2012 年 7 月 29 日

21世纪北美中国文学研究著译丛书·编辑说明

　　"北美中国文学研究"主要是指美国、加拿大两国，尤其是美国的中国文学研究。它是以英语为主要学术语言，以北美为主要基地，以从事中国文学教学和研究为目的的机构、媒介、人员及学术成果的总称。传统上，"北美中国文学研究"被归入北美汉学或北美中国学的范畴。自20世纪50年代以来，北美的中国学研究逐渐取代欧洲，成为西语世界新的研究中心。尤其是20世纪70年代末以来，北美中国学研究更是欣欣向荣。这不仅表现在北美大学相关教学科研机构、从业人员的数量庞大，专业期刊众多，出版的著作、译作，完成的博士学位论文，发表的期刊论文的数量据西语国家之冠，而且研究的整体质量和学术影响力也处于世界领先水平。面对如此繁荣发达的景象，对其进行研究，以往的"中国学"或"汉学"这样笼统、宽泛的概念，已经不足以区分其内在的差异性和多样性，还会影响我们对其学术成果的识别和利用。因此，引入一级学科的概念，将其中的中国文学研究独立出来，作为一个学术领域，及时、全面地掌握其最新文献资讯，追踪其发展动向，对其进行深入的研究，就成为一个紧迫的学术课题；在提升中国文化国际影响力已经成为国家战略的新形势下，这一研究也必将承载重要的文化使命。

　　"21世纪北美中国文学研究著译丛书"的设计和启动，建立在中美两国学术界近年合作开展的"中国文学海外传播"事业的基础之上。北京师范大学文学院于2007年与美国知名杂志《当代世界文学》（*World Literature Today*）开始学术合作。在当年，我们为该杂志约了一组中国当代文学的专栏文章（2007年第7—8期）。2008年双方合作在北京召开了"当代世界文学与中国"国际学术研讨会。2009年，双方合作向国家汉办申请了"中国文学海外传播工程"项目，用来支持我们在美国创办《今日中国文学》（*Chinese Literature Today*）杂志，在美国出版"今日中国文学英译丛书"，召开"中国文学海外传播国际学术研讨会"。如今这三项工作都取得了阶段性成果；新的合作也在稳步推进当中。随着中国文学海外传播实践工作不断取得进展，我们意识到，这些实践工作需要有学术的支撑，才能走得更稳、更远；同时，我们在实践工作中，也遇到了一些新情况、新问题，而这些是我们以往在书斋里或讲堂上所不大可能意识到的，于是我们在产生了困惑的同时，也产生了研究和解决问题的兴趣。我们越来越明确、越来越强烈地意识到，如果我们能够很好地驾驭"实务和研究"这两个轮子，那么，我们目前正在从事的中国文学海外传播事业和中国文学研究事业都会获益匪浅。基于这些原因，我们在 2010 年成立了"中国文学海外传播研究中心"，开始系统推进与此相关的学术研究，"21 世纪北美中国文学研究著译丛书"就是这些学术规划中的重要一项。

正是基于学术和文化两个方面的考量，"21 世纪北美中国文学研究著译丛书"在选题规划方面，与国内已经出版的多种海外汉学丛书有很大的不同。首先，它立足于"新"，将时间限定在"21 世纪"。尽管新世纪到现在只过去十多年，但这十多年间，北美中国文学研究进入加速发展的新阶段，成果总量呈现大幅增长的态势，并具有鲜明的特色。我们有信心通过这套丛书，把北美中国文学研究的最新、最有代表性成果呈现在读者面前。其次，丛书汇集的是两大类成果。第一类是北美学者用英语撰述的中国文学研究成果，这一类成果很多，我们着重选择那些在方法论上有突出建树的成果，通过翻译呈现给读者。第二类是中美学者对北美中国文学研究进行研究的成果，旨在总结北美学者从事中国文学研究的历史与现状、经验与教训、理论与方法。其三，丛书在研究北美中国文学研究学术成果的同时，也研究这些成果的生产者和翻译者，消费这些成果的北美作家和普通读者，试图描绘出中国文学在北美传播和影响的"路线图"。

我们期待着这套丛书的出版，能给汉语学术界的中国文学研究提供镜鉴，也对中国文学海外传播的实践工作有所助益。

目　录

导论　英语世界的庄子传播概述 ……………………………… （1）

　　第一节　国外研究综述 …………………………………… （2）

　　第二节　存在形态综述 …………………………………… （49）

　　第三节　国内研究概括 …………………………………… （51）

第一章　哲学家庄子：认知主体 ……………………………… （59）

　　第一节　主体构建理论：主体的游离性 ………………… （59）

　　第二节　相对主义主体：语言学家庄子 ………………… （66）

　　第三节　怀疑主义主体：非理性的庄子 ………………… （91）

第二章　宗教家庄子：神秘主体 ……………………………… （104）

　　第一节　神秘与道教 ……………………………………… （104）

　　第二节　流动和无为 ……………………………………… （128）

第三章　美学家庄子：美学主体 ……………………………… （145）

　　第一节　文化超越和审美欣赏 …………………………… （145）

　　第二节　神话隐喻与心灵转化 …………………………… （149）

　　第三节　道家美学和中国诗学 …………………………… （158）

　　第四节　关联思维与顺应语言 …………………………… （167）

第四章　道德家庄子：伦理主体 ……………………………… （186）

　　第一节　顺应之仁 ………………………………………… （186）

第二节   性别之道 ……………………………………………（190）

第三节   道德之悟 ……………………………………………（198）

第五章   后人类主义视野下的庄子：后人类主体 ……………（207）

第一节   无我：虚空物化 ……………………………………（210）

第二节   动物：鲲鹏之变 ……………………………………（216）

第三节   混沌：去脸过程 ……………………………………（225）

结语   主体性与研究者 …………………………………………（232）

参考文献 ……………………………………………………………（241）

致谢 …………………………………………………………………（263）

TABLE OF CONTENTS

Introduction ·· (1)

   1. Literary Review ··· (2)

   2. Influential Journals ·· (49)

   3. Current Research in China ·································· (51)

Chapter One　Zhuangzi as a Philosopher: A Cognitive Subject ····· (59)

   1. Subjectivity ·· (59)

   2. Relativism ·· (66)

   3. Skepticism ··· (91)

Chapter Two　Zhuangzi as a Religionist: A Mystic Subject ········ (104)

   1. Mysticism and Dao ··· (104)

   2. Flow and Wuwei ·· (128)

Chapter Three　Zhuangzi as an Artist: An Aesthetic Subject ····· (145)

   1. Cultural Transcendence and Aesthetic Appreciation ·············· (145)

   2. Myths and Metaphors in Self-transformation ··············· (149)

   3. Daoist Beauty and Chinese Poetics ························ (158)

   4. Association and Deference ································· (167)

Chapter Four　Zhuangzi as a Moralist: An Ethical Subject ········ (186)

   1. Coextension ··· (186)

2. The Dao of Gender ·· (190)

3. Self-discovery ·· (198)

Chapter Five   Zhuangzi as a Posthumanist ······················ (207)

1. Selflessness: Empty-mindedness and Objectification ············ (210)

2. Becoming-animal: Transformation of Fish into Roc ··········· (216)

3. Chaos: Defacing Ritual ·· (225)

Conclusion   Subjectivity and Researchers ······················· (232)

Works Cited ·· (241)

Acknowledgement ·· (263)

导　论

英语世界的庄子传播概述

　　庄子在中国文学史和哲学史上占有极其重要的位置，庄学成为无数研究者毕生执着的钻研对象。魏晋时期的玄学、隋唐的佛学、宋明的理学，都深受庄子的影响。到了近代，章太炎"以佛解庄"，胡适运用西方视角分析庄子，冯友兰深化了庄子的哲学思想。20世纪50—70年代的港台地区庄学专家徐复观、方东美等从美学和文学方面开辟了庄学研究的新思路；进入80年代后，两岸庄学日渐繁荣。陈鼓应、张恒寿、崔大华进一步深入探讨庄子思想，刘绍瑾的《庄子与中国美学》、张利群的《庄子美学》、陶东风的《超迈与脱俗——庄子与中国美学》在美学研究方面取得了很高的成就。从研究范围来看，国内庄学研究包括了哲学、文学、美学、语言学等方面，但是在研究深度方面还有待于进一步加强。从研究方法来看，国内庄学校勘注释较多，对庄子的研究主要从庄子对后代文人的影响出发，或者在中国文化的视野内进行探讨，有一定的局限性。

　　若要进一步全面深化庄子研究，我们有必要将目光投向英语世界的庄学研究。西方学者处在不同的文化背景下，对庄子往往会有比较新颖独到的见解；而且西方学术有着比较完备的理论体系，庄子在这些理论的鉴照下会折射出不同的光芒。西方学者的研究成果对国内庄学很有启发性。例如，混沌和脸文化的关系、庄子哲学的疏导治疗功能、道家的男女平等问题等视角，有利于国内学者跳出自己的文化圈子来反观自身，继而更好地推进庄学研究。

第一节　国外研究综述

一　翻译介绍阶段（1881—1946）

《马可·波罗游记》是中国文化在西方传播历史中的一个里程碑。马可·波罗（1254—1324），出生在意大利威尼斯，他后来随父亲来到亚洲，在中国生活了 17 年，回国后撰写了《马可·波罗游记》。该书在欧洲出版后产生了巨大的影响，极大地激发了欧洲人对中国的向往。14 世纪的欧洲正处在中世纪时代，人们蒙昧于宗教信仰，对外面的世界知之甚少。《马可·波罗游记》不仅为欧洲人带来了航海知识和地理知识的革命，还激发了西方对中华文明和帝国财富的热切向往。文艺复兴在 16 世纪的欧洲逐渐形成，中华文化对西方思想家产生了强烈的影响。文艺复兴后的欧洲处在动荡不安的时代，各国四处争夺殖民地，开始了世界范围的旅行和探索。

从 16、17 世纪开始，西方资本主义和海上贸易处在不断上升的阶段，西方渴望了解中国的欲望越来越强烈，于是派出大批传教士来到中国。此时的中国以其古老的文明和繁荣的发展引起了西方各国的广泛兴趣。中国文化，尤其是古代经典成为他们了解中国的重要途径。西方对中国思想文化的研究主要是从传教士开始的。这些传教士最大的贡献就是把中国的文化典籍介绍到了欧洲各国。中国文化传播历史中的一个标志性事件是在欧洲设立了汉学教授职位。1815 年，雷慕沙（Jean Pierre Abel de Rémusat，1788—1832）成为法兰西学院的第一位汉学教授。法兰西学院是欧洲最负盛名的高等科研机构，汉学很快成了西方学者们的研究内容，并且在诸多社会领域内产生了深刻影响。

庄子就是在这种背景下进入西方人的视野中。庄子在英语世界的传播首先起源于英国传教士与外交官的翻译和评注。英国的汉学研究出现在 19 世纪。1840 年的鸦片战争打开了中国的国门，出于经济利益和殖民统治需要，英国迫切地想要了解中国。儒家哲学、老庄思想等中国经典成了他们的首选。这一阶段主要集中在对《庄子》的翻译和评注方面，传教士们从中寻找与基督教思想符合的内容，来配合在华传教。1881 年，英国汉学家巴尔福（Frederic Henry Balfour）第一次把《庄子》译成英文——《南华真经：道教哲学家庄子的作品》。巴尔福的译文流畅，但不忠实于原文。例如，他错误地认为道教源于佛教的衰落，而实际上道教在佛教进入中国之前就已经存在，而佛教进入中国以后，更加刺激了道教作为本土宗教的发展。

1889 年翟理斯（Herbert Allen Gilles）和 1891 年理雅各（James Legge）的《庄子》英译很有代表性。华生对各个译本评价中肯准确。翟理斯的《庄子》是第一个英文全译本。他的翻译虽然能够捕捉到原文精髓，可是《庄子》优美、空灵、缥缈的诗学语言却被译成维多利亚时期的陈词滥调。理雅各不遗余力地再现《庄子》文本的字面意思，却往往不能抓住原文的真正意思。随后，庄子的选译、全译本逐渐增多，代表性翻译家有阿瑟·韦利（Arthur Waley）、林语堂、冯友兰等人。在第一阶段，最具影响力的《庄子》翻译家应该首推理雅各。

理雅各（1815—1897），出生在苏格兰阿伯丁郡亨得利镇。1831 年考入阿伯丁英王学院，开始学习哲学与宗教。1839 年到马六甲英华书院传播基督新教。当时欧洲处在资本主义迅速发展阶段，在世界各地建立殖民地，传播基督教义也成了英国文化殖民的主要策略。西方传教士为了更好地传播福音和归化中国，他们首先需要了解中国经典思想，然后再用基督文化来改造中国文化。此时的《庄子》翻译常常使用基督教术语，带有西方宗教的影子。理雅各从 1841 年开始翻译中国经典，在随后的 20 年中，相继出版了《中国经书》和《中国经典》，其中包括《庄子》。《中国经典》在西方引起了很大轰动，为西方社会了解中国文化思想提供了很好的平台。理雅各的翻译为《庄子》在英语世界的传播作出巨大贡献。他在《庄子》翻译上重视训诂和历代注疏，尊重中国学术传统，其译本成为 19 世纪一流的汉学成果。该译本在牛津大学出版，收入《东方圣典》，增加了权威，扩大了中国文化在英语世界的影响。1876 年理雅各成为牛津大学、也是英国历史上的第一位专职汉语教授。华生指明了理雅各《庄子》译本的不足之处：由于译者多年对孔子文本的翻译研究，他往往对《庄子》中奇特想象和微妙悖论进行常理解释，错失庄子精华。其主要缺陷是过于重视直译，甚至是逐字翻译，缺少庄子语言的文学色彩。

除此之外，还有几位重要的《庄子》翻译家。韦利的节选译文忠实可靠，通俗易懂。他的庄学研究著作《中国古代的三种思维方式》① 浅显易懂地介绍了中国古代思想，先后被翻译成德语和法语，在西方世界产生了很大的影响。中国学者的翻译也在国际学术界产生了重要影响。林语堂的《道家智慧》包括了关于《庄子》中的孤立篇章和逸闻趣事，其翻译精彩巧妙；但是庄子思想却被支离分解来说明《道德经》的观点，因此无法把《庄子》作为完整原文来欣赏理解。冯友兰的翻译② 时至今日仍有很高学术价值，其译本包括郭象的注疏和评论。

二　深化研究阶段（1946—2000）

第二次世界大战（World War Ⅱ，1939—1945）是西方学术思想的一个分水岭。第二次世界大战不仅对西方经济和政治造成了极大的破坏，还导致了西方的精神"荒原"。但是在学术思想方面却出现了前所未有的"百家争鸣，百花齐放"的局面。学者们从各个方面重新审视中心与边缘的关系：女权主义、心理分析、新历史主义、新马克思主义、读者反映论、解构主义、后殖民主义，等等。在质疑西方主流文化的同时，很多西方学者把目光转向东方哲学和中国文化，期待着能够从中找到拯救西方文化的方法。庄子的哲学认知和自由思想对欧美学者产生了强烈的吸引力。

在翻译方面，《庄子》译文质量不断提高，为西方庄学研究搭建了更高的平台。除翟理斯和理雅各的《庄子》翻译，第二次世界大战以后还出现了一系列高质量的《庄子》译本。托马斯·莫顿（Thomas Merton）是美国诗人和散文家，在中国学者胡若望（John Hu）的帮助下，翻译了《庄子》。莫顿不懂汉语，但《庄子之道》（1965）与原文语言极其接近，生动形象地再现了庄子的诗意语言。詹姆士·威尔（James R. Ware）对中国早期哲学思想颇有研究，其译本充满了道家术语，对《庄子》有很多不同寻常的诠释。他把庄子描绘为"儒家中与时

---

①　Arthur Waley, *Three Ways of Thought in Ancient China*, Stanford, CA：Stanford University Press, 1939.

②　Fung, Yu－Lan, *Chuang－tzu：A New Selected Translation with an Expositionary of the Philosophy of Kwo Hsiang*, Beijing：Foreign Lnaguage and Research Press, 1989.

俱进的进步派别"，这些都值得商榷。① 经典的再翻译不仅提高其传统魅力，还赋予原著新的时代精神，激发了更多学者的研究兴趣。梅维恒（Victor Mair）的《在道中逍遥：早期道家故事和庄子寓言》非常注重通俗性和故事性，促进《庄子》在英语世界的普及。所有译本中质量最佳的是华生（Burton Watson）的《庄子全译》。作者在长达30页的介绍中详细阐述《庄子》的历史背景、自由思想、篇章划分，以及他对各个不同译本的评价。华生认为汉代衰落、佛教兴起和战乱纷争是庄学流行的重要原因。

在《庄子》翻译的历史上，葛瑞汉（A. C. Graham）、华生和梅维恒的译本被后人高度赞扬。

葛瑞汉（1919—1991），出生于英国威尔士的珀纳思（Penarth），1946年考入伦敦大学的东方及非洲研究院，选修汉语，1953年取得哲学博士学位。葛瑞汉对中国语言、中国哲学和诗词有很深的造诣，其《道教辩士——古代中国的哲学辩论》成了中国古典思想的权威英语著作。葛瑞汉还对《庄子》篇章进行了重新调整，编排为五类：（1）庄子本人的作品；（2）庄子学派的作品；（3）原始主义者的作品；（4）杨朱学派的作品；（5）"调和论者"的作品。他的译本贴近《庄子》原文，尊重中国古代汉字表达特征，体现了"信、达、雅"。他在翻译介绍中，用较长篇幅从六个方面详细分析了《庄子》翻译中存在的问题："自发性"（spontaneity）、"逻辑的否定"（rejection of logic）、"天与人"（Heaven and man）、"统一观"（the unifying vision）、"死亡和残疾"（death and mutation）、"语言"（language）。② 这六个方面全面勾勒了庄子的思想脉络和哲学主题，为庄学研究作出了巨大的贡献。

从庄学在英语世界的历史来看，葛瑞汉有举足轻重的奠基作用。他不仅翻译了《庄子》作品，还极大地改变了西方汉学界对"中国没有哲学"

---

① Burton Watson, "Introduction", *The Complete Works of Chuang Tzu*, NY：Columbia UP, 1968, p. 27.

② A. C. Graham, *Chuang - Tzu：The Inner Chapters：A Classic of Tao*, London：Mandala, 1991.

的看法。① 西方学者有一种传统的概念：汉语松散、模糊，不具有精准的逻辑性，因此中国没有逻辑严格的哲学体系。葛瑞汉详细考察了汉语中的概念、术语和逻辑，发现《庄子》充满了逻辑论辩，认为庄子是充满辩证理性的哲学家。庄子热衷于辩论，不是为了输赢，而是为了指出其中的逻辑陷阱。辩论只是立场不同，"是非"只是语言划分现实的"名与实"的矛盾。因此，葛瑞汉通过分析庄子严密的理性逻辑得出结论：庄子并不信任理性。他在《自然和理性》② 中提出庄子是伟大的反理性主义者（anti-rationalist），因为人类的价值并非由理性决定，而是来自"性好"（inclination）。庄子的"性好"不是非此即彼：要么人性善良高尚，要么自私利己。性好中包含理性成分，避免了完全主观或极端客观的两极情况。理性不是作出选择，而是顺应自然，随性而动。但是葛瑞汉留下一个潜在的问题：如果理性停止选择，那么"何以知道停止进行任何理性选择就比理性选择更正确，更值得遵守呢"？③

　　葛瑞汉的庄学观点激发了西方汉学界的强烈反响。陈汉生从怀疑论的角度考察"名与实"的关系，安乐哲从"德"论证自我与万物的"顺应"关系，郝大维探讨"顺应"之后的文化超越，本杰明·史华兹提出"顺应"背后的神秘主义，爱莲心思考从概念到直觉的"不对称相对主义"转化。

　　陈汉生认为庄子是怀疑主义者。中国的抽象观念不同于西方的怀疑论，并非反映外在世界或者绝对世界，而是对心灵经验的反映。人的心灵，在陈汉生看来，是用"名"对世界进行划分的感官。语言成了我们归类划分事物的工具。换言之，道就是一系列起规范作用的话语体系。④但是语言会随着人的视角和时间而变化，我们对世界的认知也会随之变化，所以我们不可能认识世界。

---

　　① A. C. Graham, "'Being' in Western Philosophy Compared with shi/fei and yu/wu in Chinese Philosophy", *Asia Major* No. 1 - 2（1959）, pp. 79 - 112.

　　② A. C. Graham, *Reason and Spontaneity*, New York: Barnes and Noble, 1985.

　　③ 彭姗姗：《瞻之在前，忽焉在后：英语世界中作为哲学家的庄子》，《中国哲学史》2005年第3期，第60页。

　　④ Chad Hansen: *A Daoist Theory of Chinese Thought: A Philosophical Interpretation*, New York: Oxford University Press, 1992.

安乐哲作为葛瑞汉的高足，进一步深化其庄学观点。不同于西方孤立的自我概念，在安乐哲看来，庄子的自我是建立在与周围万物的彼此关系中，但他又提出这种顺应会导致严重的不协调。郝大维强调超越知识文化，从美学角度来欣赏万物。他认为"无知、无为、无欲"的文化超越结果就是艺术欣赏。

史华兹从神秘主义角度来解读庄子。葛瑞汉认为只要我们停止区分，就能顺应自然。史华兹更进一步，认为我们应该摆脱道德文化的约束，使自己从禁闭的心灵中逃离出来。真人要超越个体心灵，达到神秘主义境界，才能顺应自然，以审美的态度感受自然。

爱莲心提出了由理性概念向直觉审美的转化。爱莲心认为庄子反对理念和理性，我们应该停息理性，开启直觉想象。为了实现从概念到审美的转化，庄子采用了两面问题、神话、怪物、比喻等语言策略。他还提出庄子属于不对称相对主义，包括非相对主义（圣人之苏醒状态）和相对主义（常人之无知状态）。

由此可见，葛瑞汉不仅为西方学者提供了非常权威的学术翻译，而且他的思想在西方庄学中占据着举足轻重的地位，极大地影响了学者们的研究。除了葛瑞汉以外，另一位极富盛名的《庄子》翻译家是华生。

华生（1925—　），出生于美国纽约新罗彻尔，1951年获得哥伦比亚大学中国研究方向硕士学位，1956年获得中国研究博士学位。华生是美国日本学家、汉学家、翻译家，主要翻译日本和中国古代历史著作、中国古代哲学著作和中国古代诗歌。1964年哥伦比亚大学出版了他的节译版本《庄子入门》，受到学术界高度好评。1968年他修正了节译本中的重点篇章，出版了英语版本《庄子全书》，被学术界公认为最佳《庄子》译本。该书成为很多美国大学东亚系的必读教材，现已经被联合国教科文组织收入代表性著作选集《中国系列丛书》（*UNESCO Collection of Representative Works：Chinese Series*）。华生很好地吸收了庄子研究的学术成果。他参考了冯友兰的庄学论文，日本学者福永光司的《庄子》，以刘文典的《庄子补正》为依据，把可读性和学术性有机结合在译作中。他在《庄子全书》的"介绍"部分以近30页的篇幅深入分析了庄子的时代背景、作品结构、历代译本。华生尤其注重庄子的文学性。惠施与庄子的论辩体现了理智和想象的对比，孔子和庄子的讨论是传统道德和自由逍遥的对照。

他还认为庄子思想的核心是自由，表现形式从逸闻趣事到奇谈怪论，充满诙谐幽默和文学想象。自由思想、虚构人物和诗学语言无不体现出庄子的文学性。例如："使之和豫，通而不失于兑，使日夜无郤而与物为春，是接而生时于心者也。是之谓才全。"（《德充符第六》），华生翻译为：

> If you can harmonize and delight in them, master them and never be at a loss for joy, if you can do this day and night without break and make it be spring with everything, mingling with all and creating the moment within your own mind. ①

译本首先从"和谐相处"（harmonize）达到"欣喜愉悦"（delight）最终"与物为春"（be spring with everything），巧妙地运用英语动词说明了人对自然感受的过程，而动词 Be 还呼应西方哲学的 Being，使人与万物处于相互关联的存在中；分词短语（mingling with all and creating the moment）不仅从语法上对前者起到伴随补充的说明作用，还用"creating"来表达道家的"达道"之精神境界。从语言上来讲，"be spring with everything"既保留了原著中优美的诗学语言，又表现了《庄子》的散文意象。

继葛瑞汉、华生之后，《庄子》翻译的另一个里程碑是梅维恒的译本。

梅维恒（1943— ）是美国著名汉学家，宾夕法尼亚大学中文系教授。1976 年取得哈佛大学东亚语言及文明专业博士学位。1979 年后一直在宾夕法尼亚大学任职。他长期担任美国《唐研究》和《美国东方学会学刊》主编，出版了著名的《哥伦比亚中国古代文学选集》（*The Columbia Anthology of Traditional Chinese Literature*）、《哥伦比亚中国文学史》（*The Columbia History of Chinese Literature*）、《印第安纳中国古典文学指南》（*The Indiana Companion to Traditional Chinese Literature*）。1983 年梅维恒编辑了《庄子创新论文集》，文章观点新颖独特，论证周密严谨，成

---

① Burton Watson, *The Complete Works of Chuang Tzu*, New York: Columbia UP, 1964, p. 19.

为庄学研究必不可少的参考依据。① 在深入研究老子和庄子思想后，1994
年他出版了译著《逍遥游：早期道家故事和庄子寓言》。梅维恒忠实于原
文，努力捕捉庄子生活和精神的精髓。

　　梅维恒的译著书名充分体现了其翻译风格：突出文学庄子的寓言故
事。"庄子常被认为是宗教家和哲学家，但我认为庄子更是一个寓言家，
是写寓言和道德故事的创作者。"② 为了让西方读者体会到庄子恣肆汪洋
的想象背后的思想，梅维恒特意在每章开头书写了简短总结。例如《逍
遥游》的首卷介绍：

　　　　The Chuang Tzu begins with an examination of the relativity of big
　　and little. The befits that result from creative spontaneity are illustrated
　　by several of the most memorable tales in the book.

　　介绍不仅概要地总结了本章思想内容，还指明其前后逻辑关系。他还
特别提出，译者不能仅仅誊写人名，还要翻译人名，例如"Zhuangzhou"
对英语读者没有任何意义，而"Solemn Slippery"就能深刻揭示庄子的文
学语言和哲学智慧。类似例子还有："右师"为 Right Instructor，"瞿鹊
子"为 Master Timid Magpie，"伯昏无人"为 Uncle Obscure Nobody 等都
有很强的寓言意义。梅维恒的介绍还梳理了孔子、墨子、孟子和荀子等中
国各类思想流派，并且把老子和庄子进行了对比。《老子》简短、歧义，
每个人都能从中读到自己所需，成了备受欢迎的"大众快餐；"《庄子》
是一道盛宴，超越现实应用，是人们的"精神粮食"。

　　《庄子》翻译不断推陈出新，庄学研究也不断深化。罗克菲苏·普拉

---

　　① Victor H. Mair, *Experimental Essays on Chuang - tzu*, Honolulu：Center for Asia and Pacif-
ic Studies, U of Hawaii, 1983.

　　② Victor H. Mair, "Introduction", *Experimental Essays on Chuang - tzu*, Honolulu：Center for
Asia and Pacific Studies, U of Hawaii, 1983. 英文原文如下："Master Chuang is claimed by both
religionists and philosophers, but I think of him more as a fabulist, that is, as a composer of fables
and apologues. " (xliv)

西特发表《道之阐释学对话》。① 论文采用阐释学的对话理论来分析道家提倡的理解和交流，具体内容包括：伽达默尔的阐述学和对话方法、阐释循环、文化在培养人类意识中的作用、普通常识、道之对话交流。宋容培（Song Young – bae）撰写了分析韩国文化中的中国文化元素的论文：《抵制 18 世纪韩国的中国中心主义：洪大容的"相对主义"和圣像运动》。② 宋永培勾勒了韩国哲学家洪大容的思想，比较了洪氏哲学思考和庄子的相对主义，剖析了洪大容反对当时占主导地位的中国天文学的原因。

葛瑞汉为庄学在西方学界的发展作出突出贡献。罗浩（Harold D. Roth）对葛瑞汉的庄学思想进行深入细化，编著庄子内篇的指南手册。冯友兰从郭象的哲学注庄入手，通过在宾夕法尼亚大学的系列讲座加强了庄子在美国高校的影响。陈汉生突破传统，把道教创始人看成语言学专家，从独特的语言角度论证庄子的怀疑论。他从庄子与惠施的论辩开始，深入剖析庄子的怀疑视角论（Skeptical Perspectivalism）和直觉思维，以及它对阐释的影响和带来的现实问题。陈汉生认为主体在西方思想中常被看成从某一固定视角所观察的全部集合，庄子却从多元视角的动态变化中将之解构；他还提出惠施，作为中国现实主义大师，是庄子的精神导师，并且分析了两人的异同。乔柏客（Paul Kjellberg）追根溯源，从怀疑主义的希腊源头重新审视庄子的哲学观点，分析其中的相对主义和人种学思想。中国台湾学者陈鼓应在加州大学伯克利分校的任教进一步深化庄子思想。刘笑敢在哈佛和普林斯顿大学的教学和研究使庄子的影响在西方学界逐步深入。

三　全面繁荣阶段（2000—　）

西方学者反对中心和秩序的学术潮流一直涌动不息，20 世纪 80 年代生态研究逐渐成为学术主流：从人类中心转变到对人类周围的土地、动

---

① Prasit Roekphisut, "Hermeneutical Dialogue With Tao", *Dialogue & Universalism* 9.7 (1999).

② Song Young – bae, "Countering Sinocentrism in Eighteenth – Century Korea: Hong Tae – Yong's Vision of 'Relativism' and Iconoclasm for Reform", *Philosophy East and West* 49.3 (1999).

物、海洋的研究。到了 21 世纪，后人类主义（Posthumanism）从生态研究中脱颖而出，成为一股更为激进的理论潮流。它提倡人与万物平等相处，主要从生态、动物、机器和神经叙事等方面来解构人类中心论。西方学术前沿话语也被很多学者用来重新审视《庄子》。从 2000 年以来，关于庄学研究的论文数量猛增，研究角度和内容上呈现出"百家争鸣"的繁荣景象。我们以年代（2000—2014）为序，可以简略地窥视新时代庄学研究的异彩纷呈。

2000 年

迈尔斯（M Miles）：《不同理论模式的残疾：略论亚洲的一个传统》（"Disability on a Different Model：Glimpses of an Asian Heritage"），《残疾与社会》（*Disability & Society*）第 15 卷第 4 期（Vol. 15，No. 4，2000）。迈尔斯在论文中论述了社会对残疾人们的态度。他全面论述了庄子的"无用之用"的思想观点，探讨了残疾人在社会中的地位和作用。论文作者还从佛教的因缘关系出发，认为佛教的"业"（Karma）更多是对人们的教育作用，而不是惩罚性的报应。日本和中国文化中盲人的残疾形象往往有着正面的教育作用，不能把亚洲对残疾的理解简单地归类于欧洲的类别；它是一个不同的范畴，是对欧洲残疾文化思想的挑战。

保罗·弗莱舍（Paul Eric Fleischer）：《爱的统一心理学：道家内涵的心理学》（"A Unifying Psychology of Love：The Implicit Psychology Within Taoism"），博士学位论文，加州综合研究学院，2000 年（Ph. D. Dissertation，California Institute of Integral Studies），共 132 页。

目前心理学领域理论和技术的差异有很大分歧。虽然几百种心理学系统和方法看似互相排斥、相互矛盾，但其心理学研究结果在实效上却并无太大差异。这一悖论在该领域引起了众多困惑和争议。当然，从制造这种现象的视角出发来研究这一悖论并无多大意义。弗莱舍从道家神秘主义思想传统获得的更广阔的视野来研究心理学思想和实践。三种道家哲学经典（老子、庄子、列子）原本就具有含蓄内敛的心理学洞察力，一旦使其变得明白直接，即可发现一种爱的统一心理学。首先，论文探索了道家对于现实的假设。道家提供了一个超二元论的整体视角。它宣称现象宇宙是一个表现为二元性的统一体。每种事物都具有各自的同一性，但同时也是一个更大整体的组成部分。另外，东方的"道"与西方的神秘概念"爱"是等同的。其次，论文探索了道家视角下的心理学元素。自我表现为爱的多维缩影，自我本质即无条件的爱。精神健康取决于自我与爱的多维角度的和谐。因此，致力于调和自我与爱的和谐来培养无条件之爱，才能实现治愈或转化。用道家视角来看，所有心理学都是相通的。明显分歧只不过是表现了将自我的多维性概念化的无数种方法，以及对于人类经历中的和谐与不和谐的无数表现方式。道家心理学认为，尽管方法很多，但真正的"道"只有一个。

安妮·卡文德尔（Anne Lindsey Cavender）：《多样和自由的训诫：中国和西方的阅读和伦理观》（"Lessons of Variety and Freedom：Reading and Ethics in China and the West"），博士学位论文，华盛顿大学，2000年（Ph. D. Dissertation，University of Washington），共202页。

本论文从比较中国和西方文学思想的阐释学角度入手，探讨了诗歌文献的解读和人类道德潜能的最高境界是如何联系在一起的，及其背后的原因。第一章主要介绍了西方阅读和伦理之间的关系发展史，并与中国传统的阅读概念进行对比，着重研究了"志"的问题。通过分析意大利社会历史学家维柯（Giambattista Vico）对儒家《论语》的看法，卡文德尔指出在中国传统中，阅读和伦理的关系并不取决于读者对作者美德的复原。第二章研究了詹姆斯·乔伊斯的《芬尼根守灵夜》中的道德和阅读问题。作者认为《芬尼根守灵夜》基本上是关于解释学的道德问题。乔伊斯使阐释困难变得尤其突出，不仅包括小说本身给读者带来的难题，还包括小说中的人物给读者带来的难题。第三章从《庄子》中衍生出另一种阅读形式，将阅读与儒家模式之外的伦理作品关联起来。第四章考察了《芬尼根守灵夜》和威廉·卡洛斯·威廉姆斯的长诗《佩特森》之间不为人所知的关系，即两者都认为阅读是一种创造性的道德行为。在《佩特森》中这一概念最终表现为阅读等于爱这一等式。论文最后一章解读了几首《诗经》诗歌，对儒家解释学提出了特殊挑战。作者认为《诗经》中的诗歌对维系人类世界的道德所提出的方法，已经远远超越了传统注释中的意义限制。

迈克尔·米尔纳（Michael James Millner）：《在笼中自由翱翔：〈庄子〉和早期中国思想中的社会问题》（"Roaming Freely Inside the Cage：

Social Concern in Zhuangzi and Early Chinese Thought"），博士学位论文，加利福尼亚大学伯克利分校，2000 年（Ph. D. Dissertation，University of California，Berkeley），共 288 页。

对公元前 4 世纪道家思想家庄子的一个普遍流行的看法就是：他提倡与世隔绝的退隐生活。许多评论者认为庄子的理想与参与社会水火不容；论文作者对这一观点进行了挑战，认为庄子是把人类社会作为个人发展的一个必要大背景。

米尔纳首先将庄子思想置于古代中国哲学背景中，探讨了杨朱学派和儒家对参与社会和参与政治的态度。儒家学说中有一些与庄子思想较为相似的内容，这些儒家思想被认为与社会问题相融；当庄子运用这些儒家思想时，就被学者认定为庄子与社会参与相矛盾的证据。

对《庄子》的传统阐释面临着许多文本上和概念上无法解决的难题。在很多篇章中庄子明确指出融入社会大背景是不可避免的；在其中一篇关键文章中，庄子驳斥了退隐策略，认为这是不可行的。传统阐释误区在于过度强调庄子对社会习俗的批判。实际上，庄子对个人发展的构想十分微妙：个人既要留在社会之中，又要避开参与社会所带来的种种问题。

论文最后探讨了庄子思想和当代社会政治哲学对权利（Right）的理解。西方权利论基于一种不现实的个人主义观点，即个人是独立于社会的。作者认为我们可以从庄子思想中找到一种新方法来理解个人权利。庄子认为我们要保护个人不受国家或其他人的非法干预，但同时强调社会的必要性——为个人发展提供适宜环境。

杰弗里·里奇（Jeffrey Lynn Richey）：《早期中国思想的神奇魔力和道德准则》（"Magical Power and Moral Law in Early Chinese Thought"），博士学位论文，联合神学研究院，2000 年（Ph. D. Dissertation，Graduate Theological Union），共 189 页。

西方学术界对中国思想的研究大多基于以下假设：（1）早期中国思想可分为儒家和道家范畴，两者互不相干。（2）早期中国文献由不同历史时期的作家独立完成。（3）早期中国思想的特征属于"哲学的"而非"宗教的"。里奇采用全新研究方法来重新审视中国早期思想，对以上三种假设进行了反驳。里奇强调"儒家"和"道家"的思想特点、用词特点和习俗特点，并用这些线索来暗示用传统方法划分中国古代智慧体系中存在的时代错误。里奇采用了"积累发展理论"来研究早期中国的代表性文献，如《老子》《论语》《孟子》《庄子》，为这些作品绵长且高度异质的改编史提供了证据。最后，通过追溯这些文献从战国到早期帝国时代的发展，我们发现早期中国思想对神秘宇宙学和因果关系有着浓厚兴趣，并且努力建立它们与"道德"心理学和道德主体的关系。因此，哲学理论模式（如约瑟夫·福斯的元伦理）和宗教研究模式有助于我们对"儒家"和"道家"传统中的历史、文学和主题的理解。此外，哲学和宗教的跨学科视角可以对文化中相似功能的思想和实践系统作出更有意义的对比，例如当代基督教伦理学和非洲神秘传统。

2001 年

杰弗里·笛普曼（Jeffrey Dippmann）：《教材之道："世界宗教介绍"系列教材中的道家》（"The Tao of Textbooks: Taoism in Introductory World Religion Texts"），《神学和宗教教学》（*Teaching Theology & Religion*）第 4 卷第 1 期（Vol. 4, No. 1, 2001）。尽管有大量的新教学方法和教学革新，教材在高等教育中仍然起着至关重要的作用。学生们经常相信教材的权威，认为教材要比教师更为可靠，因此，我们要确保关于宗教传统教材准确而全面。这对道家尤为重要。因为近年来，道教广为普及，备受欢迎。《神学和宗教教学》1998 年曾经出过专刊《20 世纪 90 年代的道家教学》，探讨了 13 种广泛运用的"介绍世界宗教"的教材。笛普曼认为通过定量分析的研究方法，我们可以决定哪一种教材对传统哲学的描绘最可靠。"教材之道"主要通过以下方面对上述教材进行分析：作为宗教和作为哲学的道家、《道德经》和《庄子》、文献引用和来源、道家流派、女性和道德。

光田正人（Masato Mitsuda）：《庄子和索尔·胡安娜·伊内斯·德拉克鲁斯的比较研究：用眼睛思考，用耳朵观看》（"Chuang Tzu and Sor Juana Ines De La Cruz: Eyes to Think, Ears to See"），《中国哲学季刊》（*Journal of Chinese Philosophy*）第 29 卷第 1 期（Vol. 29, No. 1, 2002）。光田正人认为中国哲学家庄子和墨西哥巴洛克派诗人德拉克鲁斯（1651—1695）在人类本性、知识和自然方面有着诸多相似之处：强调开放的头脑，对自由的追求。两人都认为人类智力和道德原本存在着缺陷。

人们应该承认知识的局限性，并且要克服这种局限，形成包容一切的哲学观点。但是两人也有不同。德拉克鲁斯坚持社会的等级秩序，相信绝对权威。但是庄子反对绝对权威，反对区分一切，认为万物是不可分离的连续体。庄子追求思想自由，甚至想摆脱他自己的哲学派别的束缚。庄子思想超越了日常意识，到达了崇高的境界，这是他对中国思想史最杰出的贡献。

弗吉尼亚·凯恩（Virginia M Kane）：《道家和当代环境文学》（"Taoism and Contemporary Environmental Literature"），硕士学位论文，北得克萨斯大学，2001 年（MA Thesis, University of North Texas），共 99 页。

本论文分析了当代环境文学（20 世纪 70 年代至今）与道家文学（尤其是《庄子》和《道德经》）的关系。论文重新评价了中国古代文学与现代环境问题之间的相关评论。前言部分介绍了道家的历史渊源和中文术语，论文主体分别讨论了环境文学的各个代表性流派：主流环境主义、深层生态学和生态女权主义。

谭培川（Ekman Pui-chuen Tam）：《禅宗道教对托马斯·默顿的冥想观点的影响》（"The Influence of Zen-Taoism on Thomas Merton's View of Contemplation"），博士学位论文，渥太华大学，2001 年（Ph. D. Dissertation, University of Ottawa），共 287 页。

本篇博士学位论文研究了托马斯·默顿冥想观点的发展和他在禅宗和古典道教方面的广泛兴趣及写作之间的关系，目的在于表现禅宗道教对后期默顿教义产生的深刻影响。

开篇探索了默顿对禅与道教的兴趣起源和原因，解释了 20 世纪 50 年代默顿为何对禅宗道教感兴趣。从 1959 年到 1968 年，默顿人生的最后十年中，禅宗道教成了他的首要兴趣领域。第二章分析了默顿对古典道教，尤其是庄子之道的创作内容。庄子之道节选了标准版《庄子》中的 62 个段落。默顿版的《庄子》选篇反映了他个人对于庄子教义的理解和吸收。第三章研究了默顿关于禅宗创作，包括神秘主义、禅师、禅宗和食欲之鸟。本章分析了铃木、惠能法师和其他南方学派中国禅师的思想是如何影响默顿对禅的理解。第四章探索了默顿对冥想的进一步发展和深化。通过分析被引用作者的著作，谭培川考察了默顿关于冥想的基本理念。第五章研究了默顿早期的三部作品，考察了他关于冥想的看法。第六章研究了默顿关于冥想的晚期作品。这些作品说明他晚年对冥想有截然不同的理解，其中包含了很多早期作品中没有的新重点和新元素。第七章进一步探究了禅宗道教对默顿晚期冥想的深度影响，集中分析了晚期作品中的变化并研究了这些变化是如何受到禅宗道教的影响。最后一章评价了默顿晚年的冥想思想，指出默顿晚年对冥想的理解反映了一种更为普世的态度。

金珍熙（Jean Hee Kim）：《生态和谐：亚洲女权主义创世神学》（"An Asian Feminist Theology of Creation"），博士学位论文，杜尔大学，2001 年（Ph. D. Dissertation，Drew University），共 281 页。

本项目旨在建构亚洲生态女权主义神学，主要着眼于创世教义。相较于西方神学，它提出了创世宇宙中心观，以生态和谐为原则，以互为主体性和相互关系性为特征。它挑战了传统创世教义：上帝和创世处在一个二元对立的等级范式下。生态女权主义神学致力于克服这一范式，并强调生态系统的相互联系性和彼此独立性。传统对有机体整体的强调将创世范畴限定在了地球，而广阔宇宙空间却被忽视了，同时也把有机整体限制在维持生命的神圣活动。

因此，宇宙中心创世论挑战了神学中心、人类中心、生命中心、地球中心的创世论，并表明宇宙作为一个整体，处在复杂动态变化中，与神的创造力相互作用。因此，宇宙中心论不仅在上帝和创世之间，更在茫茫生物之间，构想出了一种亲密的相互关系。这一理论拓宽了神学创世的领域，反映了亚洲人对自然的传统观念，即人类与自然的和谐统一是传统亚洲的宇宙公理。这种和谐，并不意味着统一死板的秩序，而是一个复杂变化的动态趋向。

亚洲生态女权主义神学在当今世界有着重要意义。西方帝国主义和世界文化的杂糅已经危及亚洲文化和生态环境，极大地改变了亚洲的生活方式和价值观念，使得亚洲传统的人与自然之间的非二元观和生态灵性观念受到了排挤。因此，亚洲生态女权主义神学在重视亚洲跨文化的复杂性和杂糅性的同时，也表明了亚洲女性和生态系统的创伤需要从亚洲传统本身寻找解药。

托马斯·迈克尔（Thomas Michael）：《早期道教思想中的身体、世界和救世神学》（"The Body, the World, and Soteriology in Early Daoism"），博士学位论文，芝加哥大学，2001 年（Ph. D. Dissertation，The

University of Chicago），共 566 页。

　　现代学者一般认为早期道教思想是具有浓厚政治含义的神秘主义哲学，它完全由《老子》和《庄子》两部文献构建。现代学者以中国早期哲学传统为文化背景来解读这两个文本，他们从中国早期宗教思想来阐释道教思想，不会把它作为宗教来论述。早期道教研究没有使用与儒家或其他经典完全不同的词汇，而是经常使用相同词汇来表达不同思想。从道教话语中，我们会发现一种特有的文本连贯性和宗教启悟。

　　从现存的早期中国道教文本进行考察，我们会发现在它们文本内部有一种相互指涉的连贯性和系统性。论文作者从宗教研究中选取了几个普遍范畴（比如神学、宇宙学、救世神学）来考察早期道教著作。论文并不提供对道教的系统神学研究，论文所采用的基本范畴也并不用来证明道教教义的系统性。作者从稷下学宫时间和郭店遗址发现的文献材料入手，认为早期道教的记录开始出现的时间极其接近孔子生活的年代。作者认为公元前 4 世纪前叶或至少公元前 5 世纪后半叶，早期道教就已经出现专门著作，为后来的道教教义和道家哲学打下了基础。

　　叶清文（Chingwen Yeh）：《道教教义和实践在美国现代舞演化中的应用》（"Applications of Taoist Principles and Practices in the Evolution of American Modern Dance"），博士学位论文，纽约大学，2001 年（Ph. D. Dissertation, New York University），共 182 页。

　　叶清文强调了道教在美国现代舞不同方面的应用，研究包括了四种道教资源：道、《易经》、太极拳和禅。作者首先介绍了四种道教资源思想，然后分析了这些思想在现代舞蹈中的运用。现代舞蹈主要包括了美国代表性舞蹈设计师露西·圣丹尼斯（Ruth St. Denis）、康宁汉（Merce Cunningham）、史蒂夫·帕克斯顿（Steve Paxton）。论文采用了珍妮特·阿兹黑德（Janet Adshead）的"舞蹈分析法"来阐释他们各自的代表作：圣丹尼斯的《白玉》（1946）、康宁汉的《花环》（1977）、帕克斯顿的《镁》（1972）。基于对上述舞蹈作品的研究，叶清文再次重申了结论：道教对美国现代舞具有深刻影响。

　　李正芬（Jenq Fen Li）：《〈庄子音义〉研究》（"Research on ZhuangziYinyi"），博士学位论文，香港中文大学，2001 年（Ph. D. Dissertation, The Chinese University of Hong Kong），共 483 页。

　　除了郭象的《庄子注》，陆德明的《庄子音义》是魏晋南北朝以来唯一现存的《庄子》评注。论文通过《庄子音义》中的汉字拼写和对其他评注的比较研究，考察了当时的语言使用和作品中体现的哲学。论文还根据西晋到南朝期间的各种评注，总结了《庄子》研究的概貌。论文分为六章，主要分析了《庄子音义》的语音体系、句读标点、多音多义字、哲学思想四个方面。

　　史蒂芬·科蒂尼奥（Steven K Coutinho）：《二分法和罔两：早期中国思想中界限的重要性》（"Dichotomies and Penumbrae：The Significance of Boundaries in Early Chinese Thinking"），博士学位论文，夏威夷大学，2001 年（University of Hawaii），共 195 页。

　　本论文探究了早期道家哲学，特别是《庄子》中的界限概念。作者采用西方语言学中的"模糊""开放文本"和"科类相似性"概念，来探究界限和区分的语言学和本体论意义上的重要性。道家尊重不确定性，后期墨家经典推崇二元逻辑体系；通过对比两者，我们就会意识到早期道家思想的重要性，而这一重要性往往被泯灭在怀疑主义和相对主义的阐释传统中。

　　沈爱民（Aimin Shen）：《道家、康德和维特根斯坦的超验哲学》（"Transcendental Philosophy in Taoism，Kant，and Wittgenstein"），博士学位论文，南伊利诺大学，2001 年（Ph. D. Dissertation，Southern Illinois University at Carbondale），共 214 页。

　　该论文是关于道家与康德和维特根斯坦的研究。作者认为这三者构成了超验哲学的三拼画（可以完整欣赏的三件相关作品）。论文开篇对贯穿全文的两个基本术语进行了定义，即"超验哲学"和"绝对逻辑优先性"（strict logical priority）。第二章提供了道家的历史渊源，向西方读者介绍了"道"的基本概念。第三章仔细分析了时间—空间的复杂关系：非空间—非时间（nonspatial - nontemporal）、非空间—时间（nonspatial - temporal）、空间—非时间（spatial - nontemporal）、时间—空间（spatial - temporal）。时间—空间的复杂关系代表了语音和头脑的多维关系。第四章探讨了"道"无法被表达的原因。第五章考察了康德对老子哲学的理解，指明了康德对道家的误解。第六章研究了维特根斯坦的沉默学说，以及其在超验哲学中的意义及方法论内涵，认为无法言说的"道"和维特根斯坦的牛津运动（Tractarian nonsense）实际上如出一辙。最后作者重申观点，康德是三拼画不可或缺的一部分，因为康德引出了超验哲学的问题。

2002 年

申恩庆（Eun‐kyung Shin）：《道家与东亚文学理论》（"Taoism and East Asian Literary Theories：Chuang Tzu's Theory of Selflessness and the Poetics of Self‐Effacement"），《韩国研究》（*Korean Studies*）第 26 卷第 2 期（Vol. 26，No. 2，2002）。申恩庆探讨了中国、日本、韩国诗歌文学中庄子的自我理论和无我诗学，并且总结了庄子的"无我"诗学的四个过程：超越表面、消除自我、物物相化和天人合一。

露西亚·派瑞罗（Lucia Perillo）：《从中阴区域来看》（From the Bardo Zone），《佐治亚评论》（*Georgia Review*）第 56 卷第 4 期（Vol. 56，No. 4，2002）。派瑞罗探讨了文学作品中的生与死的中间地带。"中阴"指连续不断的改变过程中的临时性过渡实体，往往指生存和死亡的中间过渡。它产生于藏教，指人死后过渡性的"中阴身"，随后将进入来世的下一轮回。派瑞罗在论文中比较了艾米莉·狄金森（Emily Dickinson）诗歌中的死亡，弗里·曼豪斯（Freeman House）的作品中的鬼隐喻和庄子的"鱼之乐"，认为三者都是"中阴"的不同体现形式。

罗素·科克兰德（Russell Kirkland）：《唐代对庄子的阅读》（"Reading *The Chuang‐Tzu* in the T'ang Dynasty"），《美国东方学研究协会会刊》（*Journal of The American Oriental Society*）第 122 卷第 3 期（Vol. 122，No. 3，2002）。本书评[①]认为于世谊（Yu Shiyi）的专著《成玄英评注》"非常令人失望"。成玄英被唐朝皇帝赋予了翻译道家经典的使命，他对老子和庄子有着独特的见解，撰写了诸多评论，被称为"把道家和道教融合为一体的典型代表"。成玄英运用佛教思想来解释道家思想，或者相反，因此读者期待着《成玄英评注》会对成玄英生活和思想有新解释，但是于世谊的书非常令人失望。

郝长墀（Changchi Hao）：《无为和他者的问题》（"Wu‐wei and the

---

① 本文是一篇书评：*The Commentary of Ch'eng Hsüan‐ying* by Shiyi Yu，Bern：Peter Lang，2000。

Question of the Other"），博士学位论文，福德汉姆大学，2002 年（Ph. D. Dissertation, Fordham University），共 267 页。

郝长墀以老子、庄子、孟子、图为明、海德格尔、德里达、福柯、列维纳斯等哲学家为重点，呈现了一个以美学主体和道德主体关系问题为核心的主体研究。所谓"美学"，按克尔凯郭尔的理解是"无关道德的"；所谓"道德"，列维纳斯指出就是对他人的关爱和同情。在论文第一部分，郝长墀认为在老子和庄子学说中，有一个稳定的诗歌—宗教—美学主体（poetic – religious – aesthetic subject），在海德格尔学说中有一个英雄—存在—美学主体（heroic – existential – aesthetic subject/Dasein）和一个诗歌—美学主体（poetic – aesthetic subject），在孔子学说中有一个形而上学—道德—美学主体（metaphysical – moral – aesthetic subject）。论文第二部分，郝长墀认为德里达学说中有一个道德—宗教主体（ethical – religious subject），在福柯学说中，有一个道德—政治主体（ethical – political subject），在列维纳斯学说中，有一个虔诚宗教—道德主体（pious religious – ethical subject）。

通过研究、阐释和对比三种伦理学（形而上学道德理论、原型伦理学和后现代伦理学），郝长墀试图解答当代哲学提出的问题——"谁在主体之后"（"Who comes after the subject"）？作者对主体的理解是：主体是再现的主体，形而上学的主体。主体本质上是美学的。论文作者的研究起点就是形而上学主体的终结。郝长墀的基本观点是：道德主体只有建立在情境主体的基础上才可能存在。这并不意味着每一个情境主体都必须是道德主体。主体死亡之后至少在两种情况下可能成为情境主体：美学主体和道德主体，例如，早期德里达学说中的尼采式主体和后期德里达学说中的列维纳斯式主体。结论："谁在主体之后"的"主体"是认知主体；在后现代伦理学中，主体的主体性由其伦理责任构成。

赵京炫（Kyung – hyun Cho）：《超越现代科学主义和后现代相对主义：维特根斯坦和庄子疗法》（"Beyond Modern Scientism and Postmodern Relativism: Therapeutic Methods of Wittgenstein and Chuang Tzu"），博士学位论文，富勒神学院，2002 年（Ph. D. Dissertation, Fuller Theological Seminary, Doctor of Ministry Program, 2002），共 340 页。

该论文旨在说明路德维希·维特根斯坦和庄子的著作中一个被忽略的

观点：超越了现代主义绝对论和后现代相对论。本文重点是：在后启蒙时代的文化背景下，使用维特根斯坦和庄子的方法来探索一个能够克服现代科学主义和后现代相对主义局限的哲学方法。为此，赵京炫建议对维特根斯坦和庄子进行重新阐释。维特根斯坦的"俯视"（übersehen）和庄子的多维综合视角提供了一个避免科学主义和相对主义两种极端的方法，同时也克服了"无从比较"的尝试。

布莱恩·霍弗特（Brian Howard Hoffert）：《〈庄子〉：道家经典的演变》（"Chuang Tzu：The Evolution of a Taoist Classic"），博士学位论文，哈佛大学，2002 年（Ph. D. Dissertation，Harvard University），共 355 页。

两千年来，《庄子》一直被尊为道家智慧的经典，其文本起源却一直处于未知状态。传统上该书被认定为出自公元前 4 世纪后半叶一位名叫庄周的人物之手，尽管现代学者证实了庄子本人只写了该书的前 7 章，剩余部分是在其后约两个世纪中完成。在这一点上，葛瑞汉根据庄子的哲学思想将全书分为五部分，其中"汇合论者"（Syncretists）所著部分最为重要。然而葛瑞汉找不到任何证据证明庄子死后还存在这样一个有组织的学派，因此他认为"汇合论者"编辑文本时吸纳了很多资源。布莱恩认为，这些内容是由后世庄子弟子们不断添加积累而成。他们主要兴趣目标是庄子神秘的"道"教视角，这一点也是汇合论者们组织文本内容的重要原则。

曾红（Hong Zeng）：《时间和自我：对中国诗歌中的自然哲学的解构主义解读》（"Temporality and Self：A Deconstructive Reading of Chinese Natural Philosophy in Poetry"），博士学位论文，北卡罗来纳州州立大学，2002 年（Ph. D. Dissertation，The University of North Carolina at Chapel Hill），共 217 页。

本论文从解构主义视角，分析了中国自然哲学对中国文学和艺术的影响，特别是对中国诗歌的影响。解构从三个相互关联的方面展开：时间、主体、语言。曾红认为中国自然哲学及深受其影响的诗歌等其他艺术形式并非以统一时间观念为特征，而是存在一种相互矛盾的双重时间感受（a double，conflicting sense of temporality）。主体（自我），不是一个统一整体，而是分裂的自我；它是缺席的，却无处不在。语言，并非是单纯反映真实世界的透明文字，而是多重文本，语言是反映和创造的双刃剑。换言之，曾红对中国自然哲学及其影响下的诗歌进行了重新思考：这些宁静祥和的完整体系被内在矛盾不断解构着、生成着。

2003 年

爱莲心（Robert E Allinson）：《庄子：一个延异的解构主义者》（"On Chuang Tzu as a Deconstructionist with a Difference"），《中国哲学季刊》（*Journal of Chinese Philosophy*）第 30 卷第 3—4 期（Vol. 30，No. 3 - 4，2003）。该论文从解构主义角度重新解读了庄子，分析了庄子自我转化中的构建和解构，探讨了庄子诗学语言对中心的解构。

李荣霞（Jung Hyup Lee）：《道家中心主义视角下的伦理学：早期道家思想中的常态、美德和修身》（"Ethics from a Daocentric Perspective：Normativity，Virtue，and Self - cultivation in Early Daoist Thought"），博士学位论文，布朗大学，2003 年（Ph. D. Dissertation，Brown University），共 167 页。

本论文结合当代道德哲学和比较宗教伦理学来考察早期道家思想中的道德范畴。由于西方读者在理解早期道家的道德传统上有学术和文化方面的障碍，李荣霞首先根据"人应该怎样活着"这个问题对道德进行定义，而不是根据责任和义务。通过扩大道德领域，我们获得了一个更加包容的比较机制来研究非西方伦理传统，特别是那些强调美德和生活方式的传统。其次，李荣霞指出要判断一个传统如何提出和回答"人应该怎样活着"这个问题，最为明确和最为直接的办法就是考察其资源的常态，或考察伦理对道德主体提出了什么要求，主体如何在实践和生活方式中实现这些要求的。论文作者把这个方法论框架看作早期道家的一种伦理道德形式，它要求实践者培养一种"道"的美德，例如"静""虚""无我"等。根据道家早期文献，经过这种精神培养，一个人就达到了"善"。

2004 年

瑞特·君迪（Jendi Reiter）：《庄周之梦》（诗歌）（"Chuang Tzu's Dream（Poem）"），《法学研究论坛》（*Legal Studies Forum*）第 28 卷第 1/2 期（Vol. 28，No. 1/2，2004）。君迪用事实和法律的关系来类比清醒和梦境，探讨了法律的正义。该诗歌共有三节，现将第一节翻译如下：

这些清晨我一直在做梦

梦着自己清醒了

接着，我醒来后发现我在做梦

我们所知晓的世界

只是一个蝴蝶梦

自然挥霍驱散了亿万只金色的翅膀

仅在一次暴风雨中

　　王右如（Youru Wang）：《卮言的策略：〈庄子〉中的间接交流》（"The Strategies of 'Goblet Words'：Indirect Communication in *THE ZHUANGZI*"），《中国哲学季刊》（*Journal of Chinese Philosophy*）第31卷第2期（Vol. 31，No. 2，2004）。王右如认为庄子的卮言并不以信息交流为主要目的；卮言以激发读者参与和思考为目的，让读者从中体悟人生。

　　贤·赫希斯曼（Hyun Höchsmann）：《星光天空：庄子和康德的自由观》（"The Starry Heavens Above—Freedom in Zhuangzi and Kant"），《中国哲学季刊》（*Journal of Chinese Philosophy*）第31卷第2期（Vol. 31，No. 2，2004）。哲学家康德认为星光天空体现了天体宇宙法则，而地球人类行为的自由意志首先体现在人类对体现宇宙法则的道德之普遍规范的遵循。庄子对哲学的贡献体现在万物平等和追求自由。庄子保持了与宇宙和谐的道德理想，又强调了个人思想和行为的自由，以及如何实现这种自由的方法。

　　史蒂夫·库迪尼奥（Steve Coutinho）：《论葛瑞汉的〈庄子内篇〉指南》（"A Companion to Angus C. Graham's *Chuang Tzu*：the Inner Chapters"），《东西方哲学》（*Philosophy East and West*）第55卷第1期（Vol. 55，No. 1，2005）。该论文是对哈罗德·罗特编著的《葛瑞汉的〈庄子内篇〉指南》的书评。库迪尼奥认为该专著总结了葛瑞汉对《庄子》文本、语言和哲学思想的研究。该书包括了葛瑞汉对翻译的理解，《内篇》《外篇》和《杂篇》重新编排和鉴定，最后是哈罗德·罗特对葛瑞汉思想的评介。库迪尼奥对葛瑞汉的"自然反应"（respond with awareness）理论提出了质疑，因为人的本性中有很多破坏性的因素。

李耶理（Lee H Yearley）：《道家陈述和劝说》（"Daoist Presenta-tion and Persuasion：Wandering Among Zhuangzi's Kinds of Language"），《宗教伦理》（*Journal of Religious Ethics*）第 33 卷第 3 期（Vol. 33，No. 3，2005）。分析了庄子的寓言、重延、厄言，认为厄言是使人理解宗教精神世界的有效手段。不仅如此，李耶理还改变了用西方文论分析中国文本的传统，运用庄子的三言理论分析了但丁的《神曲》。

约翰·乔布瑞奇（John Trowbridge）：《怀疑论和多元论：庄子建议的觉悟人生之道》（"Skepticism and Pluralism：Ways of Living a Life of Awareness as Recommended by THE ZHUANGZI"），博士学位论文，夏威夷大学，2004 年（Ph. D. Dissertation，University of Hawaii），共 226 页。

近年来，对公元前 4 世纪道家文献《庄子》进行阐释的学者们越来越多地引用"怀疑论"术语来研究这一中国古典哲学。虽然学者们在术语名称上意见一致，但在哲学术语意义上有很大分歧，特别是阐释《庄子》的怀疑论。

乔布瑞奇反对把怀疑论解析为消极教条主义，指出《庄子》中的怀疑论有"不断言"和"开明"的积极哲学意义。葛瑞汉和乔柏克等人认为《庄子》的怀疑论实际上是对"如何度过完整的人生"的建议。这些学者进行了更为细致的分析，指出《庄子》怀疑论与其他提倡的精神实践，与促进心境平和的思想并不冲突，因为庄子在精神和道德层面提倡充实的人生。作者发现庄子从非教条怀疑主义过渡到"道"之后，进一步发展了非教条怀疑论。非教条怀疑论在何种程度上可以作为哲学多元论的根基？这一哲学思考意味着存在着多种不同的视角、态度、方法和观点，每一种都可能在某种意义上或某种程度上是正确的，但没有任何一种可以免于被批判。

吉尔·拉茨（Gil Raz）：《开创传统：〈灵宝五符经〉和早期道教的形成》（"Creation of Tradition：The Five Talismans of the Numinous Treas-ure and the Formation of Early Daoism"），博士学位论文，印第安纳大学，2004 年（Ph. D. Dissertation，Indiana University），共 465 页。

本论文通过分析《灵宝五符经》，考察了公元前 5—前 2 世纪道教的形成。《灵宝五符经》是一部重要文献，是随后数世纪道教经文、仪式和实践的灵感之源。通过考察传统，拉茨建构了创造传统的三大方法：形成谱系（lineage construction）、创造神话（creative mythography）、完善仪式（ritual systemization），提出了开创传统的新方法。开篇考察了公元 2 世纪晚期的四篇铭文，它们反映了社会祭祀实践的发展。拉茨认为正是在这种社会背景下形成了新的仪式，触发了新的宗教实践，为后来道教的出现奠定了基础。第二章指出，这些文献是在公元 3 世纪晚期南方沿海地区汇编而成的，修订本受到了几个谱系的影响；公元 5 世纪至少有两个不同版本流传于世。在接下来的章节中，作者对谱系构建、创造神话艺术和仪式系统化三种方法进行了考察。文献编辑者们通常用这些方法从相似习俗中选取他们偏好的习俗，这样一种新的特殊传统便诞生了。通过解密道教谱系用来建构神秘叙述和仪式惯例的方法，拉茨为道教起源研究提供了新方向，也解释了帝王仪式、神话学和道教习俗之间的联系，更加丰富地展现了道教发展的图景。

布莱恩·布鲁亚（Brian James Bruya）：《美的自发性：基于情感反应的行为理论》（"Aesthetic Spontaneity: A Theory of Action Based on Affective Responsiveness"），博士学位论文，夏威夷大学，2004 年（Ph. D. Dissertation, University of Hawaii），共 334 页。

论文作者旨在分析早期中国哲学的"自然"概念。布鲁亚首先在中国文化的本土背景下进行研究，对比了当代西方哲学框架之下对"自然"的阐释，然后梳理了西方哲学中相关概念的历史；并在系列概念框架下来理解"自然"，以此丰富当代哲学图景。

"自然"，也是自发性，是早期中国哲学的核心概念，但它在汉学中并没有得到充分的哲学阐释。在研究自发性之前，首先要研究中国哲学中另一个十分重要的玄学问题——主体间的相互作用。该研究以"情"为核心，即"情感性"；它不仅包含情绪，也包括认知。在中国相互渗透的"敏感度—反应度"的模型（sensitivity – and – response model）中，情感性是这种相互作用的核心组成部分。

随后，布鲁亚考察了早期中国道家文献《庄子》中的技巧部分，考察了技巧在语境中的特点及它们的相互关系。在西方哲学传统中，尤其是柏拉图、亚里士多德、卢梭、席勒、詹姆斯和杜威等人的理论，布鲁亚找到了类似自发性的特征或是潜在的抽象理论。随后，他进一步考察了这一广泛使用的哲学理论，加深了我们对自发性更加细致和更加深刻的理解。

　　最后，作者认为自发性对美学和道德行为有很大影响。自然/自发性在以下领域内有重要贡献：如何根据活动中的形式和句法将自发行为概念化；将艺术分为肉体的和非肉体两者之间的关系；自发性和即兴创作的关系；在艺术和道德行为中培养自发性的可能性和挑战。

　　托马斯·拉瓦雷（Thomas M Lavallee）：《中国中世纪早期宫宴诗中的礼节和寻乐》（"Formality and the Pursuit of Pleasure in Early Medieval Chinese Banquet Poetry"），博士学位论文，华盛顿大学，2004 年（Ph. D. Dissertation, Washington University），共 276 页。

　　本论文在中世纪中国的文化概念"礼节"和"享乐"的背景下，研究了宫宴诗题材。通过仔细研读诗歌、礼节文献和中国传统文学理论，拉瓦雷发现对于宫宴参与者和宫宴诗读者而言，在享乐的渴望和礼节的需求之间存在着一种张力。第一章概述了礼节和享乐的总览，主要根据是汉代到后汉对儒家哲学的阐释文献，例如，《论语》《孟子》《墨子》《荀子》等作品，早期关于音乐的礼节文献，早期道家哲学文学如《道德经》《庄子》《列子》。第二章开启了研究宫宴场合的新角度。作者阅读了诗歌著作《诗经》和礼节文献《礼义》，发现这些诗歌文献的饮酒语境中普遍存在着礼节和享乐的紧张关系。第三章考察了建安时代的宫宴诗。拉瓦雷不再采用传统文学批评，因为他对建安时代诗歌的定义中使用了尤为难懂的词汇。相反，他从内在环境和外在环境对比的角度研究了"礼节"和"享乐"的表达。第四章研读了宫宴诗选集《文选》。通过分析收录的 14 首宫宴诗，我们对文学类型体裁的施为功能（Performative function of the genre）有一个新的认识，并且理解了礼仪对后期宫宴诗的深刻影响。最后一章是对《兰亭集序》的完整翻译和分析。在这一系列诗歌中（如晦涩的诗歌或《轩辕志》的词汇和语境），礼节和享乐的构想受到了诸多考验并得以重新配置。无拘无束地享受自然环境的渴望和对自然内在秩序的追求，看似脱离了礼节的束缚；实际上，宫宴参与者们并非将礼节抛到脑后，只是产生了一种社会行为规范的新构想，即道家宗教习俗和儒家修身传统的综合。

　　魏朴和（Wiebke Denecke）：《"精通"中国哲学：从〈论语〉到〈韩非子〉，诸子百家的流派史》（"'Mastering' Chinese Philosophy: A History of the Genre of 'Masters Literature' [zhuzi baijia] from *the Ana-*

lects to the Han Feizi"），博士学位论文，哈佛大学，2004 年（Ph. D. Dissertation，Harvard University），共 531 页。

　　自从中国邂逅了西方文化史，中国和西方学者都倾向于把先秦诸子所著文献与西方哲学相对应。虽然这种假设保证了诸子文献拥有广大的读者群，却也严重限制了他们的解读，因为读者通常只能局限于回答那些在西方伦理学、形而上学和认知学的历史中被问了无数次的问题。

　　本论文解读"诸子文学"，并非像传统观点那样将其作为"中国哲学"，而是作为文本流派，分析了从《论语》到《韩非子》中的类别体裁传统和修辞手段。魏朴和通过大量精读，阐释了上面所提到的范式转移。第一章简要概括了哲学范式的发展，还涉及了隐喻语言和知识信息的复杂共生关系。第二章分析了战国末期和汉代"诸子文学"概念的发展。第三到第九章为论文核心部分。通过仔细研读《论语》《墨子》《孟子》《荀子》《老子》《庄子》《韩非子》7 部经典，魏朴和分析了如何把前文提到的范式转移投入实际阅读体验。论文最后将汉代对先秦诸子的想法同希腊人对古希腊思想家的想象进行了对比。

　　虽然只有最后一章具有明显的比较性质，但文章全文都传达了比较的概念。其论文避开陈旧的"修辞"和"哲学"的对立模式，认为文本分析对于西方学术界哲学研究更为可取。

2006 年

　　格罗夫斯·兰德尔（J. Randall Groves）：《道、自由和爵士乐的即兴创作》（"Daoism, Freedom and Jazz Improvisation: A Rational Reconstruction of Chuang Tzu's Cook Ting Passage"），《跨学科人文研究》（*Interdisciplinary Humanities*）第 23 卷第 2 期（Vol. 23，No. 2，2006）。论文从音乐角度重新审视了广为人知的庖丁解牛的故事。庖丁解牛巧妙地把自由、训练（discipline）和结构三者有机结合；这与爵士乐的即兴创作有着异曲同工之妙。兰德尔仔细剖析了庖丁解牛的篇章，再次强调了训练在道家文学中的重要性。

　　爱莲心（Robert Elliott Allinson）：《维特根斯坦，老子和庄子：迂回的艺术》（"Wittgenstein, Lao Tzu and Chuang Tzu: The Art of Circumlocution"），《亚洲哲学》（*Asian Philosophy*）第 17 卷第 1 期（Vol. 17，

No. 1，2007）。该论文对比了中西哲学对无法言表事物的不同态度。维特根斯坦认为在语言无法表达之处，我们应该保持沉默，可是维氏的终点恰恰是道家表达的起点。庄子借助特殊的意象来传达这一思想：无唇支离，庖丁解牛。

柴大伟（David Chai）：《〈庄子〉中的作者、编辑、注者：以"齐物论"为例》（"Authorship, Editorship, and Commentatorship of THE ZHUANG-ZI, with an Illustration of 'the Qiwulun'"），硕士学位论文，多伦多大学，2006 年（M. A. Thesis, University of Toronto），共 99 页。

论文从阐释学角度解析了《庄子》，尤其关注了从魏晋以来的注疏历史。柴大伟充分利用现有庄学研究成果，从以下三方面仔细考察了唐朝陆德明《经典释文》对《庄子》文本的研究：文本时间和篇章划分、评论注解研究、英文翻译和对比分析。通过对《庄子》作者、编辑、注者的研究，柴大伟为读者们提供了更加接近文本原意的历史语境和语言学阐释。

2007 年

丹尼尔·拉斯克（Daniel Lusk）：《庄子的蝴蝶梦》（"The Butterfly Dream of Chuang - Tzu"）（诗歌），《南方评论》（*Southern Review*）第 43 卷第 2 期（Vol. 43, No. 2, 2007）。拉斯克的诗歌描写了处在宗教冲突和战争中的人们对和平的渴望，而庄子的原始社会变成了人们的政治理想。对于那些遭受压迫和不幸的人们来说，"那里躺着一头牛，身上烙着月亮标志/那就是你的城市，黑暗围绕着你。/这就是庄周之梦，我的梦"。

艾伦·戴尔特（Alan Dyer）：《启发、着迷和惊奇……新模式教育能否再次带来自然和文化的结合？》（"Inspiration, Enchantment and a Sense of Wonder … Can a New Paradigm in Education Bring Nature and Culture Together Again？"），《国际遗产研究期刊》（*International Journal of Heritage Studies*）第 13 卷第 4/5 期（Vol. 13, No. 4/5, 2007）。戴尔特从道家哲学来寻求教育的新模式。孩子知道自然的奥秘，欣赏自然的千姿百态；相反，成年人受文化的影响，面临着气候变化、物种减少等各种问题。如何解决这些问题？如何平衡科学和艺术的关系？庄子的思想为我们提供了很多可以借鉴的资源。

埃里克·克雷格（Erik Craig）：《道家心理疗法：一种新型人文治疗方法》（"Tao Psychotherapy：Introducing a New Approach to Humanistic Practice"），《人文心理学家》（*Humanistic Psychologist*）第 35 卷第 2 期（Vol. 35，No 2.，2007）。本论文介绍了一种新型的心理医疗方法。该方法是由韩国医生李东新（Dr. Rhee Dongshick）于 1974 年创立。它采用中西疗法，把心理分析、存在主义、人文关怀、超个人视角综合为一体，形成了一套有效的治疗方法。

许可可（Keke Xu）：《"两种梦境"中的音乐：弦乐、钢琴和打击乐》（"'Two Dreams'：Music for String Quartet，Piano，and Percussion"），硕士学位论文，塔夫茨大学，2007 年（MA. Thesis，Tufts University），共 127 页。

"两种梦境"是一种由弦乐、钢琴和打击乐组成的室内乐，分为两个乐章：（1）蝴蝶梦，蝴蝶—哲人—蝴蝶 。（2）哲人梦，哲人—蝴蝶—哲人。中国哲学家庄子曾梦到自己是一只蝴蝶，自由翱翔，无拘无束，他不知道自己是庄子。他突然惊醒便又成了他自己，庄子本人。他不知道是自己原本是庄子，做梦变成了蝴蝶；还是本来是只蝴蝶，却做梦以为自己是庄子。"两种梦境"用音乐来表现作曲家的想象力及他对这个故事的想法和感受。

西奥多·库克（Theodore A. Cook）：《传道艺术的核心意义：〈道教义枢〉中一系列术语的跨文本研究》（"Pivots of Meaning in the Teaching of the Way：A Transtextual Study of a Set of Terms from the 'Daojiao yishu'"），博士学位论文，斯坦福大学，2007 年（Ph. D. Dissertation，Stanford University），共 292 页。

约基督纪元 700 年，一位来自今河北的道教大师孟安排编写了一部书，叫作《道教义枢》。虽然孟安排明确将其归为道教文本，但它包含了很多佛教术语和概念。传统学者试图将《道教义枢》和类似文献归入佛教背景或道教传统，将它们视为道教掩盖下的佛教，或是佛教对道教的影响。本论文从不同视角考察了《道教义枢》与其他文本的关系，以及它所包含的一些术语的语义学领域。库克从几个不同层次探究了《道教义枢》与其他文本的关联，揭示了一系列信息来源之间的复杂关系。第二章分析了用来鉴别神圣遗体种类的六个术语，加深了该书的语义学研究；

对于这六个术语的研究表明它们难以简单地归入佛教或道教范畴，其彼此的复杂关系显示了它们深刻的内涵。

2008 年

约翰·毕比（John Beebe）：《中国哲学视角下的个体实现》（"Individuation in the Light of Chinese Philosophy"），《心理视角》（*Psychological Perspectives*）第 51 卷第 1 期（Vol. 51，No. 1，2008）。毕比认为中国哲学思想可以很好地诠释"个体实现"。荣格的"个体实现"（individuation）被描绘成为意识的形成过程，即本我（ego）不断地寻求拓展自我，但是却始终没有达到自我（self）阶段。但是"自我形成"、本我、自我三者之间的关系始终非常模糊；如果从中国传统哲学来看，三者关系就会一目了然。从本我到自我的转化，首先是意识的视角转化，正如中国佛教中的"光线转向"一样。随着自我不断修养，"自我形成"就是产生个人意识程度的差异，这与孔子的《易经》之变化如出一辙。最后"自我形成"的意识在本我和自我之间游离不定，难以区分。这种看似矛盾的状态正是庄周梦蝶的疑惑。

克里斯托弗·卡比（Christopher C Kirby）：《杜威和庄子哲学中的自然主义：活的生物和弯曲的树》（"Naturalism in the Philosophies of Dewey and Zhuangzi：The Live Creature and the Crooked Tree"），博士学位论文，南佛罗里达州大学，2008（Ph. D. Dissertation，University of South Florida），共 182 页。

该论文对比了美国实用主义者约翰·杜威和中国道家庄子的"自然"概念，并对两个核心观点进行论辩。其一，庄子和杜威都认为自然是非还原的（non‐reductive）、自由的、综合的。非还原性表现在它避开了当代普遍的英美机械论哲学思想；哲学上的自由相对于西方主流的正统思想，它采取了更为宽泛、进步的视角。视野上更加综合全面是因为它同时吸纳了自然科学和社会科学。其二，在对比中所得到的概要提纲（synoptic vision）提供了一个研究自然主义的新哲学视角，可以避免目前对于自然的主流阐释，而是与早期的、更具包容性的自然模式相关联。在杜威和庄子思想的交会处，我们会发现他们对人类行为规则的相似性；而在思想相悖之处，我们又会发现他们的洞察力互为补充、相互启发。

纳撒尼尔·巴雷特（Nathaniel Frost Barrett）：《人类体验与自然的自发性》（"The Spontaneity of Nature and Human Experience"），博士学位论文，波士顿大学，2008 年（Ph. D. Dissertation，Boston University），共470 页。

自发性反复出现在人类行为中，从艺术表达到道德智慧，从进化史上的突发复杂情况到大脑在解决智力问题中的应用，都无处不在。《人类体验与自然的自发性》从科学研究发现的角度来探讨人类行为的自发性，其中包括："中立达尔文主义"神经系统科学家杰拉尔德·埃德曼（Gerald Edelman），"普通生物学"复杂性理论家斯图亚特·考夫曼（Stuart Kauffman），"唯器官变化论者"艾尔弗雷德·诺思·怀特海德（Alfred North Whitehead）的哲学和中国古典"圣人"典范。

自发性理论将上述科学观点整合为对"自然"的系统性哲学阐释，具体包括：（1）自发性的形而上学理论，即所有事物都有其特性或现实性，这一点吸收了中国"道"的思想（自然中的所有事物都具有潜在的自发性）和怀特海德关于创造力的思想。（2）一个宇宙学理论，即适应性系统的自发性。（3）一个将这两个领域相互结合的人类体验的理论，如庄子笔下技艺娴熟的"圣贤。"

2009 年

韩晓强（Xiaoqiang Han）：《阐释蝴蝶梦》（"Interpreting the Butterfly Dream"），《亚洲哲学》（Asian Philosophy）第 19 卷第 1 期（Vol. 19, No. 1，2009）。论文从传统的怀疑论角度出发，但又不同于传统解释，作者认为庄子的怀疑论更为激进，是对笛卡尔建立在"我思故我在"基础上的怀疑论的颠覆和挑战。笛卡尔认为自我存在是毫无质疑的，但是庄子的蝴蝶梦恰恰颠覆了自我真实存在的思想。

陈杰克（Jack W Chen）：《论中国中世纪时期的阅读行为和阅读再现》（"On the Act and Representation of Reading in Medieval China"），《美国东方学协会会刊》（Journal of the American Oriental Society）第 129 卷第 1 期（Vol. 129, No. 1，2009）。论文分析了经典作品的阅读方法。在庄子的轮扁与齐桓公的读书讨论中，读者变成了接收文本声音的容器；但是在陶潜的沉默阅读方法中，读者变成了阅读行为的中心。论文还认为谢灵运在继承了沉默阅读方法的同时，还发展了视觉阅读，即在阅读文字的同时，头脑中形成了画面。

陆祺洋（音译）（Kei Yeung Luk）：《对老子和庄子的"道"和"无为"概念的当代解读》（"A Contemporary Interpretation of Laozi and Zhuangzi's Concepts of Dao and Wuwei"），博士学位论文，香港科技大学，2009 年（Ph. D. Dissertation, Hong Kong University of Science and Technology），共 186 页。

《老子》和《庄子》中充满了关于"道"和"无为"的自相矛盾的表达，本论文旨在探讨如何说明和分析这种自相矛盾的表达。本文考察了爱德华·斯兰热兰（Edward G. Slingerland）和陈汉生两位知名学者对《老子》和《庄子》的研究。斯兰热兰将概念隐喻理论应用到了老子和庄子的"无为"概念中，发现了一个无法解决的概念性难题："有为"的隐喻无法解答《庄子》文本中的"无为"行为。考察文本中的"无为"篇章，我们发现《老子》和《庄子》中都没有说明"无为"可以通过主体的无所作为或无意识达到。出现这种无法解决的矛盾难题，陈汉生认为，在于错误地使用概念隐喻来阐释《老子》和《庄子》。陈汉生区分了英语的描述性特性和中文的实用性特性，将老子和庄子的"道"解释为规范话语，而非玄学客体。根据陈汉生的阐释，老子作为一个语言怀疑论者，承认语言的习俗力量，但不能用僵硬不变的语言来指导不断变化的现实情况。庄子更进一步，认为语言就像指示代词一样，与现实万物没有固定不变的内在联系。陈汉生认为关于万物的话语都是平等的，语言规定指示了现实，但又不是永恒不变的。

2010 年

爱丝特·克莱（Esther Klein）：《战国时期是否存在〈庄子内篇〉？重审庄子文本的存在证据》（"Were There 'Inner Chapters' in the Warring States? A New Examination of Evidence About *THE ZHUANGZI*"），《通报》（*T'oung Pao*）第 96 卷第 4—5 期（Vol. 96, No. 4–5, 2010）。克莱对《庄子内篇》提出了质疑。内篇在传统上被认为在战国时期形成的完整统一体，出自一个作家之手。论文作者首先分析了学者们对《内篇》的研究。司马迁的《史记》记载了庄子这一事实，本身就让我们怀疑

《内篇》是否产生在西汉时期。汉代之前和汉代对庄子的涉及，与《庄子》文本并存并不能证明《内篇》的存在，也不能说明《内篇》已经形成了完整的内在结构，取得了经典的地位。这些虽然不能构成有力证据，却激发了我们对早期《庄子》的文本作者和文本结构的再思考。

李耶理（Lee H Yearley）：《困惑伦理》（"Ethics of Bewilderment"），《宗教伦理》（*Journal of Religious Ethics*）第 38 卷第 3 期（Vol. 38，No. 3，2010）。困惑伦理与我们所熟悉的自在伦理（ethics of ease）大相径庭。我们可以通过中西文学的诗学表现来理解困惑伦理。困惑伦理常被表现为感情困惑和美德困惑。这两种形式的困惑都使我们承认，与感情和判断比较，我们的伦理信心是微乎其微的；这种承认又会产生富有成效的结果。《庄子》中很多的篇章就描写了这种具有创造性的困惑。

肖冬月（Xiao Dong Yue）：《中国幽默初探：历史回顾、经验发现和评论反思》（"Exploration of Chinese Humor：Historical Review，Empirical Findings，and Critical Reflections"），《幽默：幽默研究国际学刊》（*Humor：International Journal of Humor Research*）第 23 卷第 3 期（Vol. 23，No. 3，2010）。该论文讨论了中国人的幽默。幽默最早出现在 2500 年前的中国，庄子被认为是中国第一个幽默作家。中国式幽默的特点是笑话趣事和滑稽表演。幽默在中国传统文化中一直不受重视，因为它与孔子提倡的"得体的社会礼仪"不相符合。"幽默"一词由林语堂在 20 世纪 20 年代首先翻译为中文，随后在中国一直备受欢迎。在"文化大革命"（1966—1976）间，幽默受到了广泛批判。从 1980 年起，幽默重新成为创造能力、个人魅力和社会和谐的重要因素。尽管幽默很重要，但在中国很少被研究，因为幽默不被中国人重视，而且在创造力和中国人的理想人格中是最不重要的因素。

魏家豪（Reu Wim De）：《如何斫轮：〈庄子〉"陶工的轮子"的中心意象》（"How to Throw a Pot：The Centrality of the Potter's Wheel in *THE ZHUANGZI*"），《亚洲哲学》（*Asian Philosophy*）第 20 卷第 1 期（Vol. 20，No. 1，2010）。魏家豪讨论了艺术家创作工具与哲学思想的关系。论文通过"陶工的轮子"这一比喻形象来阐释庄子的哲学。"陶工的轮子"是庄子核心篇章的中心形象。它把"陶工"和"轮子"两个形象紧密相连，不仅反复出现在关键段落中，还把诸多看似独立的主题串联起来。论文首先把"陶工的轮子"放在艺术创作工具的背景之下；然后讨论了三个与轮扁紧密相连的形象：头脑镇静，反应灵活，颐养天年；其次分析了庄子中测量工具的负面作用。魏家豪认为具体的艺术家创作工具可以为阐述哲学文本提供重要的线索。

J. 斯科特·布拉肯里奇（J. Scot Brackenridge）：《魏晋清谈人物将郭象〈庄子注〉作为政治实践的表现》（"The Character of Wei – Jin Qing-tan Reading Guo Xiang's 'Zhuang Zi' Commentary as an Expression of Po-litical Practice"），博士学位论文，麦迪逊大学，2010 年（Ph. D. Disserta-tion, The University of Wisconsin – Madison），共 210 页。

本论文不仅从道家和中国哲学的背景出发，还从注疏者生活的社会背景来理解郭象的《庄子注》。魏晋时期的社会历史环境和政治实践促进了对经典的评注，像郭象这样的学者往往通过注释和评价经典的手段在政府谋求高位。通过"清谈"重构历史：评价经典中的人物是学者们谋求政治高位的重要途径。在这一学术与政治结合背景下来重读郭象的《庄子注》，我们会发现其中蕴含着当时政治思想的潜流，这也解释了该作品备受青睐的原因。有了对"清谈"的充分理解，我们可以将研究扩展到其他魏晋学术环境，包括最近译成的大乘佛教的经文，这将会对当前魏晋学术研究产生重大影响。作者认为把"清谈"当成制度性意识形态来理解，对于研究魏晋时期思想将会作出更大贡献。

莎丽·爱泼斯坦（Shari Ruei – hua Epstein）：《道的界限：憨山德清对〈庄子〉的佛教评论》（"Boundaries of the Dao：Hanshan Deqing's（1546—1623）Buddhist Commentary on THE ZHUANGZI"），博士学位论文，斯坦福大学，2010 年（Stanford University），共 270 页。

本论文通过研读佛教高僧憨山德清对道家经典《庄子》的评论考察了宗教传统的交汇。憨山作为晚明时期佛教复兴中颇具影响力的人物，挑战了儒道佛三家学说之间的假定概念。憨山通过逐字逐句地细心注释，将道家《庄子》转化成了佛教文献；通过这种阐释活动，憨山反驳了佛教的正统概念，为佛教创作开辟了新体裁；这种体裁对如今的佛教思想、习俗和理解都产生了深刻影响。

憨山相信庄子是菩萨现世，为中国佛教的发展开辟了新途径。这一激进的《庄子》阐释与传统评论有着巨大差别。憨山认为《庄子》应该作为宗教文献阅读，其中同时包括了通俗教义和秘传教义。他认为庄子本人就是佛教经典第二章中先知的化身，未来的读者一定会发现其中所隐含的佛教信息。为了"解密"其中的佛教信息，憨山对作品中的文学、哲学和救世神学之间的关系尤为注重。他认为只有高度重视庄子语言的三种风格（寓言、重言、卮言），才能辨析庄子的哲学思想。憨山认为《庄子》的文学和哲学方面最终目的就在于帮助读者实现精神转变。

2011 年

西拉·索拉库（Siroj Sorajjakool）：《庄子、蝴蝶和维特根斯坦：路德维希·维特根斯坦的心理因素和哲学思考的关系研究》（"Chuang Tzu, Butterfly and Wittgenstein: An Exploration of the Relationship Between Psychological Factors and Philosophical Thinking in the Life of Ludwig Wittgenstein"），《田园心理学》（*Pastoral Psychology*）第 60 卷第 5 期（Vol. 60, No. 5, 2010）。本论文探讨了心理和哲学思考的关系。庄子的蝴蝶类别代表了道家哲学的核心思想——自然。而心理学的自我意识禁止抑制自然倾向。这两者的关系在维特根斯坦的精神病理状态中得到了显著体现：他的神秘主义是为了宁息自己的精神强迫症，而后期普通语言哲学为了摆脱自我意识的痛苦。索拉库认为维氏普通语言学观念与其抗争精神疾病密切相关；他的哲学是应对其心理挣扎的处方，也就是对蝴蝶梦的追求。

欧文·戈赫（Irving Goh）：《庄子的变成动物》（"Chuang Tzu's Becoming-Animal"），《东西方哲学》（*Philosophy East and West*）第 61 卷第 1 期（Vol. 61, No. 1, 2011）。戈赫从当前的动物研究入手，认为庄子中的动物不是建立在人类中心主义基础上的比喻（Metahpor），而是提供了一个反观人类社会的独特视角，是逃离政治的策略。

格雷厄姆·克里斯汀（Graham Christian）：《庄子：完美幸福之道》（"Chuang-Tzu: The Tao of Perfect Happiness; Selections Annotated & Explained"），《图书馆学刊》（*Library Journal*）第 136 卷第 4 期（Vol. 136, No. 4, 2011）。① 科恩以庄子文本为主，从最为著名的"蝴蝶梦"入手来

---

① 论文是该书的书评：*Chuang-tzu: The Tao of Perfect Happiness; Selections Annotated & Explained*, trans. and ed. Livia Kohn（SkyLight Paths, 2011）。

厘清几个道家概念和习俗。科恩针对西方读者，节选《庄子》部分章节，围绕着"完美幸福"的主题展开论述，而不是严格意义上的关于中国古代经典的学术专著。科恩的介绍只针对普通大众，他应该进一步深化内容，使对亚洲哲学感兴趣的精神修行者也同样产生吸引力。

玛丽·波克芙尔（Mary I Bockover）：《道教，伦理和信仰：生命中无形的美好》（"Daoism, Ethics, and Faith：The Invisible 'Goodness' of Life"），《道家研究学刊》（*Journal of Daoist Studies*）第 4 卷（Vol. 4, 2011）。本文从老子和庄子的道家角度探讨了生命宗教和哲学感知。论文解释了道家美好生命的观点，并且通过实践经验来实现美好生命。此外，作者还对比了宗教生命和哲学生命的异同，通过实例阐释了美好生命所涉及的因素。

温海明（Haiming Wen）：《庄子：在无我中逍遥》（"Zhuangzi：Wandering in Selfless Ease"），《今日中国》（*China Today*）第 60 卷第 5 期（Vol. 60, No. 5, 2011）。本文讨论了中国道家庄子的思想。其著作《庄子》在中国历史上被看成最受称赞的哲学散文之一。其哲学核心就是逍遥游，人类与万物的平等关系。

埃里克·纳尔逊（Eric S Nelson）：《康德和中国：美学、种族、和自然》（"Kant and China：Aesthetics, Race, and Nature"），《中国哲学季刊》（*Journal of Chinese Philosophy*）第 38 卷第 4 期（Vol. 38, No. 4, 2011）。本文分析了康德对中国的错误阐释以及他带有种族偏见的美学思想和神秘思想。纳尔逊从中国古代思想家庄子的自然哲学出发剖析了康德的错误阐释，认为人们可以在自然世界中实现自我的个体化。

纳撒尼尔·巴雷特（Nathaniel F Barrett）：《无为和流动：〈庄子〉中精神、超越和技巧的比较反思》（"Wuwei and Flow：Comparative Reflections on Spirituality, Transcendence, and Skill in *THE ZHUANGZI*"），《东西方哲学》（*Philosophy East and West*）第 61 卷第 4 期（Vol. 61, No. 4, 2011）。巴雷特从"流动"理论出发，分析了庄子中的娴熟技能、宗教的精神性、超越性之间的关系。

金世钟（Chong Kim‐chong）：《〈庄子〉的"真"概念》（"The Concept of Zhen in *THE ZHUANGZI*"），《东西方哲学》（*Philosophy East and West*）第 61 卷第 2 期（Vol. 61, No. 2, 2011）。金世钟拓宽了人们对

"真"的理解。庄子的"真"往往和"真人"密切联系。"真人""入水不濡，入火不热"的形象往往被认为是庄子神秘主义的典型体现。金世钟全面考察了庄子在各种不同语境下对"真"的使用及其意义，认为真人在庄子笔下有更广泛的含义。

萨拉·马蒂斯（Sarah A. Mattice）：《元哲学中隐喻的重要性：哲学活动作为战役，游戏和美学体验》（"The Significance of Metaphor in Metaphilosophy：Philosophical Activity as Combat, Play, and Aesthetic Experience"），博士学位论文，夏威夷大学，2011 年（Ph. D. Dissertation, University of Hawaii at Manoa），共 210 页。

本论文研究了元哲学话语中隐喻的重要性。马蒂斯在认知语言学、解释学、中国哲学和美学的背景下，考察了哲学活动中特有的三种隐喻：战役、游戏和美学体验。第一章探讨了隐喻在思考和理解中的作用。第二章探究了哲学活动最重要的隐喻——战役隐喻。第三章分别从伽达默尔作品和古代中国《庄子》对"游戏"进行研究，提出游戏就是哲学活动的隐喻。第四章从游戏过渡到美学体验，同时用西方和中国美学来建构美学体验的内容，着重分析了体验和距离的概念以及美学活动中的"艺术家—作品—参与者"的三元结构。《元哲学中隐喻的重要性》通过考察哲学活动中的"对位性"这一隐喻作出结论："美学体验"隐喻比游戏和战役隐喻在哲学中应用更广泛。

卡尔·杜尔（Carl Joseph Dull）：《〈庄子〉和滋养之"心"：冲突的起因，关爱生命和语言治愈的正面典范》（"THE ZHUANGZI and Nourishing Xin：Causes of Strife, Positive Ideals of Caring for Living, and Therapeutic Linguistic Practice"），博士学位论文，南伊利诺斯大学，2011 年（Ph. D. Dissertation, Southern Illinois University at Carbondale），共208 页。

本论文纠正了英语世界对《庄子》的错误阐释，为我们还原了一个不同的《庄子》。《庄子》常被指责具有强烈的道德和认识论方面的内容，包括道德相对论、超验神秘主义、怀疑论、无政府主义、反社会的禁欲主义。实际上，杜尔认为《庄子》用复杂而连贯的方式来诊断人们在变化无常的社会中所遭受的痛苦和不幸经历。针对这一诊断，庄子又提出了一系列复杂却连贯的理念来治疗人类的痛苦。痛苦有多种形式，但出在

"心"上的问题最为严重，因为中国传统观念认为"心"是人类活动的智慧和向导。

论文对《庄子》中"心"的概念进行了透彻的剖析，并说明了《庄子内篇》如何提供了一系列关于歧视偏见（discrimination）、生命终结（completion）、占有私欲（acquisition）的疗法。当"心"中的偏见歧视通过遗忘和虚无得到缓解，真人便可以使自己的思想意识和身体行动与道合一。思想、身体和精神集中会合于"道"，圣人便可以轻松畅游于自然的阴与阳之中。这不仅意味着"道"的变化，还意味着人们从心理上已经适应了这些自然变化。

2012 年

江涛（Tao Jiang）：《撒·柏林对庄子自由的挑战》（"Isaiah Berlin's Challenge to the Zhuangzian Freedom"），《中国哲学季刊》（*Journal of Chinese Philosophy*）第 39 卷增期（Vol. 39, Supplement Issue, 2012）。江涛提出了现代西方政治哲学中的两种自由概念："消极自由"和"积极自由"。柏林强烈提倡提升"消极自由"保护个体空间和个人决定，而"积极自由"因其集体倾向往往会起抑制作用。从柏林的两种自由概念来重新审视庄子的精神自由，可以使庄子的精神自由更好地进入社会政治领域内，从而为政治提供新的可能性。

丹尼尔·约翰逊（Daniel M Johnson）：《社会伦理和社会怪异：孔子，黑格尔和庄子与克尔凯郭尔的批判》（"Social Morality and Social Misfits: Confucius, Hegel, and the Attack of Zhuangzi and Kierkegaard"），《亚洲哲学》（*Asian Philosophy*）第 22 卷第 4 期（Vol. 22, No. 4, 2012）。在社会怪异方面，克尔凯郭尔和庄子之间有着令人惊讶的联系。这种联系形成了哲学上的平行结构：克尔凯郭尔对黑格尔批判和吸收，庄子对孔子的批判和吸收。黑格尔从道德家转向了伦理世界，孔子从强调礼仪制度的重要性发展到礼仪在道德体系中的中心地位。约翰逊分析了黑格尔道德体系中社会标准的必不可少性和不可还原性，这对社会批判有着重要的影响。和黑格尔一样，孔子在伦理道德和社会批评方面也有着相似的政治主张。

卡尔·达尔（Carl Dull）：《庄子和梭罗：漫游、自然和自由》（"Zhuangzi and Thoreau：Wandering，Nature，and Freedom"），《中国哲学季刊》（*Journal of Chinese Philosophy*）第 39 卷第 2 期（Vol. 39，No. 2，2012）。庄子和梭罗都对漫游、自然和经验之间的关系有着强烈的兴趣。他们对自然的态度形成了他们对人类幸福健康的观点，这又导致了他们对语言、社会和政治的态度。两人都歌颂自然，认为自然是新奇、变化和养生的再现。这些价值观点与社会从众性和政治一致性形成了冲突。我们如何经历社会是构成人类的幸福健康的重要内容；漫游是一种独特的自由形式，它把经验、自然和社会政治批判结合为一体。

高杉（Shan Gao）：《自然之美作为环境伦理学的基础：中国和西方》（"The Beauty of Nature as a Foundation for Environmental Ethics：China and the West"），博士学位论文，北得克萨斯大学，2012 年（Ph. D. Dissertation，University of North Texas），共 103 页。

本论文旨在以环境美学为基础来建构环境伦理学，以此提倡和促进可持续的环境实践、政策和生活方式。作者试图建构一个完整的环境美学体系来激发人们热爱自然和保护自然。

高杉首先对中国哲学传统中对自然的哲学理解和美学欣赏进行考察，因为它们深刻影响着大众对自然的态度。第一章指出自然被视为一个有机体系，一直处于生命的生产和再生产的过程中，具有自我再生的能力。自然的基础就是"气"。因此，中国对自然的美学欣赏也是对"气"的美学欣赏。围绕"气"的概念，作者集中分析了以下三个问题：（1）"气"有哪些客观和美学特点？（2）中国人是如何欣赏"气"的美学特征？（3）为何"气"的客观特征成了美学欣赏目标？作者认为中国人对"气"的美学特点的欣赏是出于智的直觉（intellectual intuition），而同感（empathy）则是"气"的客观特征被当作美学特点的原因。第二章详细介绍了中国哲学对自然美学欣赏的两种哲学范畴——虚无和创造（emptiness and creativity）。

本论文考察了西方对自然的美学欣赏的哲学基础。高杉首先研究了西方传统哲学对自然认知的影响。西方对自然的美学欣赏始于 18 世纪，康德在欣赏自然时使用的美学范畴"美"和"壮美"（beauty and sublime）。在当代世界，作者着重研究了艾伦·卡尔森（Allen Carlson）的积极美学（positive aesthetics）和阿诺德·柏林特（Arnold Berleant）的参与模式（engagement model）。第四章评估了中西方自然美学欣赏理论，并试图建构一个完整的自然美学欣赏理论体系。新理论核心是基于自然美学来建立人与自然的欣赏关爱和积极参与。这一关系会促使人们保护自然，使人感到快乐。

吴加益（Ka Yi Ng）：《英语世界对〈庄子〉文献学的研究》（"A Research of the English‐speaking World's Philological Studies of Zhuang-zi"），博士学位论文，香港中文大学，2012 年（Ph. D. Dissertation，The Chinese University of Hong Kong），共 240 页。

《庄子》最早在 1881 年由 F. H. 巴尔夫的翻译传入英语国家。由于东西文化差异、译者对原文的误解、《庄子》内容的晦涩，自 1881 年后《庄子》在西方一直处于不断重复翻译的状态，相应的文学和哲学研究也受到了限制。中国学者对此问题的重视程度不够，他们在此方面的研究成果也微不足道；因此，在全球文化背景下，对于《庄子》这样一部世界经典来说，这是亟待改变的状态。

《英语世界对〈庄子〉文献学的研究》详细梳理了英语国家学术界对《庄子》的文献研究，仔细分析其现状，努力寻找一个解决阅读和翻译《庄子》困难的文献学研究方法。第一章介绍部分包括研究目标、研究方法、研究意义、关键术语，并简要概括了英语世界对《庄子》文献研究的现状。第二章是英语学术界对庄子生平的研究，包括庄子个人经历、本名、别名、居住地、公职、大致年龄等。第三章分析了《庄子》文献的校点和翻译，考察了不同翻译版本的优劣和文献的正确性。本章还陈述了《庄子》的英语译文和基于这些译文所做的研究的大致状况和局限，指出英语学术界在研究中忽略了《庄子》不同版本的缺陷。第四章总结了英语学术界对《庄子》文献学研究的成就，概括了西方学者在文献研究发展的经验和特点。第五章研究了阅读和翻译《庄子》的难点，以及如何通过版本研究、文字注释、平行语篇来制定一种特殊的文献研究方法来克服上述难点。

艾伦·勒维诺维茨（Alan Jay Levinovitz）：《玩具的概念——与〈庄子〉嬉戏》（"The Concept of Toy—at Play with THE ZHUANGZI"），博士学位论文，芝加哥大学，2012 年（Ph. D. Dissertation，The University of Chicago），共 238 页。

近期对《庄子》的主流批评内容就是"游戏"。典型评论是把《庄子》看成游戏人生的游戏辩护；但是这类阐释普遍存在着两种矛盾。第一种逻辑矛盾：如果游戏被定义为非目的性的活动（non-teleological activity），那么《庄子》不可能从始至终地提倡游戏人生，没有任何目的，甚至道德责任。第二种行为矛盾：游戏的本质和价值就是要高度集中注意力，而这与《庄子》提倡的自由逍遥不符。要解决这个问题，首先要区分游戏的两个对象，玩具和游戏（toys and games），它们是两种嬉戏模式的必要条件，即玩玩具和玩游戏。将《庄子》类比为玩玩具是比较合适的。《庄子》提倡玩玩具，文本本身就是一个玩具制造者；但它还可以成为自身要创作的客体。但是这种同时成为玩具和玩具制造者的双重存在是很难并列的。玩具作为客体是用来玩的，玩具制造者生产那些客体。为了使这两者和谐，勒维诺维茨按照《庄子》固有的阐释学原理重读《庄子》，这需借用一些玩具制造者的技巧。

柴大伟（David Chai）：《虚无、存在和道：〈庄子〉中的本体论和宇宙论》（"Nothingness, Being, and Dao: Ontology and Cosmology in THE ZHUANGZI"），博士学位论文，多伦多大学，2012 年（Ph. D. Dissertation, University of Toronto），共 234 页。

柴大伟从宇宙论的哲学角度入手，认为《庄子》的宇宙论是"本体论之外"（Meontology），创造了一种关系使得"存在"和"虚无"在"道"的界限内相互交织。本论文独特的价值论体现在它提出通过结合原始虚无可以达成宇宙自由。第一章旨在反驳"'无'只能是超验的他者"的概念，论据是"道"是一个同时可以产生出"有"和"无"的极富创造性的源头，这就使得"无"不等同于虚无，也不可以被视为"绝对的虚空"（an absolute void）。第二章深入研究事物的转化以及圣人作为"道法自然"的典型，如何顺从物化、投入虚无之中以实现自我之化。第三章提出一个问题：事物的自我本位运动是否具有时间性？如果考虑到宇宙在本体论范围之外，如何证明事物可能具有时间性呢？后面两章关注了"无用之用"和"遗忘"两大技巧，它们是圣人做到天人合一的两个基本手段。第六章得出结论，达到"无用之用"和"遗忘"之境界与伦理道德无关，它是人与"道"的宇宙论关系的顶峰，体现了庄子的"逍遥游"。庄子的宇宙论植根于"无"的创造性生命力，消除了本体论差别，回归到自然的平静和精神的安宁。

2013 年

姚志华（Zhihua Yao）：《"吾丧我"：庄子的蝴蝶梦》（"'I Have Lost Me'：Zhuangzi's Butterfly Dream"），《中国哲学季刊》（*Journal of Chinese Philosophy*）第 40 卷第 3/4 期（Vol. 40，No. 3/4，200）。庄子的蝴蝶梦是《庄子》中影响广泛的重要篇章之一。本论文从跨学科角度来剖析庄周梦蝶。神话和宗教故事常常把蝴蝶看作人的自我或者灵魂。科学研究表明梦与自我意识密切相关，梦中自我呈现为两个自我。哲学和心理学研究进一步突出了"吾我"和"我我"、肉体灵魂和精神灵魂（bodily and spiritual soul）之间的张力，而这种张力又解释了自我异化的产生（self‐alienation）。

赖蕴慧（Karyn L. Lai）、赵围围（Wai Wai Chiu）：《庄子内篇中的"明"：开明的参与》（"Ming in *THE ZHUANGZI* Neipian：Enlightened Engagement"），《亚洲哲学》（*Journal of Chinese Philosophy*）第 40 卷第 3/4 期（Vol. 40，No. 3/4，2013）。本论文从庄子同时代的辩论思想家的角度出发来探讨《庄子内篇》的"明"。赖蕴慧认为"明"是道家圣人的远见：他通过看穿论辩者的企图来取得论辩的胜利。"明"实际上是元—认识论立场，即圣人理解论辩的本质因而避免进入争论，不受论辩焦虑的影响。圣人从道枢出发，对不同观点采取了"枢始得其环中，以应无穷"的态度。

卡蒂亚莱·内汉（Katia Lenehan）：《庄子的"无情说"和魏晋诗歌的关系》（"Theory of Non‐Emotion in *THE ZHUANGZI* and Its Connection to Wei‐Jin Poetry"），《中国哲学季刊》（*Journal of Chinese Philosophy*）第 40 卷第 2 期（Vol. 40，No. 2，2013）。内汉探讨了庄子哲学对中国诗歌的影响。庄子提出了"无情说"，认为人们应该摆脱世俗感情的约束。本文作者认为庄子的"无情说"并不与诗歌中的感情表达产生矛盾；相反，"无情说"为诗人提供了一个自由表达感情、自然表达感情的基础。魏晋诗歌深受庄子思想的影响，因此论文作者以魏晋诗歌为例，阐述了诗人如何表达自我感情，证明了庄子哲学在中国诗歌中富有成果的运用。

雷萨里特·弗勒泽（Katrin Froese）：《幽默作为庄子语言的游戏伙伴》（"Humour as the Playful Sidekick to Language in *THE ZHUANG-ZI*"），《亚洲哲学》（*Asian Philosophy*）第 23 卷第 2 期（Vol. 23, No. 2, 2013）。弗勒泽以新的眼光重新审视了庄子的幽默和语言的关系。庄子的幽默被用来质疑人类赋予语言和思维的优先权，揭露其局限性和可能性。等级和习俗被推翻，语言的意义和荒谬同样得到了歌颂；幽默开启了多元视角的立体世界，没有目的之目的得到了强调。幽默让我们认真地看待笑声，使得我们可以用轻率的态度来看待沉重的人生。

唐纳德·沃特金斯（Donald R. Watkins）：《庄子与克尔凯郭尔：比较研究》（"Zhuangzi and Kierkegaard: A Comparative Study"），硕士学位论文，加州州立大学多明戈斯山分校，2013 年（MA Thesis, California State University at Dominguez Hills），共 117 页。

目前庄子与克尔凯郭尔的比较研究少之又少，仅有的几篇论文也主要关注两者之间明显的差别，而这种差别在公元前 3000 年和 19 世纪的思想家之间均可以发现，尤其体现在道教和基督教的宗教观点的对比性论文中。《庄子与克尔凯郭尔：比较研究》以独特的视角对比了两位思想家宗教目的、写作风格、精神启蒙、宗教救赎等方面。他们向世俗世界传递信息的相似手段也值得注意。

达内施·辛格（Danesh Singh）：《健康作为伦理范畴：尼采和庄子思想的比较研究》（"Health as an Ethical Category in the Thought of Nietzsche and Zhuangzi"），博士学位论文，纽约州立大学宾厄姆顿分校，2013 年（State University of New York at Binghamton），共 252 页。

本论文依照庄子和尼采思想中的心理学，更确切地说，感情健康来实现自我修养。两人思想中包含着批判和净化的方面，即个人需要首先摒弃传统的思考和生活方式，也包含积极的方面，即培养健康感情。作者首先分析了庄子和尼采的认识论态度，集中分析了视角的本质。两者都提供了针对视角本质的分析，以此说明某些传统上认为对伦理规范十分重要的知识与健康生活这一目标并不相关。在否认某些知识的重要性的同时，两者又都认为存在一种关于心理和情绪健康的标准规范，能够满足人内心深处的需求和激发人的内在能力。庄子和尼采还都认同一种心理健康的概念；目标是让个人重归人之本性，从而获得心理健康。

但是两位哲学家对人之本性有着不同的理解。尼采式健康要求个人的生活方式要遵从"权力欲望"这一社会习俗的规定标准，因为尼采强调这是人类本性的根本特点。庄子式健康，要求人类的自然能力——"德"——得到充分自由的锻炼。只有个人使自我适应自然固有的模式和过程（"天"）时，"德"才能得到充分舒展。

最后，尼采和庄子都承认情绪在健康中的作用，而个人情绪又与认知视角相关，尤其是对事物的判断态度。这种认知主义观点认为可以通过对个人的再教育实现情绪转变。换言之，为了改变个人感受事物的方式，他们首先要改变看待自己在世界中所处的位置的看法。

2014 年

科林·卡文迪什－琼斯（Colin Cavendish－Jones）：《奥斯卡·王尔德的中国观点的急剧改变》（"Oscar Wilde's Radically Revised View of China"），《英语文学研究》（*SEL：Studies in English Literature*）第 54 卷第 4 期（Vol. 54，No. 4，2014）。卡文迪什－琼斯梳理了王尔德从最初认为中国缺少美学到歌颂中国美学的前后态度改变的历史。在牛津大学读大学时，奥斯卡·王尔德不加鉴别地接受西方流行的偏见：中国是刻板守旧、缺乏艺术的民族。这一观点反复出现在他早期的作品和采访录中。王尔德在旧金山第一次遇到了中国人，阅读了中国哲学《庄子》后，就改变了自己对中国文化的印象，认为中国移民对美国文化产生了至关重要的艺术影响。王尔德发现旧金山唐人街的贫困和美丽交织并存，这直接影响了他的社会政治观点。

吴美瑶（Meiyao Wu）：《混沌的友善：道家、德里达、列维纳斯等多元视角下的庄子寓言》（"Hundun's Hospitality：Daoist, Derridean and Levinasian Readings of Zhuangzi's Parable"），《教育哲学和理论》（*Educational Philosophy & Theory*）第 46 卷第 13 期（Vol. 46，No. 13，2014）。本论文重新审视了庄子的混沌之死的故事。庄子第七章结尾处，中海之帝混沌善待两个邻居，邻居为报恩而在混沌面部凿七孔，混沌因此而死亡。"混沌的友善"从道家、德里达、列维纳斯的哲学视角对该寓言进行了解读，强调了非二元对立、无条件友善的绝对优先性和对待他者的无限开放性。具体来说，混沌之友善包含了道家的无我、非二元对立和彼此的相对性，德里达的"给予礼物"理论中的有条件和无条件的友善，以及列维纳斯的本体论中无限性优于总体性，即他者/邻居的脸优先于自我/主体，言说优于己说（of "saying" to "the said"）。

达利斯·辛格（Danesh Singh）：《庄子、无为和自然生活的必要性：致荀子之反驳》（"Zhuangzi, Wuwei , and the Necessity of Living Naturally: A Reply to Xunzi's Objection"），《亚洲哲学》（*Asian Philosophy*）第24卷第3期（Vol. 24, No3., 2014）。辛格从当代行为学理论角度分析了道家"无为"和"自然地生活"之间的关系。荀子反对庄子的"自然地生活"，读者可以用庄子的"无为"观点为其"自然地生活"进行有力的辩护。最近的"行为理论"进一步证明了庄子的观点。庄子认为只有当个人调整自我顺应事物内在天理时，人们才能实现自我修养。道家的"无为"依靠两个核心观点。一是依靠于方案准则和思想观念的自我修养与道形成对立，这点受到了德莱弗斯的技巧习得理论的支持。第二有意而为之不能有助于自我修养；第二点受到了心理学家齐克森米哈利的流动理论的证明。庄子认为个体要间接地创造实现自然的条件，而不是直接追求自然，因为任何有意识地成为自然的行为必然会遭受失败。

程凯原（Cheng Kai-Yuan）：《〈庄子〉中的自我和蝴蝶梦》（"Self and the Dream of the Butterfly in *THE ZHUANGZI*"），《东西方哲学》（*Philosophy East and West*）第64卷第3期（Vol. 64, No. 3, 2014）。本论文从休谟主义的哲学视角探讨了庄子的自我和蝴蝶梦的关系。具体来说，程凯原从哲学家马克·庄士敦的"现象学竞技场"（phenomenological arena）理论和爱德华·斯兰热兰的"概念隐喻"学说入手，分析了庄子的自我观点，阐释了蝴蝶梦对人类道德生活的含义。

叶兆信（Zhaoxin Ye）：《云彩立体渲染：云彩动画制作》（"Volumetric Cloud Rendering: An Animation of Clouds"），硕士学位论文，克莱姆森大学，2014 年（M. F. A. Thesis, Clemson University），共48页。

本论文介绍了立体渲染的短篇云彩动画的制作流程。动画制作是基于庄子哲学故事中一条巨鱼在天上游的概念。云彩建模和渲染的运算法则和实施也一并呈现。渲染器用 Open VDB 数据库进行数据存储、快速减速和网格操作。该方法把操作简便的管线用于云彩建模和渲染，使用 Python 和 XML 调整渲染参数。该管线运用 Maya 建构粗略云彩模型，并用 Houdini 计算内部灯光节点，最后用 Nuke 完成影响合成。

加里布埃尔·卢（Gabrielle Lou）：《精神失常的本质：对比 R. D. 莱恩和庄子观点的综合文献综述》（"The Nature of Madness：An Integrative Literature Review Comparing R. D. Laing's and Chuang Tzu's Perspectives"），博士学位论文，加州综合研究学院，2014 年 （Ph. D. Dissertation，California Institute of Integral Studies），共 315 页。

精神失常作为一种十分普遍的症状历来是众多学者的兴趣所在。许多人试图探索这种神秘现象背后的秘密，以便更好地理解人性。然而，尽管西方世界进行了一个多世纪的深入研究，特别是在医学方面，精神失常的原理还是令人难以捉摸。本论文将从 R. D. 莱恩和庄子两个不同视角出发来探索精神失常的本质。R. D. 莱恩治疗精神失常的方法在西方心理健康领域一问世，便被公认为深刻且具有开创性。他是第一批能够与精神病人建立和谐关系的精神病专家。他十分珍惜病人的主观体验，用现象学方法来解释分析他们的心理。因此，他的询问调查领域十分广泛，包括内心、人际、社会和超个人领域。

庄子学说已逾两千年历史，至今在东方，在促进人心智健全方面仍有着深刻的影响力。在庄子看来，个人受制于自我幻想和世俗观点，甚至被这些东西支配，是无意义的，甚至是疯狂的。他提倡尊崇自然，或者说"道"，来保持心智正常。

尽管 R. D. 莱恩和庄子来自两个不同的文化系统，他们对精神错乱本质的理解存在着相同点和不同点。本研究期待能够结合两者方法，能够使之彼此对话，相互补充。

哈盛一（SungAe Ha）：《以〈庄子〉为鉴解读约伯的神圣演讲：亚洲女权主义视角》（"A Reading of the Divine Speech in Job in Light of THE ZHUANGZI：From an Asian Feminist Perspective"），博士学位论文，联合神学研究院，2014 年 （PhD Dissertation，Graduate Theological Union），共 259 页。

考虑到亚洲具有多重信仰的传统，有着种类繁多的经文盛典，一个方法论问题出现了：如何把《圣经》与亚洲宗教和文化经典结合起来？自从《圣经》和基督教文化传入亚洲，《圣经》文本便同亚洲宗教、文化、政治文本同时并存，被人们研究学习。这些亚洲文本资源，"并不是解读圣经文本的消极背景，而是与圣经文本密切相关的活文献，提供了宗教和神学方面的重要信息"。《以〈庄子〉为鉴解读约伯的神圣演讲：亚洲女权主义视角》以现有的亚洲资源为借鉴，对约伯篇进行新的解读。作者从《庄子》中的亚洲女权主义视角，对《圣经》中约伯篇的智慧进行了重新解读，挑战了万能上帝的神学观点，质疑了"上帝—人类—生物"的三者金字塔等级体系。

西尔弗·雷蒙娜（Ramona Silver）：《庄子的本体论和自我与精神观》（"Chuang Tzu's Ontology and His Conception of Self and Mind"），博士学位论文，加州综合研究学院，2014 年（California Institute of Integral Studies），共 204 页。

雷蒙娜探讨了庄子的本体论和自我与头脑之间的关系，分析了"真我"、道德、转化、自由、道家"镜子"比喻等概念在自我修养中的作用。镜子比喻说明自我和头脑具有稳定性和反思性。葛瑞汉、陈汉生等学者把庄子的自我（"己"）和头脑（"心"）与"丧我"和"忘心"等观点联系在一起，怀疑庄子的认知论和心理学；实际上，庄子哲学中存在着系统的本体论，肯定了自我和头脑在认知论上的重要作用。

我们对庄子研究从纵向时间维度进行了粗略勾勒；我们还可以从横向研究内容方面进行总结归类，大体可以划分为以下几个方面。

（1）文献学/文本研究

刘笑敢的《〈庄子〉分类》（*Classifying THE ZHUANGZI Chapters*, Ann Arbor, 1994）对《庄子》篇章划分进行了研究，葛瑞汉的《庄子写了多少〈庄子〉?》（"How Much of *Chuang Tzu* Did Chuang Tzu Write?"），罗浩的《谁编撰了〈庄子〉?》（Harold D. Roth, "Who Compiled *The Chuang Tzu*?"），萨雅的《如何阐释〈庄子〉的第 16 章》（Henry G Skaja, "How to Interpret Chapter 16 of *THE ZHUANGZI*: Repairers of Nature"）都是这方面的代表性研究文章。

（2）认知/表达

毕来德（Jean - Francois Billeter）的《〈庄子〉中的七个对话》["Seven Dialogues from *THE ZHUANGZI*," trans. Mark Eluin, *East Asian History* 9 (1995): 23 - 46]，史密斯（Kidder Smith）主编的《庄子：理

性与阐释》（*Chuang Tzu*：*Rationality - Interpretation*，*Essays from the 1991 New England Symposium on Chinese Thought*，Brunswick，1991），安乐哲（Roger Ames）的《〈庄子〉中的认知》（"Knowing in THE ZHUANGZI：'From Here, on the Bridge, over the River Hao'"，*Wandering at Ease*：219—230）和伯尼克《庄子的存在主义阐释学》［Guy C. Burneko，"Chuang Tzu's Existential Hermeneutics"，*Journal of Chinese Philosophy* 13.4（1986）：393 - 409］等文章成为庄子认知方面的典范之作。

（3）身份

杰西・弗莱明（Jesse Fleming）的《庄子和身份问题：身份和相关问题的研究》对庄子中身份问题进行了深入研究。她从"言语行为"角度探讨了部分和整体的关系，认为庄子是"辩证性的解构主义者"，庄子在探讨"可能性"而不是具体现实。这种"可能性"是人最初曾经拥有后来却丧失了的"德"。此外还有朱迪思・白灵的《庄子中的自我和整体》（Judith Berling，"Self and Whole in Chuang Tzu"）。

（4）初始混沌/精神超越

这方面代表性的论文有诺曼・吉拉道特（Norman Girardot）的《重返初始：〈庄子〉中的混沌艺术》［" 'Returning to the Beginning' and the Arts of Mr. Hun - tun in *THE CHUANG - TZU*"，*JCP* 5.1（1978）：21—69"］和《〈庄子〉中的混沌秩序和仁慈混乱》［"Chaotic 'order'（hun - tun）and Benevolent 'Disorder'（luan）in THE *CHUANG - TZU*"，*PEW* 28.3（1978）：299—321］。爱莲心的《向往心灵转化的庄子》从头脑的两重功能（理性分析/直觉想象）探讨了如何改变自我观念和理解世界的方式。爱莲心的另一篇文章《蝴蝶梦的逻辑重建》［"A Logical Reconstruction of the Butterfly Dream：The Case for Internal Textual Transformation"，*JCP* 15.3（1988）：319—339］讨论了逻辑认知。葛瑞汉的《论庄子的齐物论》［"Chuang - tzu's Essay on Seeing Things as Equal"，*HR* 9.2 - 3（1969—1970）：137—159］从另一个不同角度分析了庄子的认知方式。

（5）怀疑论/相对论

乔柏客的《庄子和怀疑主义》以及他主编的《〈庄子〉中的怀疑主义、相对主义和道德论文集》成了这方面的权威著作。菲利普・艾芬豪

（Philip Ivanhoe）的《庄子是相对主义者吗？》则提出了相反观点。

（6）美学/游戏

这方面代表著作主要有：吴光明（Kuang – Ming Wu）的《庄子：游戏的哲学家》和蔡美诗（Cai Meishi）的《道家想象：庄子的美学启蒙》，还有叶维廉的《道家美学与西方文化》（北京大学出版社，2002）。

（7）语言

陈汉生的《中国古代的语言和逻辑》是最具代表性的著作。韦恩·阿莱特（Wayne E. Alt）的《庄子的逻辑和语言》和罗伯特·加斯金斯（Robert Gaskins）的《物化：重析庄周梦蝶》也是这方面的必读之作。

（8）庄子的比较研究

把庄子和西方哲学家进行对比是英语世界庄学研究的重点。比较最多的就是庄子和德里达、尼采、海德格尔等哲学家。这方面的重要著作主要有：奚密（Michelle Yeh）的《解构之道：德里达和庄子的比较研究》，凯伦·卡（Karen L. Carr）的《非理性主义：庄子和克尔凯郭尔的宗教思想研究》，郝大维（Hall David L.）的《尼采和庄子：文化的超越》，马蒂·海兹（Marty H. Heitz）的《遥远的起源：海德格尔早年的献词和庄子》，劳伦斯·吴（Laurence C. Wu）《庄子和维特根斯坦的创世观》。

第二节　存在形态综述

宇文所安（Stephen Owen）是当代英语世界中国文学研究的著名专家。他所编撰的《诺顿中国文学选集》成了英语世界研究中国文学的权威著作。《诺顿中国文学选集》共有1212页，时间上从商周时期一直延续到清朝，内容上把中国文学划分为6个时期：早期中国文学、中期中国文学、唐诗、宋词、元明文学、清朝文学。在宇文所安选编的早期中国文学中，庄子占据了重要的地位。"《庄子》的独特之处在于它把很多优秀的散文汇聚在一起。即使外篇中很多的文章也要比早期中国文学中其他篇章更为优越。而外篇与内篇的散文相比，又显得苍白无力；因为内篇散文的质量在早期中国文学中是最无与伦比的。"① 因此，宇文所安完整地选译了庄子内篇的《齐物论》② 来体现庄子作品中"富于幻想的人物、荒唐滑稽的圣人、寓言讽喻的智者"以及充满"看似矛盾的论辩家"。《庄子》不仅是杰出的散文，它还是各类体裁（genres）的集大成之作：庄子的《让王》，在宇文所安看来，是极好的历史教材；《外物》是优秀诗歌的代表；《达生》则体现了政治管理的智慧。③ 此外，孙康宜主编的《剑桥大学中国文学史》④、梅维恒主编的《哥伦比亚大学中国古代文学选集》都突出了庄子在中国哲学史和文学史上的重要位置。

在英语世界中，三家非常具有影响力的西方期刊经常刊登庄子研究的最新学术成果。

《东西方哲学》（*Philosophy East and West*）由夏威夷大学哲学系主办，著名汉学家安乐哲（Roger T. Ames）为现任主编。1939 年夏威夷大学哲学系教授查理斯·摩尔（Charles A. Moore）举办了第一次东西方哲学国际会议，探讨了东西方思维模式，并尝试着寻找连接不同文化的思想纽带。随着会议的不断召开，《东西方哲学》作为其延伸，诞生于 1951 年。该期刊为季刊，旨在推进非西方哲学传统与盎格鲁—美国哲学之间的交流。它从文学、科学和社会习俗等各个方面来探讨文化传统。每期《东西方哲学》还刊登最新哲学学术研究动态和新书评价。《东西方哲学》的文章往往从比较视角来探讨亚洲与西方哲学传统，尤其是与艺术、文学、科学、亚洲文明习俗相关的哲学类的跨文化交流。《东西方哲学》在研究中国哲学方面有着悠久历史，是具有极高国际声誉的英语期刊。

《中国哲学季刊》（*Journal of Chinese Philosophy*）于 1973 年由夏威夷大学诺阿分校成中英教授创刊。本刊旨在促进发展中国哲学，使其成为当

① Stephen Owen, ed. and tran. , "The Zhuang - zi", *An Anthology of Chinese Literature: Beginnings to 1911*, New York: W. W. Norton and Company, 1996, p. 113.

② 宇文所安对"齐物论"题目的翻译不同于其他译者，强调了思考的重要性："Discourse on Thinking of Things as Being on the Same Level. " "齐物论"在该选集中占了 9 页（113—122）。

③ Stephen Owen, ed. and tran. , "The Zhuang - zi", *An Anthology of Chinese Literature: Beginnings to 1911*, New York: W. W. Norton and Company, 1996, pp. 16, 60, 133.

④ Kang - I Sun Chang and Stephen Owen, eds. , *The Cambridge History of Chinese Literature*, Cambridge: Cambridge UP, 2010.

下国际哲学思考的重要构成内容。在过去42年中,《中国哲学季刊》刊登了1500多篇文章,内容涉及从古代到今天的中国哲学的方方面面:易经、孔子、道家、法家、名家、新儒家、中国马克思主义,等等。该刊致力于中国哲学和中国思想的学术研究和传播,有三个目的:一是把中国哲学历史上重要的资料翻译成为高质量的英文;二是发表对中国哲学的阐释和解析;三是致力于发表中西哲学的比较研究。

《亚洲哲学》（*Asian Philosophy*）由著名出版商泰勒·弗兰西斯（Taylor & Francis）于1991年创刊,主要研究范围是印度、中国、日本的哲学传统,以及佛教和伊斯兰教等宗教的思想。《亚洲哲学》主要发表上述国家和地区的形而上学、认知、逻辑、伦理、美学、中西哲学比较等方面的文章。

第三节　国内研究概括

一　国内研究成果及不足

时至今日,国内庄学研究如火如荼。根据中国知网（www. cnki. net）统计调查显示,从1924年到2015年2月期间,共有与"庄子"相关的学术论文35071篇;从1994年到2014年期间,硕博士论文8294篇。笔者以"庄子""英语"为关键词搜索,发现从1965年到2014年期间共有相关论文2154篇。

关于英语世界的庄子研究,国内学者的评论主要可以归为以下几类。

（1）从某一个理论视角对《庄子》不同译本进行比较。这类论文往往借用西方翻译理论来分析不同《庄子》译本。例如周嬰的《文化翻译学派视角下的〈庄子〉英译本比较研究》,曹兆银的《阐释学视角下〈庄子〉英译研究》,等等。汪榕培作为《庄子》翻译者,在《契合之路程:庄子和〈庄子〉的英译本》中深入探讨了东西方文化异同。陈丽的《从接受理论的视角看〈庄子内篇〉的英译》选择了理雅各和汪榕培的《庄子·内篇》英译本为对比文本,从读者反应文论入手,分析了两位译者如何从自身文化出发,填充庄子译文中的"空白",而对"空白"的不同填充办法又折射了两位译者不同的"期待视野"。此外,还有刘妍的博士论文《文化与语言的跨界之旅：〈庄子〉英译研究》（上海交通大学，2012），刘乾阳的博士论文《跨文化视角下〈庄子〉"道"的英译研究》（山东大学，2012），冯舸的《〈庄子〉英译历程中的权力政治》（华东师范大学，2011）等。

（2）直接比较庄子和西方某位思想家，分析其中异同。屈海燕的《〈庄子〉与德里达：解构思想比较研究》，傅婷婷的《"我思故我在"与"吾丧我"：笛卡尔与庄子的自我观比较》，罗娟容的《逍遥与拯救：庄子与尼采自由思想之比较》都是这方面的对比论文。

（3）从某个西方理论视角对《庄子》进行重新解读。朱童萍的《庄子的心理哲学研究》从身心关系、认知过程、思维与语言等六个方面，剖析了《庄子》中典型的心理现象："梦""坐忘"。

（4）对《庄子》海外传播的梳理。很多学者把庄子研究放到了中国古代文化经典在世界传播的大背景中，代表性作品有黄鸣奋的《英语世界中国古典文学之传播》和王晓路的《西方汉学界的中国文论研究》。不少学者还专门梳理了《庄子》的海外传播状况。彭姗姗的《瞻之在前，忽焉在后》概括了国外庄学专家葛瑞汉、郝大维和安乐哲等人的研究成果。包兆会的《英语世界庄学研究回顾与反思》对梅维恒主编的庄子论文集进行了详细介绍，他认为1980年是庄学研究迈向成熟的转折点。周炽成的《从爱莲心的庄学研究看以西评中》提纲挈领地概括了爱莲心的心灵分析和直觉概念，并且总结了一套非常有效的庄子研究方法。

关于庄子在英语世界的传播已经有两篇博士论文：安蕴贞的《英语世界的庄学研究》（北京师范大学，2008）和何颖的《英语世界的〈庄子〉研究》（四川大学，2010）。安蕴贞的论文从时间线索上梳理了庄子在英美的传播。最初传教士翻译《庄子》并将其引入西方世界，随后在他者视域下，《庄子》得到了异彩纷呈的立体解读：怀疑论、相对主义或反理性主义。但真正从中西思想异质性角度来研究《庄子》发生在"对话阶段"。在安蕴贞看来，庄子和海德格尔或者德里达的平行研究走出了"西式的理论樊篱"。"英语世界的庄学研究"具体包括5部分：

绪论

西方对道家思想的翻译和接受——翻译过程中的庄子

西方哲学语境下的庄学研究——作为哲学家的庄子

中西对话过程中的庄学研究——与西方哲学家比较的庄子

结语

　　作为国内较早系统描绘庄子在西方学界的传播和接受的著作，《英语世界的庄学研究》有着重要意义，但它存在着很多不足。时间上，安蕴贞的研究截至 2006 年；而自 2006 年以后，英语学界又发表了大量的庄学论文。这些学术成果需要进一步分类整理和深入研究。内容上，安蕴贞仅仅局限在西方对庄子哲学思想的讨论，没有涉及庄子的美学、伦理、宗教等诸多方面的研究，与论文题目"英语世界的庄学研究"名不相符。所以我们需要更加全面地向国内读者勾勒西方学者在庄学研究方面的总体轮廓，即使哲学方面的研究也要深入。西方哲学往往有着深奥的体系，概念在彼此之间有复杂的继承和扬弃关系；如果只停留在列举哲学术语标签的层面，很难深入挖掘其内在精神。学理上，比较的依据有待论证。安蕴贞在第三章主要进行了庄子和德里达、庄子和海德格尔的对比研究，却没有提供任何比较的依据。苏源熙（Haun Saussy）对此有深入研究。中西比较只是为了得出各自不同、存在差异的结论，还是为了把一种文化中的概念归类到另一种不同文化中的概念中去？为了避免这种比较的文化"霸权"行为，应该首先把比较的双方放置在同一空间，使两者有可资比较的相同标准；而文化体系的比较恰恰缺少这种共同的依据。①

　　何颖的论文《英语世界的〈庄子〉研究》采用了不同的角度。她主要考察了《庄子》作为文学作品在西方的接受情况，例如，王尔德对《庄子》的接受，美国剧作家尤金·奥尼尔对《庄子》的吸收，英语世界从叙事学角度对庄子"寓言"和语言策略的理解。何颖主要从变异学角度考察了不同空间层次的变异：章节标题和关键术语的翻译、西方叙事学角度下的庄子寓言、西方生态主义的庄子思想。具体内容如下：

---

　　① Haun Saussy, *The Problem of a Chinese Aesthetic*, Stanford, CA: Stanford UP, 1993, pp. 185 – 188.

绪论

由中及西——《庄子》的西播与研究管窥

文化接口——《庄子》的英语翻译

中为西用——英语世界对《庄子》的文学接受

英语世界对《庄子》的文学解读

英语世界对《庄子》的生态解读

结语

何颖进一步深化了西方学界的庄学研究，但其论文也存在着明显的不足。内容上，何颖主要探讨了《庄子》的英语翻译和文学影响，没能为国内读者提供更广阔的海外庄子研究状况，也没有突出庄子语言策略与文学性的内在关联。学理上，影响研究并不是仅仅罗列作家之间的共同点。何颖认为奥尼尔的"亲近自然""生死循环"等思想都受到庄子的影响。实际上，在工业化和高度发达的资本主义大生产的背景下，西方作家自然而然地会从厌恶机械文明转向"亲近自然"的态度，而"生死循环"几乎是所有宗教的基本内容；把奥尼尔作品中的这些思想归结为庄子的影响，实在牵强附会。

总结国内学者对英语世界的庄子研究，我们发现有四方面不足。首先，研究对象。《庄子》翻译研究占据绝大多数，内容过分集中于译本比较，很少探讨海外庄学的认知、美学、道德等诸多方面，缺乏多样性。其次，研究内容。很多研究者没有系统地理解西方哲学体系，他们对庄子和西方哲学家的比较研究往往停留在列举哲学术语标签的层面，不能深入挖掘其内在精神。再次，研究方法。即使把握了庄子和西方哲学家的思想体系，还需要学理上的比较依据。苏源熙认为我们要避免文化比较的"霸权"行为，首先要找出可资比较的相同标准；而文化体系的比较恰恰缺少这种共同依据。最后，研究目的。国内的《庄子》海外传播研究往往停留在积累堆积材料的层面，部分之间缺乏逻辑关系，缺少启发性的结论。

二　本书选题及研究对象

针对当前国内研究存在的问题，《英语世界的庄子主体形象构建研究》围绕"主体"这一主题，以点带面，系统地考察了西方学者笔下的庄子形象。本书选择了西方"有我"和道家"无我"的对比为切入点，详细分析了西方庄学从认知主体、神秘主体、美学主体、道德主体到后人类主体的研究范式转变，并且简单剖析了其转变背后的历史原因。《英语世界的庄子主体形象构建研究》将探讨哲学家庄子、宗教家庄子、美学家庄子、道德家庄子和后人类主义视角下的庄子形象。西方庄学的研究范式正好呼应了《庄子内篇》从"无我"到"有我"、再从"有我"到"无我"的循环结构。

（一）研究对象

（1）主体性。主体性主要探讨身份问题。从某种意义上来讲，西方文明的发展史可以归结为一个问题：我是谁（Whom am I）？古希腊神话，作为人类的童年，在无意识中进行了种种尝试：那喀索斯（Narcissus）在水中看到了自恋（"我"是自恋），浑身刀枪不入的阿喀琉斯（Achilles）的秘密是未被冥水浸过的脚踵（"我"是私人秘密）。中世纪人们的身份是忠实于上帝的信徒，文艺复兴时的自我变成了"是生还是死"的理性思考，浪漫主义回答说"我"就是自然激情的释放，现实主义认为"我"是一系列的"入社"（initiation）行为，现代主义眼中的"我"变成了意识流，后现代主义视角下的"我"成了能指符号的游戏。西方的主体身份与庄子的观点形成了强烈对比。庄子理想的主体是"真人"，而"真人"最大的特征又是"无我"。主体性是本书重要的研究对象之一。

（2）庄子主体形象的构建。主体性并不存在于真空中，它存在于具体的人物形象中。理论产生于具体实践中。本书的主体性以庄子主体形象的构建为基础。笔者并不研究庄子的具体生平资料（如出生地点、时间、职业等信息），也不直接研究《庄子》文本中呈现的庄子的各种不同形象。本书的研究对象是西方学者研究视域下的庄子形象。换言之，本书是对英语世界中的庄学研究成果的再研究。陈汉生从语言学角度来阐释庄子之道，葛瑞汉从理性启蒙角度来思考庄子哲学，郝大维从第一思维框架来看待庄子的文化超越。从这些汉学家们的角度来看，他们的庄学研究属于社会科学，而笔者更倾向于庄子研究的文学性：庄子如何被阐释为不同的形象。庄子主体形象的文学性研究更注重读者的能动性。解构主义理论进一步消解了主体的稳定性，强调其流动性和虚拟性。德里达认为不存在固定的中心，中心被"延迟"和"差异"不断地解构着。同样，不存在固定唯一的庄子主体形象，庄子形象被不同读者的多元背景不断解构着。

（3）英语世界的庄子主体形象的构建。庄子的主体形象是如何被学者们构建的？要回答这一问题，我们又要思考研究者的主体性，即研究者的主体身份是如何影响他们对庄子形象的多元阐释的。具体到本书，英语世界的学者对庄子的研究受到了哪些文化语境的影响？他们的庄学研究有什么特色？与中国学者的庄学研究比较，又有什么不同？本书通过比较海外汉学家、华裔学者、大陆庄学专家们各自不同的文化背景，来考察研究者的主体性是如何影响庄子主体形象的构建。论文题目中"英语世界"主要指以英语为传播媒介，发表在西方英文学术期刊的论文和在欧美国家出版的英文书籍。简言之，本书是建立在西方学者对庄子研究的基础之上的再研究，并且将分析梳理庄子主体形象的脉络，展望庄学发展方向。

（二）研究方法

本书采用了三种研究方法，与上述研究对象形成呼应。

（1）主体理论。本书运用理论分析的方法，对英语世界庄子研究进行"主体性"分析。德里达的解构主义是本文的重要研究方法。解构主义挑战了封闭固定的主体概念，提出主体性存在着很大的不确定性。拉康的心理分析理论为我们研究庄子的主体提供了一个绝佳视角，因为拉康在华人学者程抱一的指导下，系统研读了《庄子》。拉康的象征界主体和无意识语言详细勾勒了庄子的"吾丧我"过程和"无名""无欲"中的主体思想；拉康的"缺失的缺失"（真实界）就是对道的描绘。罗兰·巴特分析了主体的文本性，福柯强调了社会主体和知识考古学之间的密切关系，认为个体被无处不在的话语所包围。学者们殊途同归地证明了主体的游离性。西方思想家探讨了从心理之我到社会之我的发展过程；庄子则不同，他从社会主体开始来探讨如何摆脱语言文化和价值观念，通过"吾丧我"重新返回"未经雕琢"的人之初。这不仅奠定了庄子主体研究的学理基础，还在中西主体研究方面形成了互补。

（2）传播研究方法。笔者对收集到的材料进行仔细阅读，细致梳理，按照其内在逻辑对主体性进行分类。这里涉及一个问题：英语世界庄子主体形象的多个面孔，是一种历时性单向度发展呢，还是一种齐头并进，呈现同一时期的多元理解？"翻译介绍阶段"主要呈现了单一线性发展，西方学者们围绕《庄子》的英文翻译开展研究。第二个阶段（"深化研究阶段"）呈现了"由核心向外辐射"的状态。"核心"就是葛瑞汉的庄学研究。葛瑞汉反驳了非常普遍的西方观点（"中国没有哲学"），令人信服地建立了哲学家庄子的形象，由此激起了西方庄学的辩论。陈汉生剖析了庄子的语言学理论，郝大维发现了超越文化背后的庄子美学，安乐哲指出了道德的顺应关系，爱莲心找到了通往心灵转化的途径。第三个阶段（"全面繁荣阶段"）一方面深化了前一个时期的研究主题，另一方面又从多元视角齐头并进，呈现了一幅幅立体变化的庄子主体形象图。因此，本书采用了传播研究方法为读者勾勒西方庄学研究的大体轮廓；然后围绕着主体的流动性，分析庄子主体形象的复杂面孔。

（3）新历史主义方法。新历史主义质疑了历史事实的客观性，认为学者的主观立场和意识形态左右了历史文献的编撰。同样，学者们的主体性也极大地影响了其庄学研究成果。海外汉学家、华裔学者、大陆专家的研究有哪些不同？为什么会产生这些不同？海登·怀特（Hayden White）和史蒂芬·格林布拉特（Stephen Greenblatt）的新历史主义为探讨这些问题提供了有力的理论工具。

（三）研究目标

本书的首要目标是勾勒庄子在英语世界的传播概况，然后围绕主体性分析评论家笔下的庄子形象。将参考德里达和拉康等人的主体理论来分析、对比西方评论家对庄子形象的解读，努力挖掘背后的形成原因，同时为中华经典走向世界提供一些有益参考。具体来说，全文共分四大部分：导言、主体部分的五章、结语。第一部分是导言。导言主要介绍庄子在国内外研究现状，庄子的翻译情况出版机构和学术期刊的传播。第二部分共五章，分别研究哲学家庄子（认知主体）、宗教家庄子（神秘主体）、美学家庄子（美学主体）、道德家庄子（伦理主体）和后人类视角下的庄子（生态、动物）。结语部分则尝试着分析英语世界的庄子主体形象构建研究为国内庄学提供的借鉴。

（四）创新之处

首先，本书把当前国际学术研究前沿后人类主义引入庄学研究，拓宽了研究领域。后人类主义走出人类中心，从海洋、动物、土地等角度反观世界，重新构建了人与自然的关系。这不仅与庄子的"无我"哲学有很多共通之处，还在理论上与"后人类主义"形成深化互补。

其次，本研究介绍、剖析了国际庄学研究的前沿思想，为国内庄子研究提供了启发性借鉴。例如，混沌之脸和入社仪式（initiation）的关系，庄子哲学的疏导治疗功能，道家的男女平等、"无为"和流动经验（flow experience）、鲲鹏之变和动物变化（Animal becoming）等视角，有利于国内学者跳出自己的文化圈子来反观自身，推进庄学研究。

最后，作者分析比较了学者的主体性对庄学研究的影响。海外汉学家们跨学科的学术背景为庄学研究提供了很多新颖的视角，但其研究也有"把《庄子》当成西方理论的脚注"的嫌疑，不能全面、系统地阐释庄子的思想体系。国内庄学专家往往局限于哲学和文学背景，但他们充分利用中国文化的优势，从庄子对后代中国文学艺术历史的影响入手，做了大量扎实的研究。华裔学者一方面陶醉在中国文化的传统中，另一方面又系统地接受过西方学术的专业训练，在庄子的比较研究方面作出突出贡献，例如，叶维廉的"互照互省"的中西文学模子理论。海外汉学家、国内专家、华裔学者各有所长，其研究成果彼此相互补充说明，各自的研究不足又在对照中得以彰显，使庄学研究呈现出"百家争鸣"的繁荣局面。

第一章

哲学家庄子:认知主体

第一节　主体构建理论：主体的游离性

一　主体的不确定性

作者、文本、读者构成了文学研究的三要素，而三个要素都充满了不确定性，使作品中的人物形象具有很大的游离性。这为研究庄子主体形象的不确定性提供了理论基础。

从作者创作的角度来看，作者可能有着明显意图，但是作品并不一定完全承载了作者的意思。作家"围绕着一个明确目标，非常有计划地安排所有材料；他会增加一些，减少一些，强调某种效果，削弱另一种效果，这里添加一笔，那里减少一笔。整个写作过程该作家都始终敏锐地保持着严谨的判断，严格遵循文体和形式规律。他的材料完全屈从其艺术创作目的；他想表达的就是这个，不是那个"。① 卡尔·荣格把这种完全理性的作家称为"内向型作家"（introverted）："主体郑重声明自己有意识的意图，反对外在干涉"。实际上，这样完全理性的作家基本不存在。文学作品不同于科学论述，它强调语义的流动性和丰富性。作品所表达的意

---

① Carl C. Jung, "On the Relationship of Analytical Psychology of Poetry", *Dramatic Theory and Criticism*: *Greeks to Grotowski*, ed. by Bernard F. Dukore, New York: Holt, Rinehart and Winston, Inc. , 1974, p. 839.

义总比作家的原意"多一些，少一些，或者略有区别"。① 其次，不同于
"内向型作家"，荣格认为很多艺术家是"外向型的"（extroverted）：作家
完全被外在力量所控制，如同柏拉图所说的魔力。"他的手被抓住了，他
的笔在书写一些令他感到惊讶万分的东西。作品带来了自己的形式：任何
他想增添的部分都被拒斥，任何他想要删除的部分都被复原。他的意识极
其惊讶，头脑一片空白：他被一系列势不可当的思想和形象所左右，而这
些思想和形象都是他从来没有想要去创造的东西。"② 因此，作者意图被
解构，其作品中人物形象充满了游离不定的多义性。这在《庄子》作品
中更是如此，因为内篇通常被认为是庄子本人所写，而外篇和杂篇则为后
人所撰。《庄子》中有巧舌如簧的辩论家庄子的形象，也有远离政治的隐
居者庄子的形象，更有大彻大悟的冥思者庄子的形象。

　　罗兰·巴特进一步提出所谓作者其实只是文本的集合。巴特在《S/
Z》中分析了主体身份的文本性。作者之"我"实际上已经是其他的文本
了，无限的文本，更准确地说，是迷失的代码，因为起源已经无法知晓。
主体之"我"被普遍认为是承担了文本的丰富集合，实际上"这种假冒
的丰富集合只是构成'我'的无数代码的冲洗痕迹，因此，我的主体性
具有陈旧观念的概括性"（generality of stereotypes）。③ 同样艾略特
（T. S. Eliot）指出"没有任何一个人的意思完全是个人的、私有的"。朱
丽娅·克莉斯蒂娃（Julia Kristeva）也认为写作的过程实际上是互文性
（intertextuality）的体现，是不同文本之间相互产生关联的过程。从这个
意义上来讲，文本不过是传统意象的集合，而主体也就变成了不同意象之
间的流动自我。

---

　　① 《失乐园》就是这样一个例子。约翰·弥尔顿在创作《失乐园》时曾经明确阐述了自己
的创作意图是表扬上帝，谴责撒旦的叛逆行为。可是其写作过程却透露出了相反的无意识心理：
憎恨上帝的独裁，欣赏撒旦且永不言败的斗争精神。"虽战场失利又何以足道？／我们并没有彻底
失败；那不屈的意志，／卧薪尝胆的复仇决心，仇恨的难以消解，／宁死不降，勇往不停，／不
可被征服的勇气，／还有什么可以匹敌？"相反，向上帝服输才是屈辱："屈膝躬身去乞求恩
宥，／把他视若神明，那太卑贱了。"

　　② Carl C. Jung，"On the Relationship of Analytical Psychology of Poetry"，*Dramatic Theory
and Criticism：Greeks to Grotowski*，ed. by Bernard F. Dukore，New York：Holt，Rinehart and Win-
ston，Inc.，1974，p. 839.

　　③ Roland Barthes，*S/Z*，trans. by Richard Miller，NY：Hill and Wang，1974，p. 17.

从读者角度来看，主体的游离性体现在意义的发散性。读者反应理论认为文本的意义与读者的阅读活动密切相关。沃夫冈·伊萨尔（Wolfgang Iser）认为文本的意义来源于作者和读者相互作用的结果。读者生活阅历和教育程度千差万别，就造成了"一千个读者就有一千个哈姆雷特"的多元阅读现象；如果再加上历史维度，不同时代的读者又有各自不同的期待视野，更加丰富了文本的阐释。因此，一部《庄子》在英语世界中有了千差万别的阅读阐释，庄子的形象充满了游离性。

二 真善美

每一个事物都有自己存在的形态（Existence），但是永恒存在的却是它的本质（Being）。那么本质又有什么特征呢？真、善、美最初就是用来描绘事物超越性（The transcendental）的品质。亚里士多德用"一""真""善"来描绘事物的本质：只有"统一性"（"一"）是事物本质所固有的超越性品质，而"真"和"善"是理性的产物。亚里士多德还把人的智力进行了三元划分：创造性智力、实用性智力和理论性智力（the productive, the practical and the theoretical）。在古希腊文化中，创造性智力主要包括生产美的事物；实用性智力主要关注道德和善行；理论性智力致力于知识和真理。亚里士多德指出："创造性、实用性和理论性智力之间是相对而言的。"[1] 他在《形而上学》中进一步论述了该观点。"事物之间的'相对'表现为以下三种情况：两倍与一半的关系；施动者和受动者之间的关系；可知和知识之间的关系。"[2] 这实际上是真善美三者与事物之间的彼此关系。美从数学的比例关系来看事物，如同两倍和一半的关系；善就是意图和行为结果之间的关系；真就是知识背后的类别关系。

圣托马斯·阿奎那（St. Thomas Aquinas）对此进行了进一步发展。阿奎那认为三者都具有超越性，而且三者在本体论层次上实为一体，因此具有自由转化的属性。哪里有真，哪里也会有美和善。后来，超越又与基

---

[1] W. D. Ross, *Aristotle*, London：Methuen & Co Ltd, 1923, p.144b.

[2] Aristotle, "Metaphysics" in *The Way toward Wisdom：An Interdisciplinary and Intercultural Introduction to Metaphysics* by Benedict Ashley, Notre Dame：University of Notre Dame Press, 2006, 1020b.

督教教义产生了密切关系。超越世俗世界是人们的终极欲望。人们渴求完善，上帝成了真善美的化身。真善美超越了时间和空间的界限，构成了本质的根本属性；它们不受多元文化、宗教学说、意识形态的影响，成了世界万物共有的客观属性。

在补写狄德罗《百科全书》的附录时，J. G. 苏尔寿把美善真翻译成了 the aesthetic，the moral and the intellectual，突出了三者的学科划分。[①]启蒙时代的哲学家们继续深化发展了这些术语。用一种极其概括的话来说，康德的《纯粹理性批判》《实践理性批判》《判断力批判》分别就是关于真、善、美问题的深入探讨。"真"就是分析逻辑关系和演绎推理之间的条件和关系；"善"就是建立行为之间的因果关系或者假定关系；"美"就是找出感觉和颜色之间分离性的关系，或者，思考比例和形式之间的关系。

真善美的划分为本书提供一个可以借鉴的理论框架。通过对英语世界学者们对庄学研究的大量考证，笔者发现大多数评论家主要集中在庄子的哲学、美学和道德三个方面。这三者与亚里士多德对人的头脑三分法（"创造性智力、实用性智力和理论性智力"）不谋而合，为研究主体性提供一个可以借鉴的模式。因此，本书结合后现代主体的游离性，从三个方面分析了庄子不同的形象：哲学家庄子、美学家庄子、道德家庄子。哲学和宗教的区别在于神秘性。认知的极限就是无法认知，因此进入了神秘的境界。而神秘的、不可被完全言说的境界正是宗教的世界。因此，本书在认知主体之后，又增添了神秘主体，来探讨宗教家庄子。但是以上四者都是以"人"为中心来看待问题："真理"是人对事物的认识，"神秘"是人对事物的无法认知，"善良"是人的行为对他人的影响，"美好"是事物对人产生的愉悦感受。而庄子强调"吾丧我"的"无我"之境，因此本书最后一章，跳出人类中心的局限，从后人类主义的自然、动物等角度讨论了庄子的"齐物"观点。

---

① Lester G. Crocker, *Two Diderot Studies*, Baltimore：Johns Hopkins University Press, 1952, pp. 99 – 101.

三　变化的庄子：主体的流动性

王右如的文章《〈庄子〉中的变化哲学和自我解构》探讨了庄子的变化和自我之间的关系。① 变化是庄子哲学的核心概念，但是长期以来，学者没有对此问题展开深入系统的研究，只停留在表面。冯友兰的《中国哲学史》一书专门有一部分来解释庄子的"变化哲学"，足见作者已经意识到了此问题的重要性。但是他主要引用了《庄子》中关于变化的几个片段，并没有进一步解释；他赞成郭象对庄子的变化哲学的观点，认为道家变化是"赫拉克利特式的变化"（Heraclitean）。陈汉生完全否认庄子的变化是"存在于表象世界的赫拉克利特式的形而上学的变化"。首先，庄子的哲学体系和古希腊哲学完全不同。赫拉克利特认为所有事物的流动变化都是终极现实逻各斯的体现；他的变化观念是建立在对个体事物的认识论基础上的。庄子的观点针对事物本身以及事物角度的流动性和相对性；它不是对个体事物的认知真理的追求，而是在中国部分和整体的哲学框架下②的实用思想。陈汉生反对的第二个理由是，庄子的变化哲学最终目的是"社会语言学的理论"（Sociolinguistic Theory）："改变我们划分事物、区分事物的模式。"换言之，庄子关注的是语言变化，不是客观事物的变化，与"赫拉克利特式的变化"有着根本不同。庄子并没有形成事物变化的科学理论和认知理论，他更关注这些变化的实际用途，建议我们调整思想来适应无穷无尽变化的世界。陈汉生的语言变化观点只是庄子变化观中的一部分。王右如认为庄子的变化哲学只是一种"救赎性哲学或者治疗性哲学，它使人们从固定头脑中解放出来，引导人们挑战自我，与周围变化和谐相处"。③

庄子的变化哲学具体包括三个方面的内容。

一是物化。一切事物都处在变化之中，包括了人和物的变化。"喜怒

---

① Youru Wang, "Philosophy of Change and the Deconstruction of Self in *THE ZHUANGZI*", *Journal of Chinese Philosophy* 27.3（September 2000），pp. 345 – 360.

② 陈汉生认为西方哲学体系是分离个体事物、研究个体存在的真理；而中国哲学是部分与整体的关系，彼此之间没有明确的界限。

③ Youru Wang, "Philosophy of Change and the Deconstruction of Self in *THE ZHUANGZI*", *Journal of Chinese Philosophy* 27.3（September 2000），p. 346.

哀乐，虑叹变慹，姚佚启态；乐出虚，蒸成菌。日夜相代乎前，而莫知其所萌。"（《齐物论第二》）存在就是变化，没有静止不变的东西。事物的变化是无穷无尽的。"四时迭起，万物循生；一盛一衰，文武伦经……其卒无尾，其始无首；一死一生，一偾一起；所常无穷，而一不可待。"（《天运第十四》）世界处在流动不息的变化之中，这种变化无始无终。无尽的变化是因为时间的无限性。"吾观之本，其往无穷；吾求之末，其来无止。无穷无止，言之无也，与物同理；或使莫为，言之本也。与物终始。"（《则阳第二十五》）存在和时间密不可分；时间意味着差异，差异意味着变化。

二是事物的自我转化。庄子强调万物转化的"无始无终"，否定了造物主、起源、第一起因等概念。"真宰"的概念也受到质疑。"已乎，已乎！且暮得此，其所由以生乎！非彼无我，非我无所取。是亦近矣，而不知其所为使。若有真宰，而特不得其眹。可行己信，而不见其形，有情而无形。……其有真君存焉？"（《齐物论第二》）。即使道家的"真人"也无法控制事物的变化，因为他也只是事物变化中的一部分，无法预知自己将变成何物。真人与普通人的区别在于他对事物变化持有开放态度：对变化有积极的态度，不担心丧失自我。变化是事物的内在本性。事物将不断变化，这是确定无疑的；我们应该对此采取"无为"的态度，跟随事物而变化，而不是人为干预其变化进程。

三是事物之间的动态关联。每一个事物都和其他事物互为条件，相互依赖。"彼出于是，是亦因彼。""是亦彼也，彼亦是也。彼亦一是非，此亦一是非，果且有彼是乎哉？"（《齐物论第二》）每一个事物都含有他者，或者说，他者的痕迹存在于自我本身。"他者的缺席，或他者的痕迹，为物化铺平了道路，使事物的自我颠覆成为可能。"① 因为每一个事物都会涉及他者，因此事物和它的对立面没有截然的差异。"通（interchangeability）是无穷物化链条的关键，是变化的永恒，是实用的指南。"无穷无尽的变化还意味着不存在关于变化的最终权威理论。孟孙氏"若化为物，以待其所不知之化已乎。且方将化，恶知不化哉？方将不化，恶知已化

---

① Youru Wang, "Philosophy of Change and the Deconstruction of Self in *THE ZHUANGZI*", *Journal of Chinese Philosophy* 27.3（September 2000），p. 350.

哉?"(《大宗师第六》)庄子借助孟孙氏之口,表达了自己也无法知道自己是否在变化,这显示了典型的庄子风格:自我质问和自我抵消。庄子认为没有必要把自己固定在某个理论上,他不断地、与时俱进地变化着。

庄子的变化哲学解构了自我身份。在第一章《逍遥游》中庄子提出"至人无我",在第二章《齐物论》的开头强调了南郭子綦的"吾丧我"。庄子的"无我"建立在对主体身份的解构之上。所谓"身份",或者永恒的自我,只是一种虚幻。身份总是处在变化之中。王右如从四个方面对身份变化进行了分析。首先,人类身体外形在不断地变化。从出生成长到衰老死亡,人的身体无时无刻不在变化;变化属于人类的根本属性。其次,身体外形无法为身份提出持续不变的依据,人类感情也无法成为身份的基础。喜怒哀乐,各种感情,转瞬即逝。再次,庄子还解构了人类作为思考主体的身份。思考首先要有思考主体和客体。庄子认为没有独立的思考主体,主体与客体之间没有明确的界限;它们相互依赖,处在互变之中。最后,如果说自己的思想和喜好是构成个人身份的主要依据,那么庄子提倡的"忘我"就是放弃"成心"。"忘我"就是超越封闭的自我,达到一种消除自我与他人毫无区别的境界。中文"忘"由"亡"和"心"构成,"亡"就是丧失、放弃,"心"就是头脑。"忘"就是放弃自己的偏见和成心。[1] "超越自我与他者的区别并不意味着放弃世界和社会生活,而是保持开放心态来看待一切:自我与他者的动态变化关系,自我与他者的相对关系和依赖关系,生生不息的万物变化。"[2] 消除了个人的憎恶倾向,人们可以更加开放地"顺物""顺人",与周围的社会更加和谐地相处。

---

① 实际上,"心"在中国古代经典中有诸多解释。《说文解字》:"人心,土藏,在身之中。"《孟子·告子句上》:"理义之悦我心,犹刍豢之悦我口。"心可以理解为:内心、思想、心思。陆九渊则把"心"看成了"主观意识":"宇宙便是吾心,吾心便是宇宙。"王右如把"心"简单地理解为头脑或者主观偏见,有失客观。这也是很多海外汉学家常犯的一个错误:断章取义。他们往往不能完整把握中国文化的博大精深,只是截取片段、穿凿附会。当他们的学术文章在英语期刊发表后,普通英美读者往往缺乏专业知识来鉴别正误;久而久之,这些汉学家的阐释和观点就成了经典和权威,影响着西方学界对中国文化的理解。笔者深受姚建彬教授对"心"和"亡"的独到见解的启发。

② Youru Wang, "Philosophy of Change and the Deconstruction of Self in *THE ZHUANGZI*", *Journal of Chinese Philosophy* 27.3 (September 2000), p. 356.

第二节　相对主义主体：语言学家庄子

一　陈汉生的语言学家庄子：道就是"话语"

在陈汉生看来，庄子是一位相对主义语言哲学家。陈汉生提出了非常激进的观点：道就是"话语"。他首先从研究方法、语义学和语用学三个方面详细考证了中国古代的语言和逻辑；在此基础上，他又突出了庄子对中国语言的贡献。①

"道"就是话语。商周名制就是以语言来规范人们在社会中的身份和相应行为。陈汉生把道分为"话语道"（Discourse Dao）和"行为道"（Performance Dao）。"话语道"以语言形式规定和区分各种身份和行为；"行为道"是语言在实际世界中产生的具体结果。两者之间是一种"实用性的解释关系"："它使语言理论和道德学说美妙地结合起来。"②

在研究方法方面，陈汉生提出，我们应该重视中国古代哲学文本内容的一致性。正文开始之前，他为读者们提供了一个有趣的对比。第一个场景：在一个阴暗的房间中，一群人通过巫师向死者询问他们关心的问题；巫师用特殊的语言向死者发问，然后把答案告诉人们。死者的灵魂缺少声带、舌头、嘴唇等回答问题的必备条件，巫师成为其所思所想的代言人。第二个场景：在一个明亮的房间，一群学者正在开研讨会，笔、纸、书是主要工具，他们在讨论死者（例如，孔子、庄子）在思考什么。死者的方言谁都没有亲身经历；学者来自世界各地，讲着不同的语言。"在这样一种情况下，孔子会怎样做？"学者们进行激烈争辩。两个场景有着惊人的类似：已经逝去的古代人讲着与我们完全不同的语言，今人在努力探寻死者的思想。但两者又有着极大不同。在唯灵论（theory of spiritualism）中，人们关注的是死者的直接心理（Mind）；在阐释论（theory of interpretation）中，人们唯一的可靠依据就是文本。所谓

---

① 参见陈汉生《中国古代的语言和逻辑》，周云之、张清宇、崔清田等译，社会科学文献出版社 1998 年版。

② 同上书，第 8 页。

的意义有着两种不同的解释：一是某个表达式在一种语言中的意义（significance），另一个是作者在使用该表达式的意图（intention）。在一般对话中，我们可以从周围朋友、具体说话语境或者其习惯性表达中，或者从该表达式的意义中，来缩小至其具体的话语意图。但是对中国古代的哲学家，我们对文本作者知之甚少，只有依靠文本逻辑，并辅以附加假设，提供作者的信念和看法。换言之，本文遇到矛盾、冲突时，文本解释要以某种方式来协调所谓的"假定的作者思想"。确定了文本在古代中国哲学中的重要意义后，陈汉生提出了文本阐释的一致性。要理解一句话的意义，要把它放在该句出现的上下文中，使其意义在语境方面保持一致。为了阐释更加准确，上下文的解释还要受到该段落的检阅，使该语句在段落中可以得到顺畅的解释，段落的解释还要与整个文章、作者思想、其所属哲学流派以及该哲学流派在中国哲学历史中的发展脉络相一致。

这原本是哲学阐释的一般性常识，但是在解释中国哲学方面却遭受到极大的反对意见：中国人有着不同的思维。一个理论如果能够在诸多层面提供一致性的阐释，清晰而准确的描述，它往往比较有说服力。可是在解释中国古代哲学时却遭遇到了极大挑战："中国人有着不同的心理。""像中国人那样思维"的隐含结论就是中国哲学家有着一套"特殊的逻辑"。陈汉生驳斥说，"中国人有特殊的逻辑"的说法是错误的，是根本无法执行的。它用作攻击时，依靠西方逻辑来解读《庄子》哲学，是对中国哲学家原始思想的曲解；它用作捍卫时，为所有不一致、不清晰的哲学阐释提供了一个包罗万象的反驳和借口。"中国人有特殊的逻辑"最初是作为中国哲学的描绘性主张，它一方面允许西方汉学家没有能力去理解中国哲学概念体系；另一方面，又把他们无法理解的内容看成与西方世界观完全不同的"深刻的"哲学体系。持有"中国人有特殊的逻辑"的学者不在少数。布德（Derk Bodde）认为中国哲学过于诗化，缺少逻辑。中国哲学往往采用隐喻、类比、寓言、逸闻趣事来探讨哲学概念，缺少严格的逻辑推理；它更倾向于感情诉求，而不是理性说服。①

---

① 参见德尔克·波德（Derk Bodde）《中国的第一个统一者》，香港大学出版社1967年版，第228页，转引自陈汉生《中国古代的语言和逻辑》，第17—18页。

陈汉生对此进行了有力反驳。使用寓言、隐喻并不能说明中国哲学缺少逻辑，西方柏拉图也是使用洞穴的比喻来说明理性的光芒，笛卡尔也曾使用魔鬼的隐喻；实际上，严格按照逻辑形式进行书写的西方哲学书籍少之又少。日本学者中村元对中西语言文字区别的探讨极具代表性：中国文字是非逻辑的，没有格、没有单复数区别，也没有明确的动词时态①。

我们承认，英语有着明确的语言标志来指示逻辑关系：清晰的主语—谓语—宾语关系，修饰限定功能的定语、状语、补语进一步明确了句子成分之间的关系。相比之下，汉语名词在具体与抽象、单数与复数关系方面有着模糊的关系，词性转化比较灵活。两种语言的事实差异并不能说明所表达的内容不符合逻辑。陈汉生指出，格在逻辑中不起作用，缺少动词时态也不能得出"命题演算不合逻辑"的结论。持有"中国人思维是非理性的"观点的学者也不在少数。事实上，中国的思想家，非常重视他们的思想内容，因为他们往往都是社会政治活动家，鼓励人们按照某种伦理政治学去行动，由此实践自己的学说。

讨论了中国古代哲学的研究方法以后，陈汉生从语义学的角度出发，提出了独到的"行为唯名论"的观点。中国人在学习英语过程中最困惑的就是名词：如何区分具体名词和抽象名词，可数名词和不可数名词？陈汉生从中英词语的不同对上述问题进行了探讨。西方语言是"一多"关系。在柏拉图看来，世界就是由一个一个独立的特殊个体构成，不同个体所享有的共同属性或者"共相"就是事物的本质。词语代表了不同事物的"共相"或者可以重复的抽象部分：属性、本质、特征。"一"就是所有例子中相同的部分，表现为概念或属性；"多"指现实世界中诸多个体事物。不同于西方词语的"一多"关系，中国语言是部分与整体的关系。在中国古代哲学观念中，世界是由一个质料或者实体相互渗透的集合体，一个名称就是识别时空中相同质料的不同部分。人们的心灵就是区分质料或者找出事物之间的界限。西方哲学中的意义、概念、思想在中国哲学中没有相应的重要位置。汉语名词与英语中物质名词极其相似。汉语中的名

---

① 参见中村元（Hajime Nakarmura）《东方人的思维方法》，东京：日本政府出版社1960年版，第177页，转引自陈汉生《中国古代的语言和逻辑》，第18页。

词多数情况下没有复数形式，前面也不像英语那样可以直接加数词，或者指示数。每个名词往往与适应的种类词语相搭配，这在汉语量词中表现最为明显（"三本书""这支笔"）。

"马"命名了什么？在柏拉图看来，"马"代表了一种属性或概念，它适用于每一匹马，是每个个体马中所具有的某种东西。这种共有的东西就是形而上学的本质、属性或者概念。而汉语主要关心如何围绕着部分/整体关系来确定该词语的指称范围。道家所质疑的就是普通名词管辖区域和语境的相对性，词语被看成一种材料，当谈及此材料时就是要找出该质料的可定域部分，把它当作词语所选定的单一整体质料的部分。针对"马是什么东西的名称"陈汉生对此进行了详细比较：

> 它是一个部分整体学对象的，一种质料的名称，个体的马是这种质料的部分而不是其摹本。只要所有名词在句法上都充分地像物质名词，则命名的语义学模型并不引导人们在具体领域之外寻找被指称的那个"一"。这一论证的心理描述旨在解释什么是理解一个语词或表达式。如前所述，在汉语模式中，认识一个语词就是具有根据与那个语词相联系的习惯做法去区别或划分的能力，以及在指导行动的过程中评价那一划分的能力。中国哲学家由于缺少柏拉图式的"知识即再现"模型，因而没有那种动机把区分能力解释为心灵把对象与观念相比。①

陈汉生还从"语义上升"（semantic ascent）角度探讨了中英语言的差异。在西方，对语言的分析与哲学有着密切关系。哲学问题可以被理解为如何更加有效地使用语言和使用什么样的语言。换言之，"对抽象问题的传统讨论可视为隐含的关于某个词项或表达式的用法的讨论"。② 作者以"存在先于非存在"的哲学概念为例，其实质就是，"存在"这个词语比"不存在"这个词语在语言体系中起着更为根本的作用。"从谈论抽象

---

① 陈汉生：《中国古代的语言和逻辑》，第51—52页。
② 同上书，第52页。

事物向谈论语言的转移一直被称为'语义上升'。"① 相比之下，中国语言缺少曲折变化，在抽象事物和"语义上升"方面没有明显差异。

语义学的讨论是为语用学进行铺垫。在中国古代语言的背景理论一章中，陈汉生从四个方面对古代汉语语言进行了分析，并且作出自己的理论假定。

（1）语言的功能是什么？语言的作用是什么？

（2）语言与世界的联系方式是什么？换言之，我们应该用什么现实模型来说明语言的功能？

（3）语言的现状和起源是什么？如何才能使用这些知识？

（4）语言与思想、意义、共相、类别等概念的关系如何？

首先在语言的功能方面，中国古代的语言不重视形而上的概念，而重视形而下的具体结果。汉语缺乏定义，常用具体事例介绍说明。在苏格拉底看来，定义是获得真理知识的重要方法。"告诉我它意指什么，不要给我举例子。"而中国的古代哲学恰恰以串联隐喻、逸闻趣事等实例来说明道理。中国的字典不以定义来把握"真实本质"，经常用同义词、词源和列举实例的方式来解释词语。简言之，汉语中关于现实的基本知识不是由定义来传递的，而是更多关注于怎样使用它们的知识。不关注词语的抽象概念和定义，注重词语的实际使用，尤其是词语对人们行为的规范，是汉语的一大特色。自从商周以来，中国名制规定了一系列统治关系（君臣、父子、夫妻相处之道）并以此来约束人们的具体行为。孔子把"正名"看成重要的统治艺术，老庄强调了命名、欲求和行为的因果关系。语言具有行为规范功能。词语具有魔术般训练心理的强制力，词语可以使人们联想到某种行为结果以及相关的道德判断。②

语言的作用就是规范人们的行为，可是如何实现这一目的呢？这就是陈汉生提出的第二个假定：语言与世界相联系的方式。语言通过划分和区

---

① 《中国古代的语言与逻辑》的翻译者周云之、张清宇等人把 semantic ascent 翻译为"语义追溯"。从抽象事物到具体语言的讨论是 descent，从实际语言到抽象思维或真理的讨论是 ascent。笔者以为 semantic ascent 翻译为"语义上升"更为妥善，因为它从具体语言出发，"上升"到了抽象概念；同时也与"下降"形成呼应。

② 关于这四个问题的详细探讨，具体参见陈汉生《中国古代的语言和逻辑》，第72—79页。

别来实现规范功能。在上一部分中,中国古代哲学把世界看成一个整体的质料总体,一个词语就是确定其占有的范围和区域。语言就是分割、划分和区别的工具。在庄子看来,词语就是讨论如何分割区域。掌握一种语言就是以某一种给定的方式来识别或者区分素材。当语言的功能既是规范又是描绘的时候,划分和区别就确定了语言功能的实现模式。以某一种确定的方式来使用语言,就是把世界分类为肯定和否定,允许和禁止的部分。

第三个假定是约定论。弱约定论指我们使用的声音和符号处理是社会约定的产物,强约定论认为命名造成了社会差异,而这些差异也是社会约定俗成的:社会同意由语言造成划分世界的方式。儒教强调语言造成的社会差异是有其内在理据的,而道家则认为不存在实在本身的差异,世界的划分只是语言造成的,是社会约定的结果。西方的语言理论往往倾向于弱约定论,相比之下,中国的哲学家更倾向于强约定论。

第四个假定就是唯名论。古代汉语缺乏共相、观念、意义等抽象词语,很少有形而上的一般概念,与西方的认识论有很大不同。中国哲学中有两个关键词语可以帮助我们理解中国人的认识论:"知"(know)和"信"(believe)。古代汉语中的"知"被描绘为一种技能,被设想为应用某个名称的技能。知道在具体实际中如何去实践某一个词语。"知行"紧密联系,即使在今天,它也是很多中国大学的校训。庄子故事中庖丁解牛并不停止在对牛的身体骨骼的全面了解,而是如何应用这些知识来解牛数年而"刀刃若新发于硎"。中国古代哲学的"相信"有很强的行动意向。陈汉生以中国人对尼克松的认识为例。相信尼克松是恶的,就要把"恶"一词约定的联系方式应用到尼克松身上:上街去游行示威,并且组织投票反对他。道家的怀疑论不是拒绝个体的主观信仰,而是质疑由一个语言集团对共有世界进行划分的社会实践。《道德经》把语言看成一堆标志着约定区别的名称,以及人们对其的反应:规范人们态度和行为的方式。知道是训练意义上的结果,不是获得事实或者定义的理解,而是知道如何把某一知识付诸实践,反复运用并且内化成自己的技巧。学习什么范式是儒教的主要内容;对于做什么,怎样做? 则是道家的主要内容,道家对事物作出区别并且根据区别来采取相应的行动。陈汉生对"道即语言"进行了全面阐释:

如果我们认为道就是一种行为之"道"（"way"），那么名称、区别和评价的全部就相应于一个道。一个道是相应于一个话语系统的具体的行为集——它的行为的体现（对儒家而言是人的社会行为，对道家来说是所有事物的自然"行为"）。道的概念跟道家的语言理论密切相关。《道德经》的第一章从二个平行的断定开始，第一个跟道有关，第二个跟名称有关。"道"的口头用法的译文，简单地就是"说"。因此道反映了话语或语言的特征。它本质上是规范的，而且它"创造"事物。①

道家有三个层次的学问：传统的、否定的和玄妙的。传统学问指命名、区别和欲求体系；否定学问对传统划分进行了颠覆，正面和负面可以重新被界定划分；玄妙学问超出了语言之上，回到了万物之初。道家对语言的二分法有着深刻的认识。语言是通过二分法对现实进行划分区别并激起欲望。语言中的每个词项都有它的对立项，因此我们可以作出与传统道德判断完全相反的评价体系，甚至可以跳出语言的社会约定来重新审视事物。表面的命名词语的对立并无意义，差异只是人们习惯性承认的产物。道家所采用的策略就是，完全放弃词语的差异和区别，消除学问（弃知绝智），从而恢复自然行为；《庄子》中的"坐忘"就是此类例证。

孔子的正名理论就是对上述四个假设的综合体现。孔子主张名实相符，名称与统治阶级职位相一致。正名就是要求调整事实的实际状态来符合命名约定，或者控制名称使之仅仅使用于与之相符合的事实上。儒家礼教认为弑君为错，但又认为封建王朝中昏庸之君可以被处死。这种前后不一致遭到了其他人的质疑，孟子在《梁惠王章句下》中为"君"进行了正名："［齐宣王问］曰：'臣弑其君，可乎？'孟子答：'贼仁者谓之'贼'，贼义者谓之'残'。残贼之人谓之'一夫'。闻诛一夫纣矣，未闻弑君也。"② 正名是为了避免与规则冲突而引起的问题，或者说如何使例

①　陈汉生：《中国古代的语言和逻辑》，第83—84页。

②　孟子：《孟子译注》，杨伯峻译注，中华书局2012年版，第43页。

外也能与名制规范相一致。再如儒家规则反对杀人，但是又同意处死犯人，这两个规则是否矛盾呢？正名之结果就是"杀盗非杀人也"。因为"盗"已经失去了堪称为人的行为方式，不配做人了。通过正名消除了冲突和含混，使语言规范更加精准地反映并且激发起了道德区别，为人们的行为提供了可靠依据。"正名，为道德辨析、道德评价、道德行为创立了一种理想语言。它被认为是能消除有疑问的伦理问题的"。① 简言之，语言的主要功能就是灌输和指导人们选择和行为的态度。

有了对中国古代语言和逻辑的理解，我们可以更好地理解庄子在中国哲学中的重要位置。哲学上的争辩和冲突只是人们用语言划分世界的不同方式，并不是事物本身的区别；这些争论在原则上是不可解决的。因此，庄子不愿作出区分和评价，经常反对儒家和墨家在方法论方面的争论。对立的辨识来自不同的命名体系，而这些命名体系又导致人们对事物的是非判断："给予一个事件是什么或者不是什么的判断（描述性区别），或者关于什么是对，什么是错的判断（评价性区别）。"② 庄子认为语言中的区别没有形而上学的基础，作为社会约定的差异，也没有稳定性。孔子认为在人们评价区别、修正态度、作出选择和调整相应行为方面，应该严格按照名称规定去实施，因为自古以来的圣人之命名体系已经经过实践检验，是正确的、成功的方法。任何非传统用法都只能搞乱社会，破坏社会和谐秩序，从而使社会变得复杂。庄子对孔子名制提出了反驳。他以指示代词为例，强调了言辞本身并无真值，完全取决于应用的具体语境。"我、现在、这个"随着不同说话人使用场合的不同而处在动态变化中，由此造成的价值判断也是极其主观的。"是/非"之正误判断正如"是/彼"之代词指代一样，与说话人的角度密切相关。从某种观点来看，某事物既可以被称为"彼"，又可以被称为"此"。从不同的观点看待事物，会有不同的视角效果，是/非之争论也是相对而言。语言是一种受观点约束的区别和评价体系；而且每个人在使用语言时都有自己概念上的评价观点。

辩论就是用某个观点来区分是非。我们既要考虑到自己看待问题的立场，又要意识到自己立场的局限。语言实质上是人发出的声音，和自然界

---

① 陈汉生：《中国古代的语言和逻辑》，第 94 页。
② 同上书，第 109 页。

的其他响声没有本质区别。但是由于社会的共同约定，语言成了我们交流的工具。人类存在本身就是一种视角，一种考察问题的角度。即使我们大家一致同意的那些判断，都跟人类的思考视角有关系，所以人类语言并不比"觳音"更有意义。但是人在使用语言的漫长过程中，忘却了语言只是人类的视角，把它看作评价一切的标准。为此庄子从立体角度进行了质问，凸显了人类狭隘的自我中心观：

　　且吾尝试问乎汝：民湿寝则腰疾偏死，鳅然乎哉？木处则惴慄恂惧，猨猴然乎哉？三者孰知正处？民食刍豢，麋鹿食荐，蝍蛆甘带，鸱鸦耆鼠，四者孰知正味？猨猵狙以为雌，麋与鹿交，鳅与鱼游。毛嫱丽姬，人之所美也，鱼见之深入，鸟见之高飞，麋鹿见之决骤，四者孰知天下之正色哉？自我观之，仁义之端，是非之涂，樊然殽乱，吾恶能知其辩！

（《齐物论第二》）

　　不仅人类以自我为中心，每个人也以自我为价值判断的标准。"夫随其成心而师之，谁独且无师乎？奚必知代而心自取者有之？愚者与有焉。"成见归于我们过去生活中学会的辨识，并且以此为依据而选择的行动。久而久之，它就慢慢形成了我们的"成见之心"。同样，我们通过语言区别和选择，逐渐学会了价值辨析和道德取向，随着知识的积累和经验的成熟，选择越来越细化，逐渐编制成网，形成详细复杂的道德系统，最后我们只剩下一种选择。可悲之处，我们在成长的过程中，逐渐培养起来的这一套是非判断系统独立于我们的评价之外：我们对它信以为真，从未质疑过。

　　庄子就是通过指示代词的动态变化来提示人们，"彼此""是非"都取决于参照物的选择。《秋水》以形象的文学描绘说明了词语的任意性。"以差观之，因其所大而大之，则万物莫不大；因其所小而小之，则万物莫不小。"这段文字说明，人们可以把"大"用在"小"处，把"小"用在"大"处，我们可以把相反的词语任意地用在给定的事物。语言是不固定的，名称和世界之间没有固定关系；尤其是指示性代词和价值判断

（大/小，有用/无用）都取决于人们使用语言的具体场景。①

在庄子看来，语言具有规范人们行为的功能，但是庄子强调人们使用语言的情感效应和态度效应，使我们的判断有附加感情的主观效应。庄子进一步提出，主观性是语言本性的一种自然结果，因为语言有很多索引性名称，它们所引起的价值判断都是由具体使用环境决定的。语言的主观性还体现在使用者。即使在同一语言体系中，由于说话者的人生阅历不同，他们给予的是非判断也不固定。道家的怀疑论也是语言主观性的产物。陈汉生认为庄子讨论的内心状态或者知识状态都是语言的状态。西方的怀疑论往往关于信仰、命题、概念，而庄子的怀疑论认为语言不是严格的命名体系，哲学中的"知"（不是知道什么，而是知道怎样去做）是多变的、任意的、主观的。

道家主观、多变的语言观点在中国有着重大的影响，它极大地打击了儒家的传统方案：所有词项都是名称，是事物的一一对应关系。这也解释了为什么道家是最受曲解的学说。我们对道家的理解是经由儒家（特别是新儒家）的解释而形成的。它把道家描绘成孤立的、前后矛盾的、不能被理解的学说。这实际是儒家的策略，它不仅巧妙地回避了道家对自己的攻击，还贬低了对手的学术价值。陈汉生梳理了道家思想在中国哲学中的位置变化，揭示了道家被曲解的过程。首先是肯定道家阶段。道家称为"儒墨"时期，关于用什么样的语言来指导社会、如何设立准则。其次是反对语言的道家阶段。放弃社会性约定对话，强调行为的自然、内在和直觉。最后是分析阶段。各家关于语言的相对主义、怀疑主义的争论。由争论造成的无政府状态导致了权威时期的到来。语言与实际使用语境密切相关，名制体系与统治阶级的管理联系在一起，于是"占主导性的理论（The Ruling Theory）"慢慢被建立起来了。②"占主导性的理论"的一个共同特征就是亲儒家，它们往往高高在上，不允许任何人反对它。新儒家反对批评的声音，从根本上消除反对者的批判力量。它们降低不同理论之间的相互影响，仅仅集中在对于近似神圣的学

---

① 陈汉生称此现象为"怀疑论和语言的索引性"，具体论述参见《中国古代的语言和逻辑》，第109—114页。

② 同上书，第224页。

派创始人的观点进行深化或者详加解释。除了"拒外守内"的策略，"占主导性的理论"还任意使用意义变化假说，瓦解对立学派的观点。权威学派认为道家随意改变了他们的核心词汇：道从"道德"变成了形而上的单一"绝对"。主导理论把道家描绘成为反对理性的神秘主义代表，使其陷入"不可言说、无法理解"的尴尬局面。实际上，道家是在质疑传统观点，挑战哲学偶像。公开讨论和批判是理论发展的动力。从这个意义上来讲，道家学说应该被复兴，与儒家形成有益的争辩，促进哲学的健康发展。

　　语言学家庄子否定了事物的绝对性，强调了相对性。陈汉生在另一篇文章（《庄子的道中之道》）中对此思想进行了进一步研究。[①] 陈汉生认为"道中之道"的含义就是庄子是一个怀疑论者，因为知识都是语言划分世界的结果。传统观点认为道是一个独立的绝对存在，而陈汉生对此提出质疑，他认为道就是语言。我们的知识是语言对世界的分类结果，因此存在着各种不同的划分体系和对同一事物的不同认知结果。道是相对的、多元的，我们不可能认识世界；庄子是怀疑论者。陈汉生首先从中英语言的差异提出了自己的"阐释理论"。庄子的语言（中国文言文）简短、充满歧义，往往缺乏主语，具有丰富寓意。当翻译成英语时，译者要添加上缺少的主语，从诸多意义中挑选一个能在上下文语境中通顺的解释。这实际是翻译者的"假说"。当某个英语对应词语与其他部分的阐释产生矛盾时，我们就要重新调整"假说"，再次寻找能够连贯前后的翻译对应词语；最终目的就是使整个文本能够全部贯通。由此看来，语言左右了我们对事物的理解。陈汉生从考证孔子开始，认为"道"就是一系列规范性的话语，它调整约束人们的行为。孔子是绝对主义者，他预先规定了人们的行为，只承认一种正确规范。"正名"就是要求人们的实际行为与语言中的规定保持一致。庄子同样认为道即语言，但他却质疑唯一正确规范，强调多元相对论。陈汉生从三方面论证了道就是话语。从语法来看，道并非专有名词（The Tao），而是分类名词。专有名词不可以随意改动，而"道"作为分类名词却可以随意搭

---

① Chad Hansen, "A Tao of Tao in Chuang‑tzu", *Experimental Essays on Chuang‑tzu*, ed. by Victor H. Mair, Hawaii: University of Hawaii Press, 1983, pp. 24–55.

配，例如"天道""圣人之道""养生之道"，因此在翻译成英文时，要小写（tao）把它作为普通类别名词，不能加定冠词。从概念来看，某一类道就是一个体系的分类划分，并将产生对应的某种模式行为。从语言来看，划分事物的类别语言处在不断变化之中，而且不同类别的划分之间没有共同标准。知识就是语言对世界的划分和归类的结果，并不是人类对客观世界的科学认识。不同行业的语言、不同地方的语言都有对世界不同的知识体系；这些"知识"只是不同视角的认识结果，并不是对世界的真实描绘。

陈汉生以"齐物论"为分析对象，进行了深入探讨。天籁是自然之音，而人籁也是自然之音。人通过语言来积累各类事物的区分辨别是自然而然之事：老年人积累越多，就越缺乏灵活性；青年人更容易调整自我接受新的分类体系，也更有灵活性。庄子的"是彼""是非"深刻揭露了"是"的重要功能。"是"为人称指示代词时，只有在具体语境中才能确定其意义，说明了它所指代事物的相对性；而且"是"还表示判断正确，说明正确与错误也是相对而言。更重要的是，庄子认为所有的语言判断（Shiling）都是正确的，这说明各个视角的相对性；他并没有认为所有的判断都是错误的，那将暗示着只有一个正确判断（标准），是绝对主义的体现。道即语言，它决定了我们看待问题的角度，而怀疑主义和神秘主义都是它的延伸。怀疑主义和神秘主义在语言和事实方面并无区别，只是感情态度的不同：前者对未知持有挫折批判态度，后者对未知感到神奇敬畏。庄子"朝三暮四"的例子形象地说明了在事实和名称没有任何变化的情况下，前后感情的巨大差异。但在庄子看来，怀疑主义在神秘主义之上，因为神秘主义与语言在本质上不兼容。"未始有物——至亦……有物，未始有封。"第二层次的知识论是一个没有任何区别的大一——这与语言本质背道而驰：区分事物。庄周梦蝶在此理论的鉴照下也获得了新解。庄子和蝴蝶、清醒和睡眠、真实和想象，这些两元对立只是一种主观武断的划分体系；在庄子笔下，两者界限变得模糊不清，"物化"充分显示了用语言划分世界的无限可能性，所谓"是非"只是相对而论。

二 反对相对主义者庄子

艾温·赤①反驳了陈汉生的视角相对主义观念，认为庄子是视角现实主义者。陈汉生在《中国思想的道家理论》中提出庄子是相对主义的怀疑论者。道不是专用名词（The Dao），是普通类别名词（daos），可以随着实际情况进行改变：养生之道，圣人之道，治国之道，等等。这说明"道"是一系列用来调整人们道德和行为的规范性话语。一种"道"、一个"名"就是一种划分归类现实的方法。但是"道"无"常道"，"名"无"常名"，其总是处在不断变化中，因此正误，彼此只是相对而言，没有绝对区别；所以对事物的判断只是观察视角的不同：任何事物从某一视角来看，总是有其存在的合理理由。如果凡事都是相对而言，只是观察视角的区别，我们就会产生怀疑论：人们是否有能力认识事物本质？陈汉生从视角相对主义出发，得出结论：庄子是怀疑论者。艾温·赤对此提出了质问。怀疑论者不能确信人类能否有能力来认识事物的本质。"我怎么知道我所说的'知'就不是'不知'呢？我所说的'不知'就是'知'"？换言之，人类可能有能力认识事物本质，也可能没有能力认识事物本质，怀疑论者对此可能性保持着开启状态。但是陈汉生的相对主义认为人类没有能力认识到事物本质；他取消了人类客观认识事物的可能性。因此，艾温·赤认为陈汉生的观点是错误的：庄子不是相对主义怀疑论者。其反对理由如下：怀疑论、相对主义者不会认真对待任何观点；不会在各种哲学观点中作出有意义的选择；它放弃了现实主义努力倡导的"知识的诚笃"（intellectual integrity）。艾温·赤认为庄子是视角现实主义者。在鱼之乐的哲学争辩中，庄子最终落脚点是实现"我从濠梁上而得之的"。在庄周梦蝶中，庄子和蝴蝶占据着彼此不同的视角，就像论辩的哲学家们，根本没有共同出发点，甚至没有在讨论同一件事。事实上，庄子和蝴蝶并没有选择看待事物、理解事物的方式；他们也不可能采用对方的视角，除非完全变成对方。庄子没有变成蝴蝶，他"不可能梦见自己成为了一只蝴蝶，

---

① Ewing Y. Chinn, "The Natural Equality of All Things", *Journal of Chinese Philosophy* 25 (December 1998), pp. 471 – 482.

他只是梦到自己感觉像一只蝴蝶"。① 实际上,他者只是自我虚构的几个概念框架。

三 爱莲心:不对称相对主义的庄子

罗伯特·爱莲心也反对把庄子阐释为相对主义②。爱莲心认为相对主义只是庄子关闭逻辑分析功能的手段,目的是达到最终的自我转化。他归纳前人研究,总结了四类相对主义,并且提出了自己的第五类相对主义。这五类相对主义分别是:

(一)极端相对主义(Hard Relativism)

极端相对主义认为所有价值观念都处在相同水平上,是均值等价的,不主张任何一种价值高于其他体系。它容易得出怀疑论的结论。顾立雅(H. G. Creel)是这方面的典型代表。"得道之人超越了善恶,对他来讲,善恶只是无知和愚蠢之人的措辞。他若心血来潮,可以像暴君一样屠杀一城居民,而丝毫没有感到良心不安,如同暴风雨之后的太阳平静地照在一片废墟之上。"③ 陈汉生从研究语言的角度出发也得出了庄子是相对主义者的结论。对庄子而言,"所有方法都是等效的,从总体观点来看,没有任何一种方法具有特权"。在文章结尾,他再次强调说:"如果我们把庄子看成一个相对主义者和怀疑论者,那么内篇,尤其是'齐物论'将会得到更加连贯性的理解。"④ 爱莲心对极端相对主义提出了质疑:如果所有的观点都一样,那么最终能够导致什么结论呢?对与错,好与坏都没有区别,追求心灵的自由和宁静还有什么意义呢?

(二)温和相对主义(Soft Relativism)

温和相对主义是不彻底的相对主义。它一会儿是相对主义,另一会儿不是相对主义;它对事物区别保持漠然,却承认道德的区分。黄大为

---

① "Chou cannot dream of being a butterfly, he could only dream of being like a butterfly. " Ewing Y. Chinn, "The Natural Equality of All Things", p. 482.

② Robert E. Allison, *Chuang - Tzu for Spiritual Transformation: An Analysis of the Inner Chapters*, Albany: State University of New York Press, 1989, p. 116.

③ Ibid. , p. 112.

④ Chad Hansen, "A Tao of Tao in Chuang - Tzu", *Experimental Essays on Chuang - tzu*, ed. by Victor H. Mair, Hawaii: University of Hawaii Press, 1983, pp. 35, 50 - 2.

（David Wong）的《道德相对主义》（*Moral Relativity*）体现了典型的温和相对主义论。"在评价我对'道'术语的使用时，读者要牢记我并不是主张简单地舍弃道德规范。'忘'道不是失去运用这些规范来理解自我和他人的能力，而是在适当的时候获得一种暂时悬置这些道德规范的能力。"①温和相对主义的矛盾之处在于，"为什么一个相对主义者应该在某些特定的时候具有一种变成非相对主义者的能力"？② 另一个温和相对主义论的代表是葛瑞汉的"有意识地反应"（respond with awareness）。"和庄子一样，如果我们扫除了一切道德标准和谨慎原则后，'有意识地反应'仍然在起作用。在我们'有意识地反应'中，我们会选择智慧、现实，而不是愚蠢、虚幻。在西方传统的［二元对立］价值中，处在第一位置的真、善、美成为了我们自然的选择。"③ 庄子笔下的圣人们不是故意作出道德选择，而是一种自然的反应。这种自然的反应如同《圣经》中人类在堕落之前的自然反应：没有道德体系，却充满了原始的真善。爱莲心提出了一个问题："庄子中是否存在道德体系？"如果拥有道德等级体系，相对主义不存在，圣人之德行还是"有意为之"；扫除了道德体系，为什么要"优待真理"？如何解释"尧是好的统治者，桀却不是"？④

（三）既不是相对主义又不是非相对主义（Neither Relativism Nor Non‑relativism）

格雷厄姆·帕克斯（Graham Parkes）提出任何一种观点都是某种视角的观察结果，相对主义强调不同观察结果的等值性，但与此同时，我们又应该意识到各种观察结果的局限性。"尼采强调说经验注定有个人视角，同样，庄子也不相信，我们能够取得'没有视角的观察'。我们要清醒地觉察到我们总是被某种视角所束缚，这种觉醒本身就是一种视角。"⑤

---

① Robert E. Allison, *Chuang‑Tzu for Spiritual Transformation*, p. 214.

② Ibid., p. 116.

③ A. C. Graham, "Taoist Spontaneity and the Dichotomy of 'Is' and 'Ought'", in Victor H. Mair（ed.）, *Experimental Essays*, Honolulu: Hawaii UP, 1983, p. 12.

④ 对这个问题的回答，是时间性。我们可以借用爱莲心的论证方法：在没有实现自我转化之前，存在着两种状态；在实现之际，得道之人与道为一体。同样道理，道德体系/相对主义存在于得道之前，但是对于得道之圣人，只有一种自然的状态。

⑤ Graham Parkes, "The Wandering Dance: Chuang Tzu and Zarathustra", *Philosophy East and West* 33.3（July 1983）, pp. 242 – 243.

不相信没有观点的看，意识到这种局限本身就是一种进步和觉醒。"觉醒意味着有一套更高层次的价值"，因此觉醒使得帕克斯走出了相对主义的局限。但是，"另一方面，把觉醒局限于人无法逃脱相对主义，帕克斯又把相对主义召回了"。① 因此，一方面，我们意识到观察角度的局限性，考虑到了更高层次的观点，它不是相对主义；另一方面，这种高层次的观念又不是真正的高，似乎又回到了相对主义。

（四）既是相对主义又是非相对主义（Both Relativism and Non‑relativism）

这种相对主义的优点是非常接近庄子文本，一方面《庄子》中确实存在很多相对主义的例证，各个方面似乎在价值方面是均等的；另一方面，大量相对主义的例子并没有导致庄子对人生的不负责的态度，庄子对生活保持着积极的态度，对世界非常欣赏。这种相对主义的明显不足就是前后矛盾。如果一切都是均等，正误并没有区别，积极的生活态度与消极态度并无不同，庄子欣赏世界的乐观态度就变得毫无意义。罗素·古德曼（Russell Goodman）是这一派思想的代表。"在形成庄子思想的完整轮廓时，我们难以把他对生活的强烈兴趣与其对生活讽刺怀疑的逃离态度相结合。"②

（五）不对称相对主义（Asymmetrical Relativism）

爱莲心区分了梦/醒的两种不同的状态。在梦的状态，我们处在无知的情况下，此时所有的论辩和观点都有等效的价值。在这种无知的未醒状态下，庄子是相对主义者。但在醒的状态下，圣人处在知的情况下，庄子不再是相对主义者。而且知与无知不可能同时处在一个身上，从无知到知之间的转变，就是从梦到醒的过程。这两种状态不是对称平等的。换言之，在纯粹圣人的水平上，不存在相对主义，也不存在非相对主义。哲学语言的区分"纯粹是为了教育目的"，它只是在两种不同水平的沟通上必有的。③ 爱莲心用"二选一/两者都"（Either/And）和"不对称相对主义"（Asymmetrical Relativism）来说明彼此之间复杂的关系。"'二选一/两者都'和'不对称相对主义'都是哲学构建。一个人不可能同时处在

---

① Robert E. Allison, *Chuang‑Tzu for Spiritual Transformation*, p. 118.

② Ibid. , p. 234.

③ Ibid. , p. 123.

醒和未醒的状态，只能选择其一，这就是二选一（我们仍处在哲学家的
教育语言中）。但是，当我们回顾过去和展望将来的时候，两种状态都存
在。它们作为沉睡状态我们可以从中醒来，作为清醒状态我们可以达到，
这就是两者都。"值得注意的是，在觉醒的心灵的水平上，不再存在知的
状态，也不再存在无知的状态，语言的区分也就失去了意义。"'二选一／
两者都'的优势在于它允许我们保持相对主义和非相对主义的陈述，但
它们并非沿着同一价值周线简单地并排。这种哲学的区分本身也是暂时性
的。觉醒的状态并不把自己指示为觉醒。"①

　　既然庄子不是相对主义者，为什么相对主义阐释论会得到如此广泛拥
护呢？是什么导致了学者们的误解？爱莲心在归类区分了相对主义论之
后，又深入剖析了其背后的四个形成原因。

　　第一个原因是割裂了《庄子》第一篇和第二篇之间的联系。首篇
《逍遥游》以神话的方式讲述了很多故事，具有极强的文学性；第二篇
《齐物论》以理性论辩深入探讨了道之本源，具有严谨的哲学逻辑；两篇
之间很难联系在一起。实际上，第一篇《逍遥游》确定了庄子文本的发
展方向。神话故事开头，首先要读者关闭心灵的逻辑分析，开启儿童听故
事时的直觉和想象。第二篇则以相反的方式说明了同一道理。它首先以各
种逻辑进行有意识的论辩，可是这些自相矛盾的论辩最终导致了死胡同，
逻辑无法解决其中的吊诡。这时庄子引入了梦和醒的类比隐喻，让我们开
启直觉和想象的心灵。"实际上，两篇都同时在做同一件事情，一篇形式
是另一篇的内容。第一篇和第二篇是彼此的镜像。在第二篇中，当逻辑的
头脑在矛盾的重压之下陷入瘫痪、进入死胡同时，只有在此时，头脑才会
意识到（不仅是逻辑的可能性）：这一切或许都是梦。"② 两篇的连贯性不
仅体现在形式上，还体现在主题上。第一篇以鲲鹏之变开头引出了自我转
化的主题，第二篇则以南郭先生的转化开头："形固可使如枯木，而心固
可使如死灰乎。"转化也从简介地讨论动物转化变成了直接探讨人的自我
转化。

　　第二个原因是没有深入理解梦的认知功能。梦的类比具有哲学的未醒

---

① Robert E. Allison, *Chuang – Tzu for Spiritual Transformation*, p. 125.

② Ibid., p. 130.

和醒、未知和知的不对称关系,但是多数评论家没有把握这一类比的决定性作用。

第三个原因是英语"齐物论"题目的翻译误导了英文读者对庄子的相对主义的理解。"齐物论"一词解释众多,多数学者强调"齐平"万物或者"齐平"言论。如果万物或者言论都是均等的,这非常容易导致相对主义的理解:一切观点、价值都是相对而言,具有等值功效。爱莲心列举了诸多庄子研究专家们的翻译。葛瑞汉把"齐物论"翻译成为"The Sorting Which Evens Things out"。① Sorting 是归类划分,其导致结果是铲平事物的差异,使事物均等。Which 作为限制性定语从句进一步突出了归类划分和事物均等之间的因果关系。"就是通过分类和整理我们得到了事先期待的结果:消除事物之间的差异。"② 这很容易导致庄子是相对主义者的结论。陈荣捷在《中国传统资料》中把第二章题目译为"The Equality of Things and Opinions",强调物和论的均等。他在目录的排版安排方面进一步突出了庄子的相对主义论。③ "他的选择被书的目录安排进一步加强深化:他把庄子的思想排在'庄子中的怀疑主义和神秘主义'的总条目下。这使得读者容易形成庄子是相对主义者的印象。"④ 陈汉生把"齐物论"翻译成"On Harmonizing Discussions of Things"。⑤ 他强调了事物间和谐的关系,而 On 体现了一定程度的哲学中立。吴光明的翻译"Equality of Things and Theories"说明万物与理论之间的平等。⑥ 理雅各的"The Adjustment of Controversies"意在强调争端的调解。在爱莲心看来,"齐物论"翻译最为中肯的是华生的译文"Discussions on Making Things Equal"。⑦ 华生强调了关于齐物的讨论,使读者对随后发生的内容产生了

---

① A. C. Graham, *Chuang Tzu: The Inner Chapters*, London: George Allen and Unwin, 1981, p. 29.

② Robert E. Allison, *Chuang - Tzu for Spiritual Transformation*, p. 192.

③ Wing - tsit Chan, *Source of Chinese Tradition*, New York and London: Columbia University Press, 1960, p. 70.

④ Robert E. Allison, *Chuang - Tzu for Spiritual Transformation*, p. 134.

⑤ Chad Hansen, *Language and Logic in Ancient China*, p. 89.

⑥ Kuang - ming Wu, *Chuang Tzu*, New York: Crossroad Publishing Company, 1982, p. 93.

⑦ Burton Watson, *The Complete Works of Chuang Tzu*, NY: Columbia UP, 1968, p. 177.

"完全中立的期待"。①

最后一个原因，抹杀了《庄子》可信篇与不可信篇的界限，尤其是把第十七章加入内篇的讨论。《庄子内篇》被公认为庄子本人所著，而外篇和杂篇由后人所著，其可信程度颇具争议性。但是学者往往选注不可信的第十七篇《秋水》，并且把它与内篇一起解释。例如在《中国传统资料》，陈荣捷翻译了《庄子内篇》的第一篇、第二篇和第三篇以及外篇的第十七篇和杂篇的第三十篇。同样，韦利的《古代中国思想中的三教》把第二篇和第十七篇混合论述。这种混合并置具有极大的误导，使读者产生了庄子是相对主义者的印象。《秋水》是不折不扣的相对主义论，讲述了事物之间无穷无尽的相互转化。"夫物，量无穷，时无止，分五常，终始无故。是故大知观于远近，故小而不寡，大而不多，知量无穷。"（《秋水第十七》）把《秋水》与《齐物论》并置，使两者成了相对主义的相互印证。实际上，《秋水》与《庄子内篇》主题并不一致。它没有梦/醒的讨论，它只有事物间的往复循环，缺少了由低到高的自我转化。"缺少了梦的类比意味着没有从虚幻到知识转变的可能。它还意味着第十七章的作者并没有在不同知识层次上作出区分。"②

庄子和惠子的"鱼之乐"的争辩再次证明了第十七篇的不可信。"庄子曰：'子非我，安（焉）知我不知鱼之乐？'惠子曰：'我非子，固不知子矣；子固非鱼也，子之不知鱼之乐，全矣。'庄子曰：'请循其本。子曰'汝安（焉）知鱼乐'云者，既已知吾知之而问我。我知之濠上也。'"（《秋水第十七》）此处庄子运用了他人的论证来证明了自己的论点。惠子问："你不是鱼，你怎么知道鱼是快乐的？"惠子的问题已经假定了庄子知道了"鱼是快乐的"这一事实，他想质问的是庄子如何知道"鱼之乐"的过程和思维；而庄子则要求回到开始："你已经知道了我知道'鱼是快乐的'，因此论辩结果已经很明确了，无须再论。"但是爱莲心认为庄子故意使用诡辩来诱导别人上当，是庄子本人所反对的方法；这与庄子哲学家的身份不相符。更重要的是，"感觉的证据被当作可靠知识的来源。建立在感觉基础上的证据被看成是真实可信的。不加评判的现实

---

① Allison, *Chuang - Tzu for Spiritual Transformation*, p. 135.

② Allison, p. 138.

主义成为庄子战胜惠子论辩的终极上诉依据。这种简单的现实主义绝不是真正庄子思想的真实呈现"。① 换言之，"鱼之乐"中的庄子满足于把常识观察作为认识论争端的最终依据，这与内篇中哲学家庄子的形象相距甚远。所以在爱莲心看来，《秋水》是庄子思想的不可信篇。把《秋水》与《齐物论》并置导致了很多学者认为庄子是相对主义者的错误结论。

四　王右如：卮言和间接交流

语言学家庄子的观点在王右如的文章（《卮言的策略：〈庄子〉中的间接交流》）中得到了进一步验证。② 王右如从认知与语言方面深入剖析了卮言和间接交流的关系。间接交流不同于直接交流。在克尔凯郭尔看来，间接交流以听者为中心，与信息与具体交流环境密切相关，说话人往往采用比喻、矛盾等诗学语言。同样，庄子反对直截了当的论辩，强调具体交流对象，往往使用吊诡等文学语言来委婉暗示自己的观点。"卮言"是庄子的独特创造："卮言日出，和以天倪。"卮是古代盛酒的器皿，卮不灌酒就空仰着，灌满酒就倾斜，没有一成不变的常态。卮言的特点就是变化和混合，它是庄子"自我"观的体现：自我并非孤立，它与万物混合，处在无尽的关系网络中，处在不断的变化中。王右如从间接交流的结构和策略两个方面分析了卮言。

在结构方面，主要有作者、听者和信息。在卮言中，作者从交流结构中消失了，隐含在寓言和重言中。在重言，作者往往借用古代圣贤的格言来传达思想，但是重言意义不确定，取决于不断变化的讲话背景。这一点与西方的隐喻很类似。其不同于隐喻的地方有二：隐喻认为直言在信息上要更优先于比喻，但卮言却不倾向于任何一方，因为两者都是"藉外言之"；隐喻背后往往有固定喻意，而卮言背后的喻意是开放的。故事之后，庄子往往会给出一种解释和意义，但随后他又推翻该意义，提供了其他更合理的解释，而这些解释又会不断受到质疑。卮言不是关于一个具体比喻，因为该比喻又指向另一个比喻，形成了一系列的比喻链条。卮言中

---

① Robert E. Allison, *Chuang - Tzu for Spiritual Transformation*, p. 140.

② Youru Wang, "The Strategies of 'Goblet Words'", *Journal of Chinese Philosophy* 31. 2 (2004), pp. 195 – 218.

的听者，不是被动的接受者，而是积极的参与者，而每个人的参与程度又受其具体情况影响。卮言如同饮酒，需要听者亲自品尝，而每个人的品尝感受（对卮言的理解）也会因人而异。而读者的理解感受又会影响其生活方式。卮言最独特之处是消除了交流信息。没有了交流的内容，听者得到极大的阐述空间。作者不受信息所限，其唯一目的是改变听者；交流就是提供一个场合，使用任何可能的手段——夸张、矛盾、否定——来改变听者的思维和习惯。

在策略方面，卮言主要采用了否—否定（Denegation）和吊诡。首先，庄子使用了大量否定话语：“无我”“无为”“无名”等。他的否定往往全面否定二元对立的每一个概念，不倾向任何一元，如“有/无”“始/终”。庄子还常常运用双重否定，例如，“有始也者，有未始有始也者，有未始有夫未始有始也者”。这些双重否定并没有构成肯定，而是否定了否定，即否—否定（De‐negation）。它说明了事物处在永不停息的变化中，朝着反向动态发展。否—否定在间接交流中起到了两个作用。它打断了我们的常规思维和期待，带走了观点概念、对立思想，使我们对传统产生了质疑。其次，它消除了自我（self‐effacement）。它在语言中雕刻出空白、缺失，即语言无法表达的部分；在可言和不可言的边界，它表达了语言以外的内容。卮言的另一策略是吊诡。庄子中有大量正言若反的表达：“无用之用”“言无言”“为无为”。这些似是而非的“参差诡诡之词”具有三种不同功能。它们首先体现了无限变化的动态趋势。西方亚里士多德的逻辑建立在不变本质的基础上，是排除矛盾和动态后的抽象总结；变化，对庄子来说，并不是危机，而是开放的无限可能性。庄子的哲学特色就是变化和混合：事物处在相互关联中，而且各自都无时无刻不处在变化中。我们把事物从相互关联网中孤立出来时，赋予其身份；但是这一暂时身份并不稳定，又会处在无穷变化中。因此“是”同时包含了“非”，“彼”同时包含了自己的对立面“此”。其次是实用性。现实生活中矛盾无处不在，庄子作品中同样存在着“语义冲突”，例如“梦即醒，醒即梦”。语义矛盾并不意味着“逻辑中断”，因为在语用学和“以言行事”（perlocutionary）方面，吊诡可以更好地让人们醒悟。“梦即醒”的矛盾可以唤起我们反思，没有必要紧抓“非梦即醒”的偏极执着。最后是阈限逻辑。吊诡游戏于语言的边界和极限，它既要依靠常规语言，又要突破常规语言。

五 李耶理: 道家的说服语言

语言学家庄子还体现在他对道教语言独特的理解。李耶理的文章《道教陈述和说服:在庄子三类语言中逍遥》① 提出了一个所有宗教都会面临的问题:如何令人信服地表现一个远远超出我们正常理解范围的精神世界?他的《道教陈述和说服》认为庄子的寓言、重言和卮言是行之有效的方法。首先,在宗教性叙述中最经常存在的问题就是字面主义(literalism),而庄子反对字面主义。字面主义只停留在文字表面意义,不深入研究文字背后的深刻思想。字面主义的另一个极端更值得警惕:它简单地采用讽喻之意(allegorical reading),完全忽略了复杂的文字陈述;这种呆板的阅读展示了更加抽象的字面主义。"第一种字面主义没有抓住陈述的要义;第二种字面主义轻易地越过了表面,忽略了文字本身的丰富组织结构。"② 其次,要想达到一个不同于日常生活的、宗教性的精神境界,普通方法是无济于事的。日常生活存在着根本性问题,我们需要全新的改变。换言之,庄子的精神世界不是现实生活的延伸和改善;他的宗教世界完全不是"日常生活问题的逐步改善",而是与日常生活的"实质性断裂",③ 是对我们极为珍惜的信仰观念的挑战。"日常生活改善观"是对人们现有的宗教和道德中传统思想价值的"深化和延伸";而"非改善观"完全拒绝任何对现有观念的改造。李耶理用一个巧妙的比喻:前者是使用纱布来包扎小伤口,后者是重大手术。那么如何再

---

① Lee H. Yearley, "Daoist Presentation and Persuasion: Wandering among Zhuangzi's Kinds of Language", *Journal of Religious Ethics* 33. 3 (2005), p. 506.

② Ibid. , p. 504.

③ Lee H. Yearley, "Daoist Presentation and Persuasion: Wandering among Zhuangzi's Kinds of Language", *Journal of Religious Ethics* 33. 3 (2005), p. 506. 这是宗教信仰方面经常遇到的一个不可避免的问题,学者对此观点存在着很大分歧。道生的"顿悟成佛"的观点与李耶理如出一辙。传统上一直存在着"渐悟论":通过逐渐学习和积累,人们可以领悟佛理。但是道生认为学习和积累只是准备性工作,其本身不足以成佛。他强调突变的心灵经验,如同跳跃深渊,只存在两种状态:要么跳跃成功,要么跌入深渊,不存在中间状态。领悟佛教,也是同理:要么完全达道,要么根本无法达道,不存在中间状态。Fung Yu – Lan, *A Short History of Chinese Philosophy*, Tian Jin: Tian Jin Social Science Academy Press, 2007, p. 410.

现这一与现实生活有着根本性差异的精神世界呢？庄子的方法是寓言、重言和卮言。

寓言（lodging place language）是故事中的某个人物占据了一个容易认同的位置，他令人信服的观点往往不同于文章上下文语境，对故事中其他人物很有吸引力。但是庄子的意图并不是描绘也不是表扬其观点，而是挑战其态度，使其观点相对化。"寓"就是临时性"寄存"，可以引起读者同感共鸣的暂时位置；然后庄子提供了一系列不同于正常生活中的认同位置，使前面令人信服的观点失去了绝对权威，只有相对有效性。相同使我们产生认同心理，差异对我们产生刺激吸引；人类心理的这两个方面，在寓言中得到集中体现。认同心理在重言中得到进一步发展，而差异的心理在卮言中得到进一步深化。"这两个心理过程使我们从日常生活中拉开距离，培养了一种认同和顺应不同境况而变化的能力。两者都帮助我们培养了一种明显的幽默感和'游'的精神境界。"①

重言既指重复他人语言，又指引用权威格言，很有分量。重言是浓缩的话语，令人费解却又使人着迷。有些重言以问题方式出现，根本无法回答："我怎么知道死者不会后悔他们曾经非常贪生呢？"有的重言则以省略方式总结一些至关重要的问题。如何才能保护好我们的珍爱之物呢？"你要是把天下藏在天下，就没有什么可以丢失的；这就是永恒之物的终结身份。"重言一开始往往令人迷惑不解，随后的领悟会给人带来满足，并使我们深深陷入那个短语、格言或者故事中。重言具有诗歌般的语言，文笔简练却充满诱惑力。它比普通语言更需要我们集中精神，深入思考；它常常令人茶饭不思，甚至成为我们思想和性格中的一部分。权威在日常生活中有着神奇的运作方式。有着不同意见的人们有时会仅仅通过引用过去权威或者当下权威，问题就会得到解决。权威性的观点往往使人们把自己和社会或政治等级制度联系起来。圣人名言在庄子笔下不仅充满权威，还会导致阐释危机。轮扁斫轮以幽默的方式调侃了重言就是"古人之糟粕"。庄子笔下的圣人孔子就体现了重言的两重性。一方面孔子体现了人类所能达到的文化高度和渊博知识；另一方面，即使像孔子这样的圣人也

---

① Lee H. Yearley, "Daoist Presentation and Persuasion: Wandering among Zhuangzi's Kinds of Language", *Journal of Religious Ethics* 33. 3（2005）, p. 510.

无法把握道家的博大精深。圣人的成就和局限更令读者反思自己对文章信息的理解和掌握。

如果说寓言和重言是用虚构性故事来教导我们,那么卮言就是通过文学手段来呈现一个根本不同于我们日常生活的精神世界。李耶理从四个方面展开对卮言的论述。卮是中国古代的盛酒器皿,它随着杯内酒量的多少而变化位置。卮言的第一个特点就是随着周围情形变化而作出反应。"为是"乃"彼是",是人为制造的固定标准,"因是"乃"卮言",它在"现实中逍遥",① 随着变化而随时调整的语言。第二个特点就是多种类型混合。简单故事、理论探讨、逸闻趣事、圣人格言同时并置,彼此之间缺少明显的逻辑;话题宏大无边,作者视角游离不定,容易导致阐释危机。第三个特点是比喻性语言。庖丁解牛的故事通过摩擦来增强利器;其寓意说明通过有控制的暴力可以改变普通器件使之成为非凡物品,同样语言利器和精神修养之间也存在着神秘联系。轮扁斫轮再次说明有节制的暴力可以创造更新更好的工具。这些故事(包括卮言)暗示了创造力、平衡、行为者彼此之间的神秘关系,更暗示了宗教语言和精神世界的关系。第四个特点是技巧。庄子故事人物的高超技巧是神秘和谐精神世界的外在体现。要达到完美的精神世界,我们要获取必要的技巧并且培育滋养技巧的成长;然后才能获得"训练有素的自然反应"(trained spontaneity),"对细微差异的境况做出即时的反应"。②

李耶理文章的最后一部分是运用庄子的"三言"理论来分析但丁的《神曲》。运用中国的理论来分析西方的经典文本具有特殊的意义,它颠覆了用西方理论来分析中国文本的传统做法,开创了先河。寓言在《炼狱》中得到了充分体现。炼狱的主题是净化七宗罪,读者把自己不同的缺点"寄寓"(lodge)在不同人物身上,这种"寄寓"使我们开始修正自己的不足。"寄寓"是《地狱》篇的基本风格。它使读者产生了同情心理,但是这种同情还需要引导。重言最明显的体现是维吉尔的语言。和庄子笔下的孔子一样,维吉尔是美德的化身,富有远见,诚实可靠;但是他

---

① Yearley, "Daoist Presentation and Persuasion: Wandering among Zhuangzi's Kinds of Language", *Journal of Religious Ethics* 33.3 (2005), pp. 519–520.

② Ibid., p. 527.

同样有理解缺陷，而且这种理解缺陷是他无法把握的。"重言具有时间维度，某一时间的正确反应在另一时间可能是错误的。"① 维吉尔的话语具有权威性，因为他为但丁提供了所需的支持和帮助。但是随着故事的发展，读者开始质疑维吉尔话语的权威性，继而进一步怀疑维吉尔的身份和他的理解。卮言体现在动态的变化中。每一个事物都是彼物，又是此物；世界充满了短暂的万物平衡关系。唯有卮言才能捕捉到这个世界。卮言不仅是再现万物的最准确的方式，还是唯一的方法。为了再现一个远远超过我们日常生活的精神世界，卮言用不断替换的转喻来表达多元却又彼此相联系的意义。

盖伊·伯奈克认为庄子把卮言和变化之我巧妙结合，显示了庄子出类拔萃的语言才能。伯奈克从存在和卮言两方面分析了庄子的存在主义阐释学。② 存在就是存在于世界之中，与周围万物形成了千丝万缕的复杂关系，身份就是动态调整自我与周围事物的边界。传统评论常常认为庄子作品没有逻辑，就像混沌先生一样，让评论家无从下手，难以找出头绪、发现结构。在伯奈克看来，这正是庄子的故事意图。作者往往会用逻辑来组织书写自己的思想，读者要"被动而且毫无改变"地接受作品传达的内容；但是作者往往忽略了每个读者复杂的实际情况。换言之，逻辑或者理性往往用固定概念来划分现实，掩盖了千差万别的实际情况。庄子并不是传达信息，而是要激发读者反应，改变他们的思考，产生新的意识，形成新的存在。要形成主体间自然的交流，我们不能预先计划，要在不同情形下自然反应。为此，我们要抛弃固定的文化模式；通过"心斋"消除主观偏见、私人利益，对万物"不将不迎"。"无心之我"随周围万物而不断调整彼此之间的边界（continual inter‑subjective redefinition of its boundaries）。

为了表达这种动态变化的存在之我，庄子在语言方面采用了卮言。卮言并不强调具体所指，而是突出语言行为和产生的效果。它的主要作用是

---

① Yearley, "Daoist Presentation and Persuasion: Wandering among Zhuangzi's Kinds of Language", *Journal of Religious Ethics* 33. 3 (2005), p. 530.

② Guy C. Burneko, "Chuang Tzu's Existential Hermeneutics", *Journal of Chinese Philosophy* 13. 4 (1986), pp. 393 – 409.

激发听者，积极参与对话，使言者和听者、主体和客体融为一体；这样消除自我，接受万物。通过自我与万物的相互作用，主体调整了身份边界，产生了新意识，形成了新存在。

第三节　怀疑主义主体：非理性的庄子

一　葛瑞汉：非理性的庄子

庄子对理性持有怀疑的态度，其作品充满了非理性的倾向。葛瑞汉在《道家的自然和"是/应"之两元对立》一文中认为道家反对理性，提倡自然行为。对于一个走钢索的演员来讲，如果他考虑如何迈出下一步，他肯定会摔下来；相反一个成功的走钢索演员，精神会高度集中，达到忘我境界。因此，葛瑞汉认为道家的自然就是充分认识周围的条件，作出自发行为。只专注眼前（respond with awareness），忘记过去和将来。过去经验只是归纳总结的类别知识，会冲淡当下的强烈感受。头脑要像镜子一样，只反映事情发生而不能储存其痕迹。考虑将来就意味着预先策划，干预事物自然发展的轨道，有违自然之"化"。与西方理论的对照更能凸显庄子的独到之处。西方对人有两元对立的划分。一是理性主体，我与自然分离，研究客观事实，作出选择，拒绝像动物那样成为物理世界的玩偶。二是浪漫主义自然观，人自由舒展主观想象和丰富感情。庄子则不同。一方面，他保持内在自然，像动物一样仅受外界刺激而反应，不会主动选择；另一方面，他对感情和主观情绪十分蔑视，像科学家一样客观对待自然界。简言之，我们要"客观地认识周围事物，并对其做出反应"（respond in full awareness of what is objectively so）。

葛瑞汉对庄子中的非理性思想的研究在其专著（《论道者：中国古代哲学论辩》）中得到了进一步深化。① 葛瑞汉从宏观的历史视角全面考察了中国古代哲学的发展变化。在轴心时代的文明顶峰坍塌以后，中国古代的各派哲学家围绕着"道在何处"展开了激烈的论辩，儒家、墨家、道

---

① 参见葛瑞汉《论道者：中国古代哲学论辩》，张海晏译，中国社会科学出版社 2003 年版。

家和法家各自提出了不同的发展策略。在考察中国古代哲学的发展和流变的不同过程中，葛瑞汉认为道家的发展先后经历了三个阶段：杨朱学派、道家庄子和道家老子。

葛瑞汉探讨的前提是轴心时代的没落。雅斯贝尔斯（Karl Jaspers）相信在公元前800年到公元前200年期间，人类文明的创造力达到了历史顶峰，从那以后就走下坡路。葛瑞汉认为中国古代世界在此时期形成了中华文明的基本概念。商朝于公元前1040年被周氏家族推翻，形成了传说中的中国历史强盛繁荣的周朝，其中西周被称为"黄金时代"，天子一统天下，各个分封领地诸侯都有进贡。但是公元前221年的秦朝皇帝消灭各个小国，标志着秦始皇专政的开始。人们怀念过去的日子，认为政治文化的顶峰时代已经结束，当下处在一个衰落的乱世。天命秩序坍塌了，我们应该怎么做？① 这成为摆在诸子百家面前的共同问题。儒家认为应该以礼乐来治疗国家，墨子提出实用主义才是当下所需，道家提出回避世界，保持自己私生活的策略。中国哲学家并不关注"真理是什么"，他们在努力寻找"道在哪里"，并以此来指导社会和个人生活。公元前300年，人们已经达成共识，时代已经变迁，无法重新返回到周朝；如何在变化的新形势下，提出更加切合实际的政治哲学方案、解决国家所面临的问题，成了各家哲学派别的焦点。

在西方"轴心时代"之后，又出现了文艺复兴。欧洲人把与中世纪宗教的决裂看成对古典时代的回归，涌现出大量具有创造性的人文思想。同样，中国古代哲学家在向古代圣贤君主诉求的过程中，也同样展现了极大的多样性和原创性。真理曾经被发现，还可以再次被发现。在阐述解说古代圣贤的学说中，中国哲学家传承了文化传统，又突出了个人的独特见解。这也是中华文化与帝国持续稳定和繁荣的一个重要原因。轴心时代的一个普遍原理就是：旧世界的文明，往往因为敌对小国的激发，而不断激发创造力；可是敌对国家被合并后，帝国文化的创造力会逐渐衰落。葛瑞汉认为中华帝国是一个例外。从政治上，中华帝国虽然会分裂，但是它总能归复统一。从文化思想上，儒家传统建立在社会契约、血缘关系和传统习俗的基础上，形成了以家庭为模型结构的社会共同体，极大地稳定了中

---

① 参见葛瑞汉《论道者：中国古代哲学论辩》，第1—2页。

国社会。而道家把个体生命和宇宙紧密相连，瓦解了社会共同体，为个人私生活在社会秩序中留有空间。两个主流哲学思想相辅相成，为中华文化的稳定和传承起到了重要作用。

葛瑞汉从轴心时代崩溃后的不同阶段，动态地考察了中国古代哲学的变迁。本书将按照葛瑞汉的动态阶段，把庄子放入道家在各个阶段的变迁背景中进行研究。葛瑞汉在《论道者》中把轴心时代后的没落分为四个阶段：天命秩序的崩溃、从社会危机到形而上的危机（天人相分）、天人分途、帝国和天人再统一。

对于天命秩序的崩溃，各派哲学家给出了不同的回答。孔子给出了保守的回应，以礼乐来治理国家，改善人际关系。孔子认为周文化的核心是礼乐。礼包含礼节、礼仪、习惯、风俗等，包括了从祖先祭祀到社会规范的各个方面。墨子的激进回应是以功利实用主义来检验一切传统实践。孔子和墨子从外在礼节和功利提出了天命秩序崩溃后的解决方案，宋钘则从内心出发，强调了改变社会要从人们心理入手。①宋钘是齐国稷下学宫的成员，是先秦思想的主要代表之一。宋钘提出人类原本不多的欲望和基本需求被过分膨胀了，我们首先要改变人们狭隘的观点，才能改变他们的内心世界，这样才能从根本上建立良好的社会道德。孔子重视人们的社会行动，宋钘强调人们的"心之行动"；所以葛瑞汉认为宋钘对中国古典哲学有着巨大贡献：他提出了人的主体性问题。重内轻外，强调不同于社会的独立价值判断，宋钘的思想极大地影响了庄子："且举世而誉之而不加劝，举世而非之而不加沮，定乎内外之分，辩乎荣辱之境，斯已矣。"最能体现这一思想的就是"见侮不辱"。"子宋子曰：'明见侮之不辱，使人不斗。人皆以见侮为辱，故斗也；知见侮之为不辱，则不斗矣。'"荀子对此极其反对，因为侮辱不仅是道德的侮辱（义辱），还是社会的耻辱（执辱）。"见侮不辱"引发了一个让人深思的问题：个人判断和自我评价是否能够完全独立于社会价值？宋钘主张个人的价值尺度应该独立于社会标准，"别宥"就是转向关注内心的标志。②在天命秩序的崩溃阶段，本

①　葛瑞汉认为宋钘对内心的重视开创了"主体性"，具体参见《论道者：中国古代哲学论辩》，第115—119页。

②　参见葛瑞汉《论道者：中国古代哲学论辩》，第117页。

文关注的重点是道家的初始阶段的杨朱思想。杨朱学派的思想常常和自私的利己主义联系在一起。葛瑞汉认为这实际上是一种误解，它只是孟子对杨朱的攻击，并非客观真实的杨朱思想。杨朱学派思想有三点具体内容：全性、保真、不以物累形。首先是全性。杨朱把人性引入了中国哲学。性作为一个范畴源生于动词"出生""成长"（to be born, live, generate）。① 性指天赋人的生命期限的能力，人们应该呵护使之自然成长，不应该过度使用或受到外来损害。为追求名声或者财富而过度劳累身体，忘记了物只是维系生命的手段。其次是保真。"真者，精诚所至也。"（《渔夫第三十一》）在杨朱看来，孔子受到指责，因为他热衷于礼节而不是真；礼是外在世俗约定，而真受于天，是自然之物。第三条教义是"不以物累形"。经常使人们遭受外物之累的例子就是王位。很多人为争夺王位或天下，而丧失了生命。杨朱的一个悖论就是：不想要天下的人正是最适合于统治天下的君主。这对庄子产生了很大影响，其《逍遥游》便有记载："尧让天下于许由"而后者却拒绝接受，因为"庖人虽不治庖，尸祝不越樽俎而代之矣"。杨朱关爱生命，重视自我的性和真，不被外物所困；这些思想对后世道家产生了极大影响。但同时也存在着不同。杨朱对全性养生和外在名利进行了仔细权衡，把方法和目的进行算计，得出身体和生命重于财物的结论。不同于杨朱的"有为"之算计，道家的健康和生命是无为的自然之举。葛瑞汉为杨朱平反，特意撰写一章来讨论"假定的杨朱利己主义"。由于受到孟子的攻击，杨朱学派经常被认为是自己安逸而不顾及百姓利益的自私自利之人。同样在列子的笔下，杨朱被扭曲成为图一时快乐的"享乐主义者"（hedonism），完全不顾及生命的长度。实际上，杨朱关爱生命，不仅重视自己的生命，还同样关爱他人的生命。"惟不以天下害其生者也，可以托天下。"葛瑞汉指出杨朱的"为我"应该翻译为"egoism"而不是"selfishness"，因为在中国哲学中，人是有着或多或少自私心理的社会存在。葛瑞汉还提出一个有趣的问题：一个利己主义者会冒着生命危险去洗刷羞辱吗？"将正当置于生命之上与将生命置于财产之上不是不相容的。"葛瑞汉解释说，生命远比财产更加重要，并

---

① 参见葛瑞汉《论道者：中国古代哲学论辩》，第 70 页。

不意味着生命也在尊严和正义之上。[①]　"全生为上，亏生次之，死次之，迫生为下。"[②]"全生"就是"所谓尊生者"，"亏生"指尊严降低。在具有尊严的"全生"和"亏生"之后才是生理意义上的生命存在。

　　第二个阶段是从社会危机到形而上学危机。公元前 4 世纪，社会危机进一步深化，中国古代哲学家们对危机的探讨逐渐深入：社会表面的危机是内在天人分离的体现。儒家从礼乐转向了复杂人性的探讨：人性善还是恶、混合还是中性？墨家从功利经验主义来判断道德政治问题转向了以抽象逻辑论辩来建立伦理体现，道家庄子从单纯地保全生命深化到思考人在宇宙中的位置。在这三家哲学流派争鸣的背后是深刻的形而上学的疑惑：天是否站在人类道德的一边？后期儒家的孟子给出了肯定回答："人之初性本善"；后期墨家以"先验证明"回避了这个问题；庄子则抛弃了传统人类道德观念，热心于自然给人类的启发。天人问题在中国哲学中占有核心位置。简单地讲，有意识控制的行为都来自人，超出人为的行为都源自天，例如，与生俱来的本性和不可控的事件，都属于天的范围。是什么导致了天人分离呢？要回答天人分离问题，首先要考察天人是如何结合的？杨朱把人性和天命结合在一起。天给人安排了自然寿命，赋予了人特定的生命期限；人应该全生保真。最适合保养天赋生命的位置是王位，不仅可以保全自己的生命还可以养育众生；因此君主被称为"天子"。[③]但是杨朱拒绝以生命为代价来换取王位。如果天不与自私的人性相联系，又会产生怎样的结果呢？这激发了中国古代哲学家的争辩和思考。借助天来解释说明人类行为的合理性成了主流的哲学内容，庄子反其道而行之：我们应该站在天的一边来反对人类的恪守常规和自私自利。通过忘记外在的名利和内在的欲望，我们可以逐步消除"人为"而达到感觉澄明的"吾丧我"境界，继而和天/自然融为一体。因此，庄子代表了道家发展的新阶段：从杨朱学派的"全生保真"到返归自然。

---

①　葛瑞汉：《论道者：中国古代哲学论辩》，第 79 页。

②　吕不韦：《吕氏春秋·贵生》，陆玖译注，中华书局 2014 年版，第 43 页。

③　这只是葛瑞汉从养生角度得出的结论，将君主喻为"天子"有着不同的解释。按照阿尔都塞（Louis Althusser）的意识形态理论，君主称自己为"天子"或者"上帝的代言人"是借助人们对宗教的信仰来巩固自己的统治。通过欺骗的神学伪装，意识形态使人们相信自己在服从神灵或上帝的旨意；而实际上，上帝只是上层社会进行统治的托词。

　　葛瑞汉认为庄子哲学的核心是反对理性、回归自然。《庄子》内容博大精深，融汇了中国古代的重要流派思想，是"集大成"的著作。它包括了杨朱的养生思想、老子的原始主义和神秘哲学、黄老的统治思想和其他杂家思想，但总体看来，它最中心的内容还是反理性的自然哲学。葛瑞汉首先区分了非理性（Irrationalist）和反理性（Anti-rationalist）。非理性针对想象来说，现实事物是可以拒绝或者塑造的。而反理性主要指削弱或者否定理性在认识现实中的作用，尤其怀疑分析和逻辑的作用。庄子认为我们要理解世间万物原本的样子，必须要反对分析理性和二分法，否认真理存在于其他价值之中并且是衡量其他价值的尺度。"梦饮酒者，旦而哭泣；梦哭泣者，旦而田猎。方其梦也。不知其梦也。梦之中又占其梦焉，觉而后知其梦也。"（《齐物论第二》）梦和醒的故事就是对二分法的质疑：我们无法分清是梦境还是现实。分析思维把整体事物划分为固定部分，研究其差异特征。庄子认为万物呈流动状态，时刻变动不停，而且与周围事物形成彼此联系，保持复杂关系；因此，他反对我们固定事物的努力，反对从流动的复杂关系中抽取部分。在"方生方死"的变化中，矛盾双方是可以同时共存的，不会依赖人为的正误规定。庄子重视那种普遍而又难以捉摸的总体感觉，整体要大于部分之和；而分析中总会遗漏某些内容，而二分法的任何一方都是被孤立的不真实事物："其分也，成也；其成也，毁也。凡物无成与毁，复通为一。唯达者知通为一，为是不用而寓诸庸。庸也者，用也；用也者，通也；通也者，得也。"（《齐物论第二》）

　　庄子的自然观反映了他的非理性思想。《庄子》中木匠、庖丁、泳者等人令人印象深刻，他们知道自己在做什么，无须借助大量分析；他们关注整体而作出反应，依据本能，全神贯注，不再听凭思维和规则指引。道，对他们来讲，是一种不可名状的"知道如何"生活的艺术，而不是分析和选择的理性回应。庄子的圣人适应事物的运行而不是把自己的意愿强加在事物之上。捕蝉者的凝神专注形象地体现了庄子的自然观。"'吾处身也，若厥株拘；吾执臂也，若槁木之枝；虽天地之大，万物之多，而唯蜩翼之知。吾不反不侧，不以万物易蜩之翼，何为而不得！'孔子顾谓弟子曰：'用志不分，乃凝于神，其痀偻丈人之谓乎！'"葛瑞汉还指出道家的自然不是"不经意"的"无思无虑"，而是全神贯注于所处境遇。高度专注于眼前事物，达到忘我，就能适应事物本身的德。事物之德指自然才能，某物成功实现其专门功能的内在能力。德同时又是我们内在经验的对象；当我们心情虚静，体内之"气"就会按照道德上的正确道路自然流动。庄子认为人就是通过停止分析划分而随道一起律动。① 葛瑞汉用"不得已"和"别无选择"来描绘庄子的自然。在庄子看来，人若处在自然状态，无须选择，因为只有一种自然而然的反应。自然既是自由又是"不得已"的必然选择。这也是庄子舍弃二分法，反对理性分析的重要原因。忘记人类僵化的是非观点，随着万物之德动态变化；葛瑞汉注意到庄子专门新创造了两个词来表达这一概念："为是"和"因是"。"为是"指用刻板的生活价值观点来衡量判断变动不居的万物，而"因是"则随着事物的流动变化和环境的变迁，进行动态的划分，避免用固定的划分来误导我们的判断，防止事物永久成为某一称谓。

庄子的自然给了我们很多启示。西方浪漫主义的自然是"强烈感情的自然流露"（"spontaneous overflow of powerful feelings"），不顾及主观情绪对客观事实的扭曲。庄子的自然是对现实情况的客观反应，而主观感情的介入将会使主体对事物的认识产生搅乱和偏离作用。主体应该清空自我，达到"吾丧我"的境界，才能真实地认识万物。庄子用了镜子的比喻来说明内心的澄明。"至人之用心若镜，不将不迎，应而不藏"。镜子只能反映当下情况，不能反映过去和将来。圣人如镜，不能用心预先策划，被过去的经验蒙蔽了对当下事物的判断；圣人要把眼前每一个情况看成新出现的特殊现象，而不是过去实例的重复。静态观察时，圣人如镜；动态观察时，圣人如水。庄子以"水"为喻，解释了动态变化的认识观点。"在己无居，形物自著。其动若水，其静若镜，其应若响。"（《天下第三十三》）因为消除了自我的僵化意识，圣人像水一样，变动不居，没有障碍，随着事物的变化而变化。在他身上起作用的不是个人的意志和自我的观念，而是自然，即事物自我生长呈现的道德。"圣人之心静也，非日静也善，故静也；万物无足以铙心者，故静也。水静则明须眉，平中准，大匠取法焉。水静犹明，而况精神！圣人之心静乎！天地之鉴也，万物之镜也。"有了内心的虚空和宁静，圣人就可以融入周围的环境，顺应

---

① 参见葛瑞汉《论道者：中国古代哲学论辩》，第219页。

万物的变化了。

　　天与人的关系是葛瑞汉研究庄子的另一个重要方面。天与人的区别和联系是什么？"惠子谓庄子曰：'人故无情乎？'庄子曰：'然。'惠子曰：'人而无情，何以谓之人？'庄子曰：'道与之貌，天与之形，恶得不谓之人？'惠子曰：'既谓之人，恶得无情？'庄子曰：'是非吾所谓情也。吾所谓无情者，言人之不以好恶内伤其身，常因自然而不益生也。'"（《德充符第五》）庄子的圣人"有人之形，却无人之情"，他的生活受"天"支配，而不是"人"支配。换言之，只有自我消解后，天才能通过主体来发挥作用。难道只有这样才是遵循道吗？葛瑞汉提出天与人之间的"紧张"关系。"这里，我们发现庄子思想中一个反复出现的紧张（tension）。他并不希望生活在一个永远被'天'支配的如梦游者一般的痴迷状态中。"① 那么人与天的关系到底应该如何相处？圣人要有时与"人为徒"，有时与"天为徒"。庄子在"大宗师"中对两者关系进行了描绘："知天之所为，知人之所为者，至矣。知天之所为者，天而生也；知人之所为者，以其知之所知以养其知之所不知，终其天年而不中道夭者，是知之盛也。"（《大宗师第六》）以其"知之"养"其不知"就是庄子给出的建议。我们身体的成长和衰老是由天所决定，独立于我们的个人意志；但是作为有思维能力和思想意识的人，我们可以通过养护身体来协助"天"定使命。实际上，天/人本身是理性分析的结果，这种二分法在很多时候是难以区分的。"虽然，有患。夫知有所待而后当，其所待者特未定也。庸讵知吾所谓天之非人乎？所谓人之非天乎？"二分法打破了我们行为动因是我还是天的不可知性，如同梦与醒的难以区分。从另一角度来看，如果对一个人来讲，免除了所有人事以外，除了动物性以后还有什么可以留给天呢？庄子对此亦有论述："圣人工乎天而拙乎人。夫工乎天而俍乎人者，唯全人能之。虽虫能虫，虽虫能天。全人恶天？恶人之天？而况吾天乎人乎！"（《庚桑楚二十三》）葛瑞汉认为在自然的和有思想的人之间不可能有根本的断裂。在圣人的神经中枢或者内心深处，他是自然的，完全受天之支配，也不做任何区分。在他的神经末梢和精神表层，圣人是一个有思想的人，努力寻找实现天道的方法。在这个神经表层，他作出

---

① 参见葛瑞汉《论道者：中国古代哲学论辩》，第229页。

分析和区别，但是这些差异只是临时的和相对的，由"为是"到"因是"的转变过程。

控制心境和呼吸是道的修炼的主要过程。控制外在呼吸可以调节气体流入身体，达到心斋的宁静。"这种努力是把'气'纯化和净化为精妙稀薄的东西，以便它自由循环流通于相对稠密和迟钝的身体部位并激活它们。"① 这样，存在身体各个部位的精妙稀薄的空气可以按照不同的方向流动，响应万物的变化。但是圣人并不是与万物混为一体而是与它们分离。他从万物中分离，返回到他们共同生长的"根"，进入遗传的"祖"。在葛瑞汉看来，人和万物都是作为同一个整体的自我共同呈现（"根"），表面是茂盛的枝杈四处伸展，千姿百态；向下追溯则是同一棵大树的根基。

道家的语言观进一步体现了庄子的非理性思想。道家语言的一个悖论就是：既然"道可道，非常道"，那为什么还要说呢？老子和庄子为什么还要洋洋洒洒地写下诸多文字来探讨不可言说的道呢？葛瑞汉提出，在老子和庄子看来，道并非终极真理或者实在；他们通过这种方式来提醒人们语言具有极大的局限性，无法完全表现不断变化的现实。不是不需要语言，而是需要全部可以借用文学艺术的语言资源来表现千姿百态的变幻莫测的自然。这就是庄子和老子经常借用大量文学典故的原因。庄子常用二选一的情况来诋毁两者的对立，揭示其中的矛盾，或者高扬通常被贬低的一方。理性的逻辑分析最终陷入了泥潭，而忘记双方的对立却会构成诗篇。人类语言和鸟语是否有区别呢？这个问题看起来十分荒唐。要证明人类语言有意义，如果只是局限在有意义的人类语言范围内，其结果都是一样的；而把人类语言放在没有意义的鸟语背景下进行对比，更能彰显其意义所在。② 在语言部分，葛瑞汉还分析了寓言、重言和卮言三种不同言说类型，提出了独到的见解。"寓言"是"藉外论之"。每个人都赋予了语言独特的意义，并且依据自己独特的理解与别人争辩。因此，我们暂时从他人的视角出发来看待事物，放弃"为是"转向"因是"。"寓"就是暂时的假定立场，是思考看待事物的"因是"。"重言"借助他人之

---

① 参见葛瑞汉《论道者：中国古代哲学论辩》，第232页。

② 同上书，第234—235页。

言，增加话语分量。他人并不仅指年龄大小，更重要的是经验丰富的程度。"卮言"，如同传说中的器皿，是一种不断变化的意义和观点中保持动态平衡的语言。语言本来就是与外在事物的连接，会因涉及的对象不同而变化。

　　庄子的非理性主义还体现在他的原始主义思想，例如，《庄子》的第八篇到第十篇。根据葛瑞汉的研究，中国古代的原始主义著作出现在公元前 209 年到公元前 202 年，即秦朝灭亡和西汉建立之间的政权真空时期。在此真空期间，在秦朝高压统治下一直保持沉默的哲学家们，纷纷浮出社会，宣扬自己的学说，扩大影响。整体说来，庄子的原始主义主要体现在反对道德和知识两个方面。原始主义认为道德在治理社会方面没有作用。无论谁赢得政权，道德都会为之服务，根本没有正义原则可言。锁用来保护箱内之财务，可是盗贼并没有破锁来窃取箱内之物，而是把箱和锁一起偷走，还唯恐锁不够结实。盗贼窃国，将其道德一起偷走。"然而田成子一旦杀齐君而盗其国，所盗者岂独其国邪？并与其圣知之法而盗之。故田成子有乎盗贼之名，而身处尧舜之安；小国不敢非，大国不敢诛，十二世有齐国。则是不乃窃齐国，并与其圣知之法以守其盗贼之身乎？"（《胠箧第十》原始主义者还反对知识和圣贤。庄子强调内心的宁静，而知识和拔高的道德等级干扰了人们内心的平衡，使其无法听到内心的自然。① 知识和道德，以及人类文明都是"有为"的结果，导致了人性被奢华和诡辩所刺激，欲望和野心逐渐膨胀。庄子反对知识刺激人们的欲望，使他们在错误的方向越走越远；庄子的"无为"就是使人们远离刺激，恢复内心的自然。

　　讨论完了天命秩序的崩溃和天人分离以后，葛瑞汉认为第三个阶段是天人分途。道家在此阶段的代表是老子。葛瑞汉认为老子是一个失败者，他借助自己的著作来完成在现实中无法实现的梦想。首先，中国古代的主要思想家的生平一般都会在其著作中体现，而老子是个例外。他假借黄帝之名来阐述自己的政治观点，而他本人则完全隐身其后。葛瑞汉指出，假托历史著名人物本身就含有自吹自擂的意味。老子是个现实中的失败者，他只是在书中把自己假想为在历史上具有某种神秘力量的模范君主，根本

---

① 参见葛瑞汉《论道者：中国古代哲学论辩》，第 353 页。

不屑于社会关注。① 其次，《庄子外篇》中把老子说成周朝王室中保管档案的守藏者，这也从侧面证明了现实中老子无足轻重的地位。再者，道家长期以来从未提供老聃的姓氏和具体生平，也暗示了他们把老子从别处借来作为道家的创始人。老子思想的核心是反。反并不意味着舍甲取乙，而是在甲乙之间取得平衡。人类规范倾向于甲，天道则对甲乙平等看待，一视同仁。葛瑞汉还提出《庄子内篇》没有任何证据说明庄子熟知老子，所以可以把老子看成庄子之后。

二　乔柏客：不可知论庄子

葛瑞汉从非理性角度探讨了庄子的怀疑主义，乔柏客从思想内容方面谈论了庄子的不可论。乔柏客的《道和怀疑主义》② 认为庄子是怀疑论者：庄子提出疑问，使读者保持头脑清醒，而他却没有必要提供答案。乔柏客区分了两种怀疑论：教条怀疑论是一种观点声明，认为知识不可能被认知，因为评价知识的标准无法确定，相对论也是其中一种；迷境怀疑论对知识能否被认知持有开放态度（有可能被认知，也有可能不被认知），这种不确定状态使人们消除信条，保持对事物的新鲜感。塞克斯塔斯（Sextus）对事物在我们头脑中的印象等同于事物本质的观点持有怀疑态度，同样庄子也质疑我们能否通过语言和理性思考来认识自然。庄子怀疑论目的是文化掩盖下的自然本真。"大而无用"的葫芦说明人类受文化思想的影响，只把它当作瓢来用，忽略了葫芦原本漂浮的自然性质。自然和微妙细节、意外可能、具体情况、独特本性密切相关；而语言往往是固定类别，不能细致地区别复杂变化的具体实际。人类受语言影响，以固有知识观点来看待事物，往往忽略每个事物的独特本性，不能与自然万物和谐相处。怀疑论使我们的视野时刻保持清晰，头脑专注，每次都以新鲜的眼光来看待事物。庄子的怀疑论体现在以下方面。首先是真人形象。和其他先秦作品一样，《庄子》经常引用古代权威，但是他笔下的木匠、厨夫等普通人，甚至残疾人和动物似乎比圣人更有权威，随后我们又感到庄子本人有力的论辩似乎更重视教育作用。但哪个更有说服力呢？真人似乎是道

① 参见葛瑞汉《论道者：中国古代哲学论辩》，第251页。
② Paul Kjellberg, "Dao and Skepticism", *Dao* 6.3 (2007), pp. 281–299.

教自然的典范代表，但是庄子却留下更多的疑问：真人到底是自然还是文化的结果？自然孕育创造出的人类文化是自然还是文化？其次，孔子在庄子笔下也充满了不确定性。他有时是对比道教智慧的世俗形象，有时是庄子思想的直接代言人。再次，孔子和其弟子的友谊充满了关心友爱和人情温暖；而庄子笔下的朋友们彼此冷漠，对他人疾病漠不关心，缺少关怀，哪种朋友才是真正的英雄？最后，庄子认为人们追名逐利，远离自然本性是错误行为；可他笔锋一转，又不确信"自己是否也在犯同样的错误"？自己是否也和别人一样，"生活在梦中"？庄子对这些不确性十分不确定（He is uncertain about these uncertainties）。

三　弗莱明：心灵治疗师庄子的"无为之爱"

哲学往往是高度抽象的理性思维产物，与实际用途和关爱相距甚远。杰西·弗莱明①从哲学疏导心灵、减轻人们痛苦的实用功能出发，分析了庄子的爱之哲学：庄子哲学可以给人们提供建议，使他们更从容地面对生活苦恼。庄子首先以否定的方式告诉我们爱不是什么。爱不是浪漫激情，不是欲望无度。爱是文化产物，不同文化中有不同的内容。"鱼文化""猴文化"都有各自不同的友谊、爱情和美学观点。爱是无私的（selfless），包容一切。从形而上学的观点来看，真人没有固定自我，自我处在动态变化中；从心理学来看，真人之爱没有强烈的爱人意识，只是无意识的自发行为；从道德上来看，智者爱人不是出于对利益、名声、权力的追求，而是一种博爱。柏拉图认为只有道德正直的人才有资格获得我们的爱情和友谊，但是庄子的爱却是包容一切的，甚至可以和盗跖为友。

庄子的爱人方式是"无为"。从哲学疏导来看，他往往不做任何事情，只是仔细倾听，也不给出建议。这种被动、顺从的态度让事情自然发生，没有任何强制。庄子的爱之对象是世间万物。事物处在不断变化中，每一种状态同样值得我们付出感情，因此我们不应被死亡、疾病所干扰。庄子的朋友对死亡采取了超然无谓的态度，因为生死就像四季的轮回一样

---

①　Jesse Fleming, "Philosophical Counseling and Chuang Tzu's Philosophy of Love", *Journal of Chinese Philosophy* 26.3 (September 1999), pp. 377–395.

自然。庄子笔下的圣人是靠什么来治疗他人呢？圣人的人品，圣人的纯粹在场就是最好的良药。对于一个病危之人，心中对死亡恐惧无限。无论给他多少建议，结果往往会适得其反，让他更加恐惧。庄子认为最好的办法就是亲身去做。同样，道不可以被言说，却可以被显现。

第二章

宗教家庄子:神秘主体

第一节 神秘与道教

要分析宗教家庄子首先面临着一个问题：哲学家庄子与宗教家庄子的区别和联系是什么？要回答这个问题，我们首先要区分哲学和宗教的发展过程。冯友兰在《中国哲学简史》第一章"中国哲学精神"和最后一章"跻身于现代世界的中国哲学"中对此问题进行了深入剖析。

哲学与人的关系，用最简洁的话来说就是，人们"对生活系统性、反思性的思考"①（systematic，reflective thinking on life）。"反思性的思考"说明人首先要对生活进行思考。人类不同于动物之处在于，人类不仅知道自己在做什么事情，还意识到自己做该事情有可能产生的后果。这些理解和意识使得他正在做的事情有了意义（significance）。把一个人各种各样的行为和各种行为产生的意义集合起来就形成了一个人的人生意义。按照人们对自己行为的理解和意识程度的不同，冯友兰把人生意义划分成四类："无知阶段""功利阶段""道德阶段""超越阶段"。②"无知阶段"指人们按照本能和生活风俗的教导简单地行事。例如，儿童和原始社会的人们，只是简单行事，对眼前所做之事缺乏自我意识和深入理

---

① Fung Yu – Lan, *A Short History of Chinese Philosophy*, Tian Jin: Tian Jin Social Science Academy Press, 2007, p. 2.

② These four spheres are: "The innocent sphere, the ultimate sphere, the moral sphere, the transcendent sphere." Fung Yu – Lan, *A Short History of Chinese Philosophy*, pp. 556 – 558.

解，因此他所做之事对其人生并没有什么意义，这样的生活就是"无知阶段"。相对于这种"无知阶段"，冯友兰提出我们要对生活进行"反思"。通过对生活的反思，我们会预测自己行为的结果：可能会对自己有利，也可能对自己有害。因此，通过反思，人们会选择去做对自己有利的事情，这就是"功利阶段"。处在"功利阶段"的人们虽然具有私心，并不一定是不道德的，因为他所做事情的客观结果也会对他人产生好处，尽管他的行为动机是为一己私利。哲学，在冯友兰看来，是"对生活系统性、反思性的思考"，因此哲学的目的并不是停留在第一、第二阶段，而是要走出"无知阶段"和"功利阶段"，进一步提高自我达到第三阶段和第四阶段。处在第三阶段的人们意识到除了自我之外还有社会存在，自己只是社会成员之一。因此，自己所做之事情不能只为自己，还应该考虑到社会其他成员的利益。如果一个人完全从社会其他成员的角度出发来做事情，其目的是为了整个社会的好处，他就处在了"道德阶段"。最后一个阶段是"超越阶段"。在此阶段，人们意识到在自我、社会之外，还有一个广阔的宇宙。人不只是社会的一员，还是宇宙的一员。正如孟子所言，他是一个"天民"。他的所作所为不应该只对他所处的社会有益，还应该对整个宇宙有益。哲学的目的就是帮助人们达到后两种境界，尤其是最高的"超越阶段"。

　　冯友兰用悖论的方法对哲学进行了定义。"哲学，尤其是形而上学，就是知识的分支；但是形而上学在其发展的过程中最终变成了'不知之知。'"[1] 我们可以进一步深入思考：如果哲学是知识的分支，是哪些方面的知识呢？首先它是关于宇宙的知识，宇宙是人类生活的背景，是人生戏剧的舞台。这就是宇宙论，宇宙万物属于本体论知识（ontology）内容。其次，知识是人类对周围事物的认知，那么要想了解客观世界，我们首先要对人类的认知能力有基本的认识：人类如何感受、思考、分析、归纳、抽象事物呢？如何形成知识体系呢？这就是认知论（epistemology），关于

---

[1] "Philosophy, especially metaphysics, is that branch of knowledge which, in its development, will ultimately become 'the knowledge that is not knowledge.'" Fung Yu‐Lan, *A Short History of Chinese Philosophy*, p. 554.

"思考的思考"。① 但是宇宙论和认知论本身并不是哲学的最终目的；哲学，冯友兰解释说，是"对生活系统性、反思性的思考"。②

在这方面，宗教也和人生密切相连。"每一个伟大的宗教的核心都是哲学。实际上，每一个伟大的宗教都是哲学加上一定数量的上层建筑；这些上层建筑包括迷信、教义、仪式、体制。这就是我对宗教的理解。"③从这个意义上来看，中国传统的儒家、道家和佛家是否可以被称为宗教就变成了一个非常具有争议的话题。德克·布德教授的意见代表了很多西方学者的观点。"宗教思想和宗教活动并没有融入他们［中国人］的生活中，并不是他们生活中极其重要的构成部分……伦理关系（尤其是儒家伦理），而不是宗教（至少不是有组织形式的宗教）构成了中国文明的精神支柱……这一切构成了中国和其他主要文明的根本性区别，因为在其他主要文明中，教堂和牧师起着支配性地位。"④

这的确是对中西文化差异现象的准确描述，但是为什么会产生这种差异呢？如果渴望超越当前世界是人类内心深处的欲望，如果宗教就是这一深层渴望的精神表达，为什么中国人是例外呢？冯友兰认为，中国哲学"爱人"的伦理思想只是一个阶段，最终目的是超越伦理，达到"天人合一"的超越阶段（transcendental sphere）。"气"是构成万物的基本因素，"仁"就是气的流动；感受他人痛苦，同情别人不幸，就是"气"在人类成员之间的"仁"（流动）；风吹大块，形成宇宙共鸣，天籁、地籁和人籁呼应，就是"气"在万物之间的"仁"（流动），其结果就是

---

① 赵复三在对冯友兰的翻译注解中对此问题进行了说明。"哲学通常分为'宇宙论（本体论）'、'人生论（包括伦理学）'、'认识论'三部分。西方哲学自前苏格拉底时期，探索的是宇宙本质，即本体论，即形而上学。中国哲学史上，最初也是探索对外部世界的总体认识，然后探索人世、人事变化及其所由来。人从已知出发，去探索未知，这是对无限的探索，最后总要到达人的认识的边际极限，所谓的'神秘主义'，其实无非是指到达认识边际极限后，人向前眺望自己不懂得、无法加以解释的东西，只有称之为'奥秘'。"赵复三：《译后记》，*A Short History of Chinese Philosophy* by Fung Yu-Lan，p. 582.

② 陆九渊在研读古籍时发现了"宇宙"的解释："四方上下曰宇，往来古今曰宙。"换言之，宇是空间，宙为时间，宇宙就是占据时间和空间的世间万物。陆九渊深受启发，把外在的宇宙时空转换为内在的心理世界。"宇宙便是吾心，吾心便是宇宙。"参见陆九渊《象山全集》卷三十六。

③ Fung Yu-Lan，*A Short History of Chinese Philosophy*，p. 4.

④ 转引自 Fung Yu-Lan，*A Short History of Chinese Philosophy*，p. 6。

"齐万物"。简言之,中国哲学具有超伦理道德的价值(super - moral value)。同样,西方基督教的爱神也具有超伦理道德的价值。中国人不关注西方学者所定义的宗教,因为中国哲学里早已经具有了超越现实之上的存在。

中国传统哲学认为,哲学目的不是增加和积累正面的知识(关于客观事实的信息),而是为了"提高人的心灵——为了能够超越现实世界,追求高于伦理道德的价值"。①《道德经》的第四十八章对此有着明确的阐释:"为学日增,为道日损。""为道日损"否定了知识的积累,强调了精神的修养。

宗教在关于客观事实方面也提供了信息知识。但是宗教所提供的信息经常会与科学提供的信息产生矛盾冲突。西方科学发展的历史,就是宗教逐渐衰退的历史,宗教的权威随着科学的脚步逐渐被削弱。人们的宗教意识变得日渐淡薄,越来越多的人们抛弃了宗教。人们局限于现实世界之中,与精神世界产生了隔离。丧失了宗教,人们如何拥有精神生活?这就是中国的情形。在中国传统文化中,人们没有必要一定要信教,但是一定要哲学化;因为当"一个人哲学化后,他就拥有了宗教所能提供的最好的福赐"。②

哲学是"知识的分支",尤其是它的形而上学部分,最终往往发展成为"不知之知"。和其他知识一样,哲学的发展首先从经验开始,即"形而下"的知识。在"形而下"经验知识的基础之上,哲学逐渐向"形而上"的抽象阶段发展,最终目的将会达到超越经验之上的"某个东西"。例如,人们可以具体感知到一匹马,却无法感知到"horseness"。"horseness"的概念存在于人们的思维之中,却无法被具体感受体验;而这种超越经验的"某样东西"又恰恰是哲学的主要研究内容。这种"某样东西"在很多的情况下,不仅无法被体验,甚至无法被思考。例如,中国哲学中的"天"常常被认为是一切事物的起源,无所不包,无所不含。郭象曰:"天者,万物之总名也。"同样,人也是万物之一,被包含在"天"之内。

---

①　Fung Yu - Lan, *A Short History of Chinese Philosophy*, p. 8.

②　"When he is philosophical, he has the very best of the blessings of religion", in Fung Yu - Lan, *A Short History of Chinese Philosophy*, p. 10.

但是当人思考"天"的时候，"天"变成了人类思考的对象，人变成了思考的主体，自然而然地处在了"天"之外的某个位置。这种矛盾状况说明，人类只有在思考的时候，才能发现万物中存在着诸多"不可思议"的内容。而当我们专注于思考那些"不可思议"的内容时，它们就立刻变得无影无踪。因此，"逻辑上不能被感知的东西超越了经验，不能被感知又不能被思考的东西超越了智性。对于那些超越经验和智性的内容，我们可以用语言表达的是少之又少"。①

对于不可知、不可言的内容，自然就与神秘主义联系在一起。对于不可知的内容，维特根斯坦在《逻辑哲学论》一书的结尾说：人类对于不能言说之处，应该保持沉默。而中国哲学对于形而上的"物本体"（thing – in – itself）采用了负的方法（negative methodology）。《庄子》一书洋洋洒洒近八万字，却始终没有说明"道"到底是什么，只是说清楚了道不是什么。"但是如果我们知道了道不是什么，我们对道就有所领悟了。"② 简言之，正的方法（positive methodology）往往从概念和定义开始，运用逻辑逐步推理，得出结论；负的方法往往以否定的方法，来说明事物不是什么，例如"非多""非一""未始有""非非多""非非一""未未始有"等道家表达方式。正负两种方法"并不矛盾而是相互补充。一种完美的形而上学的哲学体系应该从正的方法开始，止于负的方法。如果它没能止于负的方法，它就没能达到哲学的高峰。但是如果它没能以正的方法开始，它就缺乏哲学所必需的清晰思考"。有了对哲学正负两种表达方式的基本理解后，冯友兰继续深入思考了理性和神秘主义之间的联系。"神秘主义不是清晰思考的对立面，也不是低劣于清晰思考；相反，神秘主义超越了清晰思考：它不是反对理性，而是超越理性。"③ 中国哲学历史上，往往注重负的方法，正的方法没有得到充分发展。正因为如此，中国哲学经常被西方学者错误地认为，在方法上缺少清晰逻辑，在思想内容方面过于简单。

---

① Fung Yu – Lan, *A Short History of Chinese Philosophy*, p. 556.

② Ibid., p. 552.

③ Ibid., p. 564.

一　史华兹:神秘宗教家庄子

本杰明·史华兹对中国思想史进行了全面贯通性研究:从古代圣贤,到清朝知识分子,再到毛泽东,史华兹都有着独到见解。① 在《古代中国的思想世界》一书中,史华兹主要围绕着"通见"(Vision)和"问题意识"(Problamatique)两个关键词对中国古代的文化思想进行了深入探讨。程刚对"通见"和"问题意识"作了精辟的解释。"通见"指学派内大多数成员们的共通立场,它往往由学派创始人首先提出总体观念。"问题意识"随着学派的逐渐发展,占主导地位的"通见"慢慢被学派内部质疑,内部充满了不同声音,矛盾不断分化。程刚还分析了两者之间的动态辩证关系。② 具体到中国古代思想,学者们被孔子的通见光芒所吸引,但是每个人都会从自己独特的视角来理解孔子的思想。这样,"通见"被转化成"问题意识",召唤着人们对它创造性的解读。此外,"通见"和"问题意识"还暗示了文化起源观点。文化是辩论的过程,其背后有着共同的范畴或者预设,有预设就会有辩论。而"问题意识"就是预设和辩论的交织,推动着"通见"和"问题"之间的动态变化。

在导言部分,史华兹介绍了研究背景和关键术语。首先,他研究的中国古代思想是"少数人的深刻思想"。史华兹以"轴心时代"为类比,说明了"思想深刻的少数人"是如何影响了时代文明的。极富创造力的少数人,既是解释自己所属文化的阐释者,又是制定规则的专家。他们的见解把自身文化与其他文明联系起来,形成了新型的文化视野和通见。中国古代的思想家,例如孔子、老子、庄子、韩非子等人,在继承圣贤的同时增加了自己创造性的阐释,在东亚地区形成了新的文化通见。其次,文化研究的客观性。科学以中立的态度面对现实,冷漠彻底地分析自然现象,避免主观思想和价值观念的影响,追求观察的独立性和思想的明晰性。可是人类的思维是由文化符号决定的,文化价值观念和对真理的中立追求是否矛盾?史华兹认为不存在完全客观的科学研究。科学家总是受到他们所属的年代、文化和社会阶层等现象的影响;而且科研人员在事实的选择方

---

① 参见本杰明·史华兹《古代中国的思想世界》,程刚译,江苏人民出版社 2008 年版。

② 参见程刚《译者的话》,同上书,第 3 页。

面也充满了主观因素。再次，文化符号的重要性。文字符号和符号体系是文化背后的操纵性实体（superordinate realities），对人类的形成起到了关键性作用。在自然界漫长的过程中，把灵长类动物变成人类的决定性因素就是文化，是一种外在力量。在进化过程中，人类丢失了一些生物性的、与生俱来的程序，获得了由象征符号决定的能力。这些符号性实体极大地左右了人类的主体性塑造。它们既有独立性存在，又有能动性力量。我们生活经验中的蓝图设计，既沿袭了已经存在的思考和想象，又包含了新的创造性思想。从动物进化而来的人类具有了预见力、想象力和不确定性的特征；这些特征为文化符号的存在提供了必要条件。人类为了更好地适应周围的环境，开始创造文化，试图对自身的存在和周围社会的存在作出文化上的答案。最后，不同文化和人类共有经验世界的关系。人类初期，人们对周围环境所作的回答有着共享的文化取向。但是某些文化取向受到人们的自然环境和生活环境的影响，逐渐产生了分化和不同。在现实生活中，有相当一部分人们的生活是习惯性的、不反思的，"古人的意见和生活规矩"成为他们不言自明的假设。伯克称为"未受教育的情感"（untaught feelings），中国民间文化在很大程度上停留在"未受教育的情感"基础上的原始状态。所谓的"不同思想模式"只是上层精英阶级的高层文化意识。对于"共享文化规范和实际行为状况之间存在着鸿沟"的假说，史华兹进行了有力反驳。民间文化并不是完全统一的，上层文化和民间意识之间"存在着经常性的、迁徙性的相互作用"。① 而且上层精英阶级统治着国家政权，他们的思想意识和价值观点对整个社会的文化都会产生深刻的影响。

史华兹还反驳了语言对文化的决定论。许多学者认为文化是由事先给定的语言基本特征塑造决定的，因此不同文化之间的沟通存在着巨大鸿沟。史华兹认为不同语言或者民族不过是以截然不同的方式来表达着同一个事实罢了。俄语中没有定冠词和不定冠词，绝不意味着俄国人无法把握这些定冠词所指示的抽象区别，他们会以其他方式来体现这些抽象区别。史华兹总结说，人类共有一个世界，这一事实可以使我们超越语言、历史和文化的障碍去进行比较思想研究。

---

① 参见本杰明·史华兹《古代中国的思想世界》，第13页。

史华兹认为中国古代各个思想流派是"通见"和"问题意识"的共同作用。公元前 2000 年到公元前 1000 年之间，中国文明开始兴起。它是辽阔地区多种思想碰撞会合的过程，不是"'核心地区'（Nuclear area）向外的辐射过程"。① 在道家思想中，他详细阐述了《论语》中的"通见"逐渐产生了不同派别的"问题意识"：老庄的神秘主义宗教哲学、杨朱学派、墨子的实用主义和法家思想。《论语》成了各家通见的源始。《论语》中出现了事迹模糊的隐士们，他们对孔子事业大加否定，杨朱从中看到了修身养性，老庄从中体会到了神秘主义。其中有一个"楚狂人"认为"天下有道，圣人成焉；天下无道，圣人生焉"。他不甘心礼乐，遵循着杨朱主义思想，提倡保存个人生命；他还认为文明是自生自灭的，任何人为的努力都是徒劳无益的。老庄中的原始主义对文明的批判并不存在。孔子思想中还存在着"无为"的思想。良好的社会风尚应该体现在人们无须反思的习惯性行为，因为道德之人的行为与自然的韵律存在着神秘的呼应关系。舜，作为儒家的模范君主，体现了不须预先多思，无须深思熟虑的无目的行为。舜的道德力量充满并维持着社会秩序，如同天对于自然，文明行为是圣人道德的自然流淌。

《论语》中向"无为"的转变方向遭到了墨家的反对。孔子认为天有"天意"，一种内在意向性，不受人类历史的影响。墨子对此持激烈的反对态度。墨家首推"有为"，认为在多元化世界中的一切都要深思熟虑、细致分析，有着明确思想和行为目的。葛瑞汉指出在《墨子》中"制造"（making）、"做"（doing）、"去除"（doing away with）等类别的词语随处可见，突出了"构建"秩序的重要性。"为"强调了以深思熟虑的目标为导向的活动，它关注当下形势的各种相关因素并在这些因素之间进行权衡。除了知性分析以外，葛瑞汉在墨子文本中细心地发现了道家影响："为"的概念还包含了自然转化的含义。在自然的某些部分，存在着"内置"（built-in）的转化过程。② "通见"和"问题意识"的变动关系还体现在道家和墨家之间。老子和庄子赞扬儒家思想中的"无为"的思想，

① 参见史华兹《古代中国的思想世界》，第 21 页。
② 参见葛瑞汉《后期墨家的逻辑学、伦理学与科学》，第 323 页，转引自史华兹《古代中国的思想世界》，第 256—257 页。

反对其中带有目的性的"有为"行为，但墨子却对其"有为"行为大加赞赏。老庄认为人们争名夺利的欲望是人类斗争和冲突的悲剧根源，但是墨子却认为这是正常人之本性，我们应该对人们的名利之心加以利用，并以此为基础制定奖罚制度实行对社会的治理。老庄同意墨子的立场：社会需要圣贤不间断的道德努力。但是在圣贤是否要通过"有为"行为来改造人类世界方面，双方又充满了不同政见。

老子和杨朱也充满了彼此纠结的"通见"和"问题意识"关系。由于缺乏充分的历史知识，老子、庄子和杨朱三人的年代关系充满了不确定性。如果杨朱是老子的同代人或者弟子，那么杨朱的"全性保真"思想只是老子"通见"中的部分截取。另外，如果杨朱思想产生于与墨子的论战，那么杨朱的人性观极大地影响了老子和庄子的思想：注重生命，不为外物所累。按照天命，我们不应该被权力和荣誉所困扰，偏离我们"全性保真"的初衷。但是杨朱和老庄还是有着很多分歧：原始主义。老庄对文明发展持反对态度，倾向于原始主义。杨朱学说提倡尽可能活得舒服，摆脱焦虑的价值观。"活得舒服"意味着人们在任何一种社会中都应该感到安全和舒适，并没有原始主义对高等文明的批判。

史华兹认为庄子体现了宗教的神秘主义。首先，史华兹界定了宗教神秘主义的概念。现实的基础（ground of reality）或者现实的终极层面（ultimate aspect of reality）属于"非存在"领域（non - being），是无法用语言来描述的。① 宗教的神秘主义还强调要有深刻的信仰和精神意义上的知识，这样才能把神秘主义变成一种宗教性的观点，成为信仰或者确定的知识：尽管这种非存在无法用语言描述，但是它的确存在，并且决定了现实存在和人类世界的最终意义。在此基础上的"神秘性"并不缺乏知识，而是更高层次上的直接知识，与一种不可言说的终极本源密切相关，为我们生存的现实世界赋予了意义。它不是虚无，而是超越语言之上的实在。其次，人与终极存在的关系。西方宗教中的上帝是不可知的，是人类语言无法描绘的。上帝只能以否定的方式被人类认识，我们通过"他不是什么"来猜测其无法把握的实质。人类具有无法克服的有限性，这使我们永远不可能认识上帝的内在本质。上帝对人类来说，是一个永远的他

---

① 参见史华兹《古代中国的思想世界》，第 260 页。

者，但当他在有限世界中显示时，人们才能认识他。在大多数神秘主义宗教中都有一种信仰:具有有限性的人类能够达到与终极现实在某种程度上的神秘合一。神秘主义存在着一个悖论。从原则上讲，不能言说的实体本身不能产生分化，从定义上超越了一切分化，但是大多数神秘主义用语言来表达真理，采用的表达方式往往是暗喻的提示。《庄子》一书始终在试图描写不可以描绘的非存在。光线黑暗而且躲躲闪闪，道似乎在存在和非存在之间徘徊。"惛然若亡而存;油然不形而神;万物畜而不知。此之谓本根，可以观于天矣!"而且道的不可见、不可闻、不可言进一步增加了它的神秘莫测。"道不可闻，闻而非也;道不可见，见而非也;道不可言，言而非也。知形形之不形乎。"(《知北游第二十二》) 道与恍惚的神秘体验紧密相连。南郭先生的隐机就描绘了一副灵魂离开肉体的似枯木、似死灰的神秘状态。"南郭子綦隐机而坐，仰天而嘘，荅焉似丧其耦。颜成子游立侍乎前，曰:'何居乎? 形固可使如槁木，而心固可使如死灰乎? 今之隐机者，非昔之隐机者也?'"(《齐物论第二》) 气在《庄子》中被描绘为一种具有特殊功能的元素:它是能把现实世界和非存在世界神秘地连接起来的"形而上学"的神秘主义实体。《达生第十九》中描绘了一幅驼子捕蝉的完美画面。其精湛技巧的诀窍在于把生命元气集中在一起，不受任何外在干扰。"虽天地之大，万物之多，而唯蜩翼之知。吾不反不侧，不以万物易蜩之翼，何为而不得! 孔子顾谓弟子曰:'用志不分，乃凝于神。其佝偻丈人之谓乎!'"把生命的元气保持在集中状态，人就神秘地与道的自发无为的精神联系起来，达到忘我的境界。

　　史华兹指出道是中国神秘主义的特有术语。他提出了一个有趣的问题:道主要指自然和社会的秩序，如何变成了神秘主义实体呢?[1] 老子对语言没有信心。因为不知道它的名字，所以老子把它称为"道";如果被迫命名的话，老子称为"伟大"。"吾未知其名，字之曰道，吾强为之名曰大。"而那个被"字"和"名"定义的背后世界或者万物，就包含了一切事物的秩序。秩序和神秘主义往往不兼容。秩序，是非人格化的结构，是清楚明白的理性分析之结果:由什么构成，如何连接在一起。但是中国的秩序是一种由部分搭建起来的整体结构。它是一种有机整体，处在持续

---

[1]　参见史华兹《古代中国的思想世界》，第 262 页。

变化之中；在变动中，整体被分解，然后又重新被组合成兴起的新整体。更为奇妙之处在于它的整体性原则：它使各个部分组合在一起，却不存在于任何一个具体部分之中。

　　那么，在中国的有机主义哲学中，部分和整体之间的关系又是怎样的？李约瑟（Joseph Needham）认为在中国的道的世界中，道德"有机体的各个组成部分之间的合作不是被迫的，而是绝对自发的，即便不是出于自愿"。① 史华兹敏锐地捕捉到了在"合作"和"意志间和谐"等词背后的隐含：在道的世界中存在着独立实体，它们是被通过某种安排进行合作的，而且在它们进行合作之前，部分是作为独立个体而存在的。李约瑟认为"组织性关系"是使它们联系在一起的决定性因素，它在逻辑上先于部分，决定了彼此之间的"合作"。但是"组织性关系"如何决定部分之间的"合作"却是神秘的。道家认为能够解释整体秩序以及各个部分之间自发合作的东西超出语言之上。如果这种"组织性关系"是确定性的、可描述的事物，它就不是"道"，因为"道"是不可解释的。中国道家始终笼罩着一种神秘主义的面纱。

　　神秘主义的"道"与"无为"密切相关。《论语》中用"天"来指代宇宙，表示事物自然存在和方式作用，但是当"天"与人类社会发生关系时，天具有神意和联想意向性。道家用"道"来指示终极存在，避免了天所含有的确定性和有限性。

　　史华兹分析了神秘主义和道的关系之后，又讨论了道和语言的关系。孔子信赖语言，大力提倡名实相符，认为语言为我们提供了一幅关于世界的真实图画。道家对语言有很大质疑，认为语言在表达终极实在面前力不从心。"道可道，非常道；名可名，非常名。"② 道包括可以用语言表达的部分，和不可以用语言表达的部分。可以言语的道是非永久的有限自然，它由确定性实在组成。道不可命名的部分是决定性的"常道"，是非存在的无。无是与任何一种可以确定的、有限的实体都无法对应的实在；它是真实的，是一切有限实在的根源。"无"如何决定确定的实在？两者的界限何在？在自然和社会领域都相同吗？这也是老庄的神秘之处。有人认

① 转引自史华兹《古代中国的思想世界》，第 263 页。
② 老子：《道德经》，申维注译评，线装书局 2014 年版，第 1 页。

为，在不可被命名和非存在领域方面而言，道就是一种自然过程。这种理解有一定合理性。我们通常理解的过程都是依据一系列阶段和具体论述和关系加以描绘的东西。但是道的过程中存在着不可描绘的成分，成为道家的神秘之处。庄子提倡一种不受遮蔽的语言。在庄子看来，语言被对与错的僵化判断遮蔽，被人们的成见浸透，被相对区分的绝对化左右，因此语言无法准确表达我们直接经验中发现的东西。如果我们除去语言中的成见和价值，语言就能毫不扭曲地呈现事物本身。"这种不受遮蔽的语言就会自发而恰当地适应自然世界的万象变幻，还适应了人们从无限多的视角出发的要求。"①

庄子还以动态视角来看待事物。我们观察到的事物只是它表现出来的一个方面，事物绝不是我们个人短暂视角所把握的自足实体。它们是流动的东西，一个事物的各个方面，各种变化形态，都取决于它与周围世界的复杂关系。庄子以半影和影子关系为例，阐述它们之间的变化。半影活动由影子决定，影子又由运动的物体左右，而后者又受道之控制。"罔两问景曰：'曩子行，今子止；曩子坐，今子起，其无特操与？'"万物，对庄子而言，都在相互的复杂关系中存在着，孤立而绝对化的"自我存在"切断了万物与道之间的流动关系。庄子还提倡事物的相对现实性。在《则阳第二十五》中，提出了"丘里之言"。县和政治党派之类的实体是真实的实体吗？答案似乎显而易见。人们的确可以把它们看成实体。庄子以马为例，深入探讨问题的玄妙之处。"合异以为同……今指马之百体而不得马，而马系于前者，立其百体而谓之马也。"（《则阳第二十五》）真实的马匹立在我们面前，是人们体验到的事实。另一个方面，马又可以分成各个部分来加以考虑，这也是一个不争的事实，这一事实不影响我们体验到马的事实。但是存在的马又是一个转瞬即逝的事实，马可以很快转化为各个部分，各个部分可以继续分化，不可避免地成为非存在的事实状态。我们在生活中体验到的实体，是一种"有条件的实在性"，它们从"根本上讲是空的"（ultimate emptiness）。②

在事物的起源上，存在着不同的哲学派别。稷下学宫的两位学者发起

①　本杰明·史华兹：《古代中国的思想世界》，第305页。
②　同上书，第307页。

了一场意义深远的辩论。季真认为："没有任何人或东西创造了它。"另一学者提出了相反的观点："某人或者某物制造了它。"前一种"莫为"的观点似乎更符合道家"无为"的自然过程。后一种观点致力于可以言说的特定原因，认为某物创造和形成了事物。实际上，它表明了事物可以从两个角度进行考察：一是它具有的可感的、分立的实际存在，如同可以体验到的马；另一种根据它的"虚空"，例如马可以分解成为 100 个部位，而每一个部分又可以进行分解，直到"虚空"的非存在。① 庄子意识到了它们只是观察事物的两种视角，并没有局限在任何一种观点。"无人制造了它"的"莫为"观点过分强调了它从根本上是短暂和虚空的，而"有人创造了它"的观点过于突出了事物具体可感的、偶然的实在性。庄子在描绘事物的独特设计和繁荣多样性时，他往往把事物的创造力与神秘的道相结合。因此，庄子关心的不是"事物是如何制造的"科学兴趣，而是从艺术美感角度出发，对当下的、具有独特个性的创造力的欣赏。科学是揭秘的过程，艺术之所以成为艺术，是因为它具有神秘、无法解释的内容，既包含了自觉的行为，又包含了无为的自发行为。

把道家归为宗教的神秘主义还面临着一个挑战。神秘主义者往往有一套专门术语来表达神秘特殊的境界，《老子》缺乏神秘主义体验的技术。史华兹经过考察，发现大量神秘主义文献中并没有冥想性技术的直接描述；对神秘主义冥想性技术的描绘体现了一种悖论：用语言来描绘不可描绘的东西。在《庄子》中，我们发现了颜回达道的过程：忘礼乐、忘仁义、达坐忘。

"颜回曰：'回益矣。'仲尼曰：'何谓也？'曰：'回忘礼乐矣！'曰：'可矣，犹未也。'他日复见，曰：'回益矣。'曰：'何谓也？'曰：'回忘仁义矣。'曰：'可矣，犹未也。'他日复见，曰：'回益矣！'曰：'何谓也？'曰：'回坐忘矣。'仲尼蹴然曰：'何谓坐忘？'颜回曰：'堕肢体，黜聪明，离形去知，同于大通，此谓坐忘。'仲尼曰：'同则无好也，化则无常也。而果其贤乎！丘也请从而后也。'"

(《大宗师第六》)

---

① 本杰明·史华兹：《古代中国的思想世界》，第 311 页。

此外，庄子还准确地捕捉到了进入神秘主义境界后的迷狂状态。存在的现实是短暂的、临时的，而非存在是永恒的、无限的。道家的神秘主义的特殊之处在于它认为非存在的世界与确定性的、个体化的世界相联系在一起。

史华兹提出道与女性存在密切的关系。道家认为女性体现了无为和自然的原则。老子用暗喻的方式把峡谷、女性和生殖密切联系在一起。"谷神不死，是谓玄牝。玄牝之门，是谓天地根。绵绵若存，用之不勤。"（《道德经》第六章）① 永不死亡的峡谷鬼神被称为神秘的女性；而这位神秘女性的入口是天地之根，她永恒存在，持续不断，不可耗竭。峡谷由虚空空间构成，对一切从中流过的东西都持消极被动的接受态度。在性方面，女性也是通过被动而征服男性："牝常以静胜牡，以静为下。"（《道德经》第六十一章）② 她占据着静止不动的下位，却征服了男性的积极主动。史华兹指出在生殖中女性以其"不行动"占据了主导地位。

　　她代表着非断定性的、非计算性的、毋须深思熟虑的、无目的的生殖和生长过程——借助于这一过程，"虚空"之中产生出"充满"，静止之中产生出活跃，"一"之中产生出"多"。女性就是无为的缩影。尽管非存在（无）本身是不可命名的，但是，人们却在全书中都感受到了这一印象——自然的、消极的、虚空的、"习惯性"的、非断定性的方面象征并指向"非存在"的领域。③

史华兹还区别了道与科学的联系。在自然领域内，不存在道与自然的分裂。自然过程中没有目的性意识的引导，一切事物按照自我发生的方式呈现。同样，道也没有自觉意识，消除了人类"有为"的行为，它是自发运行的，没有经过深思熟虑的规划或者预先盘算的秩序。道与自然科学在很大程度上相互呼应。它否定了人类大写的自我，人只是万物中的一

---

① 老子:《道德经》，申维注译评，线装书局 2014 年版，第 25 页。
② 同上书，第 224—225 页。
③ 本杰明·史华兹:《古代中国的思想世界》，第 272 页。

员，不重视个体化的自身价值和精神气质。道家理想的统治者并不处心积虑地为民众福利思考，关心臣民个体的命运。但是它却具有神奇魔力，不知通过什么方式在自身中显示出"道德"的力量。就其意向性来讲，道不是向善的；道家的努力是清除障碍，让道蕴含的自发力量在人类事物中发挥作用。在道的自由运行中，人类社会就会自然达到和谐相处。让事物展现并按照规律和常规进行，是科学和道家的共同特点。这也是两者的不同之处：科学消除神秘，找出规律，清楚解释说明一切迷惑；道家消除"有为"的人类行为，让规律显示，却依然神秘。史华兹认为规律和常规并没有把神秘性驱逐出去；相反，规律是神秘性的体现。借助于神秘性，存在从非存在中产生，最终还要回归于非存在。存在和非存在是产生于同一存在的不同名称，这一事实本身就是神秘的。"此两者，同出而异名，同谓之玄，"老子曰，"玄之又玄，众妙之门。"①

史华兹继续探讨了道家"虚静"和科学中立的价值取向。老庄思想中有对待自然的虚静态度：对自然世界的兴衰变化持有宁静、冷淡、无情的态度，似乎不带有价值判断地考察自然。道家真的存在着价值中立的"观察自然"的冲动吗？对自然运行方式感兴趣吗？是朴素的古代科学家？史华兹认为道家在处理自然世界时缺少价值判断，并"不能证明存在着对自然进行系统研究的冲动"。②他还从道家二元对立分析中发现其价值倾向。在男/女、刚强/柔软、生/死等传统对立观点中，老庄赋予了术语不同的分量，对传统价值进行了颠覆；第二个通常被贬低的术语更受偏爱，具有更高的本体论地位。③"人之生也柔弱，其死也坚强。万物草

---

① 老子：《道德经》，申维注译评，线装书局 2014 年版，第 1 页。

② 本杰明·史华兹：《古代中国的思想世界》，第 275 页。

③ 笔者认为这与德里达的解构主义有一定的相似性：两者都是对传统两元对立的颠覆。但是两者有着明显的不同之处，在德里达的解构体系中，两个因素只是差异，没有等级、价值的差异；在史华兹的理解中，老庄颠覆了传统观点，突出了备受贬低的第二个因素，存在着价值取向。另外，在德里达看来，现实一切都是语言造成的效果，是"能指的差异和延迟"（Differnce）；对道家来讲，语言并没有占据如此重要的主导地位，只是达道的工具："荃者所以在鱼，得鱼而忘荃；蹄者所以在兔，得兔而忘蹄；言者所以在意，得意而忘言。吾安得夫忘言之人而与之言哉！"中国古代的知音就是建立在道家"得意忘言"的心神领会的基础上。张隆溪从形而上学的逻各斯角度对道进行了对比，具体参见张隆溪《道与逻各斯：东西方文学阐释学》，凤凰出版传媒集团 2006 年版。

木之生也柔脆，其死也枯槁。故坚强者死之徒，柔弱者生之徒。"(《道德经》第七十六章)① 我们通常推崇的"坚硬"变成了不足，不被重视的"柔弱"备受推崇。柔软的事物没有受到外在界定，是流动的，真正处在潜在状态的非存在。当它们变得坚硬、明确的分化状态时，事物变得孤立，与原本状态分离开来。由此可见，道家对柔软的推崇体现了其价值倾向。老庄的"神秘主义就与通过祈使句式所表现出来的命令有着紧密的联系，'遵守柔弱'［致柔］这一命令清楚地表明，对于自然所作的'辩证法'讨论，反映的并不是对于科学研究的关怀，而是为了某种持久不变的兴趣——使得人类在客居万物王国期间能够恢复其'自然'生活方式"。②

《庄子》对自然世界也保持中立态度，但是在内容和方式方面与老子有很大不同。庄子对自然事物不存在价值的偏转，没有对刚强/柔弱、男/女等两元对立中偏爱后者的倾向。即使在绝对意义上的对立，庄子持有怀疑态度。《秋水第十七》形象地说明在无限空间中，大小、高低的衡量尺度都毫无意义。"以差观之，因其所大而大之，则万物莫不大；因其所小而小之，则万物莫不小。知天地之为稊米也，知毫末之为丘山也，则差数睹矣。"庄子笔下的自然不仅指其秩序和样式，还包括不可穷尽的复杂多样和生成创造。自然总是处在变幻无穷的景观之中。大到江河湖海和鲲鹏巨变，小到原始生物，总是根据周围环境在不断变化。有一种称为"几"的微生物显示了自然无穷的转化。

> 得水则为继，得水土之际则为蛙蠙之衣，生于陵屯则为陵舄，陵舄得郁栖则为乌足，乌足之根为蛴螬，其叶为胡蝶。胡蝶胥也化而为虫，生于灶下，其状若脱，其名为鸲掇。鸲掇千日为鸟，其名为干余骨。干余骨之沫为斯弥，斯弥为食醯。颐辂生乎食醯，黄軦生乎九猷，瞀芮生乎腐蠸。羊奚比乎不箰，久竹生青宁，青宁生程，程生马，马生人，人又反入于机。万物皆出于机，皆入于机。
>
> (《至乐第十八》)

---

① 老子:《道德经》，申维注译评，线装书局 2014 年版，第 268—269 页。
② 本杰明·史华兹:《古代中国的思想世界》，第 277 页。

　　从藤类植物到青蛙袍子，从草根到蛆虫，从叶子到蝴蝶，再到炉下昆虫，都是同一"几"的不同变化。自然变化充满了神秘的不可预测性，而且事物之间存在着相互依赖的关系。孤立隔离事物的彼此关系，就隔绝了事物与道的关系。庄子是否对自然保持着客观研究的科学态度？科学家观察事物表面现象，深入追求背后的规律和成因。庄子观察自然现象，却不挖掘其背后隐藏的原因和结构。科学对庄子来说，是虚耗生命的、没有意义的低等知识。① 庄子只是从神秘主义的更高点来考察现实。史华兹指出，庄子不是对自然科学感兴趣，他对认识论和逻辑学问题更感兴趣。他反对分析自然，提倡从整体上来观赏自然现象。

　　惠施既是庄子的知音，又是他的辩敌。两人的观点以不同的方式动摇了我们对世界的思考。惠施认为我们的世界不是由确定性质的事物构成，还否认了作为事物范畴的谓语动词（categorical predicates）、属性（attributes）和一般性质，因为在古代中国的语言文化没有"共相"概念。《天下第三十三》说明时间有绝对连续性，不存在分立的、非时间性的瞬间事物。从分类角度来看，我们既可以从事物的相同之处来观察万物，又可以从其差异入手。这也是庄子和惠施的不同之处。"万物毕同毕异。"是把共同性质设为基本性质，还是将差异性质设为基本性质，完全取决于我们的视角。从庄子的角度来看，惠施为事物设定了过分牢固的界限，没有意识到差异只是不同视角的观察结果。

　　史华兹还从知识的角度考察了道与科学的关系。"为学日益，为道日损，损之又损，以至于无为。"（《道德经》第四十八章）② 道家认为学习的目的不是积累知识，而是消除知识，最终达到"无为"的自发状态。科学通过对事物进行观察、解剖、分析来掌握某一事物的本质和特性，而道家反对分析，强调对事物的整体把握，尤其重视事物之间的彼此关系。科学对事物的详细分类，在道家看来，是激发人们消费快感、追求物品欲望的根源。此外，科学对自然事物进行系统化的细致观察具有高度深思熟虑、明确意向性的特征，这与道家无为的精神状态完全相反。

　　道在自然领域以无为的方式进行着，但在人类领域内存在着与道的断

---

① 参见史华兹《古代中国的思想世界》，第 301 页。
② 老子：《道德经》，申维注译评，线装书局 2014 年版，第 178 页。

裂现象。人类领域内的道是如何与人的行为分离的呢？作为被造物的人类居住在道中。人的生命中有本能的、自动的部分在"无为"的方式下自发地运行着。"在最为简单的、植物神经类型的'预编程序'（vegetative 'programme'）的层次上，人类生活将与'道'连为一体，而这种生命可以认为是善的。"[①] 在这个层次上，老庄思想和杨朱是一样的，"仅仅活着"的主张受到道家推崇，简单地沉浸在日常生活中的人们，不加反思地活着，就是与道合一的生活。对生命的威胁来自于对战争、政治和对权力与财富的追求以及被拔高了的道德期待。"名与身孰亲？身与货孰多？"（《道德经》第四十四章）[②] 名声与身体，哪个对你更亲？身体和货物，哪个对你更有价值？老子的质问把造成道与人分离的原因指向了文明。由道造成的痛苦以及自然原因导致的死亡，老庄以极其平静的心情进行接受。我的麻烦在于我的身体；如果我的身体消失了，我还能有什么麻烦呢？"吾有大患，为吾有身。及吾无身，吾有何患？"刘殿爵认为这是道家的矛盾：既然生存和养生被看成超越一切的头等大事，那么"消除身体就没有麻烦"的观点"与本书的整个要旨相违背"。[③] 史华兹认为刘殿爵没有意识到道家的神秘主义。生命是道家极度重视的内容，但是对于神秘主义者来说，把自我与非存在融为一体，要远比生命本身更为可贵。

　　道在人类领域的分裂原因可以归结为文明的兴起。道家老庄是原始主义，对文明持有反对态度。文明之所以兴起是因为人们的心灵中神秘地产生了一种前所未有的新意识——分析性心灵。这种深思熟虑的心灵分析能力是人类所特有的才能，自然界的其他生物不具有这种独特的能力。它具有不同的形式和组成成分，把观察的对象从周围的整体隔离开来，使它们成为新发明欲望和冲动的动力。

　　　　藉助于这种新的意识，人类心灵自身就能从"道"的流行中孤立开来，并在肯定它的单独存在、反对整体的过程中发现其自身的意义。

---

　　① 本杰明·史华兹：《古代中国的思想世界》，第279页。

　　② 老子：《道德经》，申维注译评，线装书局2014年版，第166页。

　　③ D. C. Lau, trans., *Lao-tzu：Tao te ching*, London：Penguin Classics, 1963, Introduction, p. 42，转引自本杰明·史华兹《古代中国的思想世界》，第280页。

于是，一个由有意识的目标组成的全新世界就被设定了，这些目标包括新的满足感觉的方式、快乐、财富、荣耀、权力的目标，甚至还包括个人道德完善的目标。由此，"巨大的人工机巧"（大伪）就诞生了。①

史华兹接着指出，刚硬/柔软、美/丑在自然中相互依赖而存在，但在人类社会中它们都与其对立面和整体分离开来，被仔细地审查研究。在自然领域内相互依赖的对立面，在人类社会中被隔离，并被绝对化。人们似乎只追求美，试图消除丑，只要好，不要坏。这种"有为"的意识构成了文明的基础。造成这种文明疾病的原因就是大力推崇文化的圣人。兴起自我意识以后，人们格外关注丧失道德的可能性。反对圣人和儒家的道德规范成为道家思想的重要内容。儒家以行动的外在结果为导向，以礼节规矩为基础，把礼乐当成控制外在社会的工具。当他人对礼乐和社会规范无动于衷时，儒家就会用武力强迫别人接受（"攘臂而扔之"）。从无为到有为，从内在向外在的转变，这些正是道家反对的内容。

人如何与道分离呢？老子认为把人们从文明扭曲的环境中解脱出来，就可以恢复到不需要反思的道之境界。庄子却认为人类意识的病态深深扎根于人心之中，是与生俱来的内容。简言之，那种使人类成为人类的"本质精华"（essential nature）②，正是由于该东西的存在才使得人们与道

---

① 本杰明·史华兹：《古代中国的思想世界》，第 280—281 页。

② 本杰明·史华兹认为《庄子》中人与道分离的原因正是使人类真正成为人的"本质精华"；而这种"本质精华"就是"成心"，即人类思想文化的内容。换言之，使"灵长类动物成为人"的关键因素就是语言符号。参见本杰明·史华兹《古代中国的思想世界》，第 312 页。笔者认为，史华兹的思想和拉康的思想可以形成比较。拉康对人类"本质精华"有着相同的见解。自从文艺复兴以来，人文主义（Humanism）以人为中心，强调人的理性思维；人最本质的部分就是理性。但是拉康提出了相反的见解。人类最本质的东西是语言。语言使人变成了符号的承担者（bearer），语言的最大特征是它霸道地统治占据着人类生活的各个方面：它使人变成了主体（subject），却丧失了个性；同时造成了"主体的消失"（The fading of subjectivity/aphanisis）。因此拉康认为索福克勒斯是反对人文主义的（anti‑humanism），并不关注人性，而是强调语言的独裁、专制。拉康关注人类的语言和语言构成的主体性；庄子关注语言没有对人类造成影响之前，或者消除语言以后的人类存在形式。吴光明提出，这一状态不同于二元对立和产生二元对立之前的中立的、未区分的状态。对拉康来讲，消除人类语言以前的存在形式就是"真实界"，"想象中的均等物"（Real, Imaginary Equivalents）：婴儿尚未获得语言之前的肉体存在；另一种存在形式就是"两死之间"在思想死亡和肉体消失之间的存在形式——仅仅是语言的构建，不可能在现实中存在。

分离。需要声明的是,使人与道分离开来的不是感情。喜怒哀乐等情绪都源自道,是人类的有机组成部分。但是人的心灵器官却有致命能力,它赋予了人与外界隔绝的、完全个体化的属性。这种"彻底完成的、个体化的人心"就是"成心":通过自我封闭的手段,人建立起一种只属于自身的自我。这种封闭的自我从道的流行中分离出来。因为这种自我意识,与周围万物处于和谐的事物也变得自我封闭起来,只属于自身。固定、封闭是在否定意义的层面上使用的,而封闭和僵化意识在人们追名逐利和爱憎喜好中进一步加强。

道家的政治观。如果说老子代表了原始无政府主义,他是否完全否定政治秩序和社会等级呢?《道德经》并没有提供从自然状态向文明社会转变的叙述。《庄子》文本中不仅提供了一幅和谐的原始主义画面,还说明了从原始和谐到所谓文明社会的转变过程。在古代无政府主义社会中,人们和动物及植物和谐相处,没有君子和小人的等级区分。"同与禽兽居,族与万物并。恶乎知君子小人哉?"(《马蹄第九》)没有欲望,人们生活在"道"的和谐之中。当圣人制造出伦理规范和社会等级以后,世界开始出现了问题。"及至圣人,蹩躠为仁,踶跂为义,而天下始疑矣。"史华兹还发现,即使处在自然状态,道家圣人的存在也是很必要的:凭借他德行的力量使人们安然地处在原始无知的状态中,而他具体发挥作用的方法却是神秘未知的。从深层结构来看,道家宇宙中的四个基本因素除了天、地、道以外,还应该包含圣贤君主,它将具有居间调节的文化功能。对于道家政治,学者们有不同见解。一种意见是老子是一名狡猾的政治家,他以神秘主义为措辞,把其政治欲望包装起来。实际上,《道德经》整本书就是一本以阴谋诡计来治理国家的秘传手册。它采用"忍辱求胜"的策略,最终以打倒骄傲者和强大者为目的。"将欲歙之,必固张之;将欲弱之,必固强之;将欲废之,必固兴之;将欲取之,必固与之。是谓微明,柔弱胜刚强。鱼不可脱于渊,国之利器不可以示人。"(《道德经》第三十六章)①《道德经》中的确有军事思想,但是这并非整书的通见。史华兹指出,虽然文本中孤立的段落中有政治阴谋的讨论,但是从文本的整个语境来看,自始至终贯穿全书的通见是神秘主义以及原始主义对文明的

---

① 老子:《道德经》,申维注译评,线装书局2014年版,第138页。

批评。在政治方面，庄子相信圣人的神秘辐射力。道家圣人能够用其独特的精神能力来影响人们。但是庄子笔下的圣人往往不希望和世界纠缠在一起。如果不得不与权力和责任纠结在一起，圣人往往只是"走走过场"，同时保持了其内心世界的超脱性。庄子记载了颜回咨询孔子建议的逸事。颜回听说卫国国君"其年壮，其行独。轻用其国，而不见其过"，于是遂产生了前往卫国劝说卫王的想法。孔子指出自以为是的君主是无法感化的。但是庄子的记载留下了开放的思考：孔子劝颜回坚定信念。"回曰：'敢问心斋。'仲尼曰：'若一志，无听之以耳而听之以心；无听之以心而听之以气。耳止于听，心止于符。气也者，虚而待物者也。唯道集虚。虚者，心斋也。'"（《人间世第四》）庄子的潜在用意是攻击儒家的道德说服模式，从反面说明了道家道德的有效性："如果让统治者受到他以沉思为特点的神秘主义气氛的影响，就有可能去感化统治者。"①

庄子笔下的真人具有神秘性。人被囚禁在个体化的心灵中，如何能够摆脱呢？庄子笔下的真人具有这种独特的能力：坚定的心灵能够超越个体化的局限，并毫无分别地与气合二为一。心灵神秘的能力既能使人超越，又能使人囚禁其中，因此庄子用道而不是"性"来描写人类精神的潜力。面对生老病死等自然不幸，庄子保持着超然和平静的态度，但采用了一种神秘主义的视角。真人能够发散某种神圣能力，他同时又是一位能力有限的人类。庄子笔下的真人拥有人类身体的同时，还有神秘的能力来克服人类的有限性：能够超越人类有限的视角甚至超越价值判断的境界，达到"天人合一"的状态。

道家还有一个流派：黄老教义。它是一种工具性的道，是道家和法家的混合。其发生背景是齐宣王建立的稷下学宫。公元前481年，田成子谋杀当时君王，武力篡权，成为不合法的皇帝。田氏上台后，不信奉传统，对新思想和新概念采取开放的态度，以便从中寻找自己合法统治的理论依据。靠着篡权上台的齐宣王在首都西城墙稷下门开设了"讲课大厅"，以此吸引全国各地的人才。学者们讨论理论，不参与政治统治事务，为自己的学术独立性感到骄傲。稷下学宫中的多数人物成为了黄老学派成员。齐

---

① 本杰明·史华兹：《古代中国的思想世界》，第318页。

宣王把黄帝作为田氏家族的祖先。传统儒家和墨家以尧、舜、禹等人为帝王模范，齐宣王则把远远早于尧帝的黄帝当成圣贤，以体现不同。"黄帝"与"皇帝"同音，而且"黄"还是土壤的颜色，代表了中国的农业社会；"黄"在中国宇宙论中，是中心，处于主导地位。所以，黄帝在中国政治神话中占据着长久的中心地位。两位最具代表性的稷下学宫成员是宋钘和慎到。宋钘强调内心的宁静。墨家注重外在行为和社会功利，缺少对人的内在精神内容的关怀。对于儒家君子，如果人格和尊严受到冒犯，往往会焦虑不安。宋钘避开一切外在影响，保持着内心的冷淡无情，有强烈的精神独立性。但是他的内心超脱只是一种工具，是实现其社会目的的手段。慎到体现了法家的雏形思想。科学要求人们不带有价值判断地来观察、记载和思考自然，其本质是"有为"行为的体现，其目的是控制自然。慎到清除知识，放下是非，实现《天下第三十三》中所言的"愿天下之安宁，以活民命"。慎到并没有科学的控制目的论，而是让自我融入自然之中，成为其中一员。

　　庄子认为政治秩序体现了人类的邪恶，圣贤应该尽可能地避免参与政治。慎到却把政治制度和文明看成道的体现。他认为没有积极参与外界事务的野心，心才能像镜子一样，依照事物本来的样子反映周围的世界，实现政治秩序的无蔽观点。周围环境和社会文化一直在变化，但是人类社会的政治秩序中有某种不变的因素。潜藏在社会中的"不变的道"（常道）和"不变的法"（常法）就是权威原则（势）。在政治秩序中真正占主导地位的是重要的社会位置，而不是个人的才能。一位圣贤并不能说服多少人，一个有权势的地位却能够使很多圣贤屈服。"贤未足以服众，而势位足以屈人。"①　在慎到看来，权威地位是道的不可或缺的组成部分，要比掌权者更为重要。各种不同劳动分工，产生了各种不同的专门职能部门。各种不同的部门由不同的人们承担相应职责，彼此职责清晰明确，相互联系，形成了庞大的社会机制。整个社会机制凭借着"无为"原则有条不紊地运行着，每个人都被分配了相应的社会行为模式和角色。个人品德和知性思想判断在这个体系中无关紧要。怎样使人们去承担不同的职责呢？

① 汤普逊：《慎子佚文》，第 236 页，第 13 条，转引自本杰明·史华兹《古代中国的思想世界》，第 319 页。

慎到认为人们会依照避免痛苦，追求利益的原则来行动；作为统治者，要依靠客观奖赏和处罚制度来调节人们的行为。社会并不依赖个人的道德判断和感情，它依靠文明化的秩序和法规，而法本身就是道的体现。但是奖罚制度并不能覆盖社会的所有方面，慎到为"礼"安排了有限的位置。礼在维护良好的家庭关系方面有着独到的强化功能。礼本身是非人格化的规则，与个人感情和个人品德没有关系，因此慎到经常嘲笑圣人，否定贤者。

　　在"道家之道"的最后部分，史华兹专门讨论了黄帝在道家中的形象。在老庄看来，生死如同四季轮回，是道的自然变化的体现。在东汉时期产生了新的思想流派，把追求长寿和道家圣人联系在一起。长生不老的神仙成为了人们的追求，而黄帝体现了人们崇拜神仙的心理。老庄笔下的圣人先哲成功地实现了道，他们能够把这种知识运用到延长自身的个体存在上，因而成为了具有长生秘诀的神秘之人。老庄描写了与道融为一体的神秘真人，他们又肯定了人间的现实社会，两者的结合鼓励了人们去追求个人生存的神秘存在，继而衍生了神仙的思想。[1]《大宗师第六》中充满了这种神秘主义的描写。"夫道，有情有信，无为无形；可传而不可受，可得而不可见；自本自根，未有天地，自古以固存"；不同的人得道后都会有神秘之举："黄帝得之，以登云天。"黄帝不仅是一切文明技艺的创始人，还成为得道成仙的原型：腾云驾雾，逍遥遨游。在中国文化中，老子还常以黄老君、太上老君的神仙形象出现，成为"道"的具体体现。把世间伟人神圣化是宗教的常用做法，它与宗教中把抽象神灵肉身化和实体化是同一硬币的两面。把道家真人与神仙崇拜联系在一起，"代表着在如下两个方面之间存在的深刻的人性张力：一方面，是那些获得了神秘主义灵智的人所具有的神秘主义'能力'的巨大吸引力——这种灵智能够使其提升并超越此岸世界及其全部的目标和计划之上；另一方面，是与之相反的冲动，它利用这种能力，使之为那些完全属于人类的渴望与关怀服务。"[2]

---

① 参见本杰明·史华兹《古代中国的思想世界》，第346页。
② 同上书，第347—348页。

二　李耶理:"内省式神秘主义"庄子

史华兹围绕着"通见"和"问题意识"在中国哲学发展历史的大背景之下探讨了庄子的神秘主义,李耶理则从中西对比的角度分析了庄子的"内省式神秘主义"。李耶理的《激进庄子眼中的至人》认为在传统的神秘主义以外,庄子提出了第三种神秘主义。① 第一种是西方神秘主义(U-nion),它认为存在着两个不同的世界:现实世界和超验世界。处在现实世界的人们可以偶尔体会到更高一层的超验世界,但两者更多的是对立分离。第二种是统一神秘主义(Unity),主要在印度等东南亚国家。它建立在一元论之上,只有一个现实世界,个人将融入其中,丧失自我个性。李耶理认为庄子提出了"内省式神秘主义"(Intraworldly Mysticism),它强调个人用一种不同的眼光来看待世界,重新调整自己对世界的感受。庄子用两种意象表达"内省式神秘主义"。一种意象是"环中"。人们受语言两元对立的思维定式影响,常常有"非此即彼"的正误概念;但是,如果从圆中心来看,就无所谓是非了。其次是镜子意象:开怀虚纳万物,却不会留下任何痕迹。人亦应如此,接受万物,勿妄加评价。人们应该适应感情,悲伤欢乐,任其自然,不应被其控制。头脑就是一面镜子,要自然真实地反映外在世界和内心世界的变化。妻子去世,庄子痛苦而泣,随后击缶为乐。李耶理认为这就是庄子的镜式反映。头脑像镜子一样,真实地反映了外在变化:妻子存在,随后死亡。头脑同样也反映了内在变化:感情上,庄周先是难过,后是快乐;理智上,庄周回忆过去共同夫妻生活,然后又哲学地思考生死问题。庄子"内省式神秘主义"提出了诸多让人反思的内容:每一种感情应该持续多长时间? 丧失亲人的痛苦应该更长? 多长? 标准是什么? 这些认知或者感情的变化是头脑自然的镜像反映吗? 受过训练/教育后的理想头脑应该如何反应呢?② 李耶理总结庄妻故事:我和妻子一起观赏风景,突然她被树砸死,我心如刀绞;随后我又继续欣赏风景,忘记了亡妻痛苦。这些都似乎不近人情,显得离奇古怪。庄子正

---

① Lee Yearley, "The Perfected Person in the Radical Chuang-tzu", *Experimental Essays on the Chuang Tzu*, ed. Victor Mair, Honolulu: University of Hawaii Press, 1983, pp. 125-139.

② Ibid., p. 139.

是运用夸张的方法使我们震惊、思考、质疑传统标准：守孝三年就可以抚平丧失父母的伤痛还是不受社会伦理的谴责？李耶理运用了一个生动的例子：22 + 22 = 45 肯定是错误的；可是如果说 22 + 22 = 3000000，我们就不会轻易否定，因为错误太明显、太巨大，我们会怀疑它是否蕴含着一种特殊意义或者采用一种不同寻常的参考体系。这正好是激进庄子的意义：它使我们思考。①

第二节　流动和无为

　　史华兹和李耶理从神秘主义的角度探讨了庄子的宗教思想，纳撒尼尔·巴雷特从流动理论的视角探讨了庄子的"无为"的宗教精神性。巴雷特的文章《"无为"和流动：对〈庄子〉中精神、超越、技巧的思考》从流动理论出发分析了庄子思想中的"无为"与超越的关系。精神（spirituality）是一种特殊的生活品质，它超越了生活阅历的起伏跌宕，是一种升华后的精神实现。② 具有了精神，人们就能够忍受生活的不幸和痛苦，而不是感到绝望。精神满足（spiritual fulfillment）曾经被认为是特殊的宗教回报，但是在后现代主义看来，"精神的而不是宗教的"变成了普遍现象。精神一词经常与物质性相对，具有超越的含义——从日常生活中脱离出来，上升到日常生活层面之上。但是在非宗教的意义中，精神是否具有超越性受到了人们的质疑。超越是否为精神的必需内容？人们对此有着截然不同的两种回答：一是不需要。精神满足是人性的自然伸展和繁荣发展，不需要外在参考依据。另一种是需要超越。超越日常生活以后，人们会达到一种更高的终极现实，并且以此为出发点来反观当下的现实生活。如果说精神涉及生活的一种特殊品质，我们应该进一步查究这种品质本身是否足够使我们感到镇静平和，还是它只是指引我们走向更深层的终

---

① Lee Yearley, "The Perfected Person in the Radical Chuang‐tzu", *Experimental Essays on the Chuang Tzu*, ed. Victor Mair, Honolulu: University of Hawaii Press, 1983, p. 138.

② Nathaniel F. Barrett, "Wuwei and Flow: Comparative Reflections on Spirituality, Transcendence, and Skill in *THE ZHUANGZI*", *Philosophy East and West* 61.4 (2011), pp. 679 – 706.

极现实，并且由此使我们的生活产生了不同。因此，纳撒尼尔·巴雷特用
"人文的精神性"（humanistic spirituality）和"宗教的精神性"（religious spirituality）来区分两者，认为庄子的"无为"是一种超越的"宗教的精神性"。

　　"精神性"是最高的，或者说，最充分的自我满足；但是这种自我满足是存在于人类范围之内还是人类范围之外？"人文的精神性"认为满足的标准纯粹是自我决定的，强调人是衡量一切的标准；"宗教的精神性"把人类的满足与某种终极现实相联系，并且把该现实作为人们精神满足的标准。"宗教的精神性"有两层参考体系：一是终极现实，另一个是能够与此终极现实发生联系的人性。在中国哲学中，人性，从其日常生活层面来看，是有局限的；这种人性的局限使人无法达到精神镇静平和（spiritual equanimity），因此它成为了人们要超越的参考依据。

　　庄子的"无为"可以被定义为这样一种境界："轻松自如的举止，与周围世界形成极度和谐关系的行为。"① 这种境界的实现过程充满了神秘。儒家认为"无为"是通过不断的努力学习而逐渐达到的境界，而道家却认为"无为"是一种与生俱来的内在能力。这就形成了"后天培养"与"先天生来"的两种不同的观点。巴雷特认为"无为"作为一种人在世界中的举止行为，具有四个特点："（1）准确精细的反应能力或者技巧，（2）随意的自然性，（3）轻松自如，（4）喜悦享受。"② 上述特征使我们明确了道家"无为"的概念，却导致了新问题。具有以上特征的行为如何实现精神上的宁静和谐呢？是否需要某种超越才能实现喜悦享受呢？

　　巴雷特以"超越"为核心，探讨了从日常生活经验到宗教精神满足

---

　　① "An effortless way of comporting oneself in the world with supreme harmony or efficacy." Nathaniel F. Barrett, "Wuwei and Flow: Comparative Reflections on Spirituality, Transcendence, and Skill in *THE ZHUANGZI*", *Philosophy East and West* 61.4 (2011), p. 681.

　　② "(1) fine-tuned responsiveness or skill, (2) non-deliberative spontaneity, (3) effortlessness, and (4) enjoyment." Nathaniel F. Barrett, "Wuwei and Flow: Comparative Reflections on Spirituality, Transcendence, and Skill in *THE ZHUANGZI*", *Philosophy East and West* 61.4 (2011), p. 682.

的转变过程中所涉及的内容。巴雷特提出在日常生活层面的精神性是技术的娴熟自如，而在宗教层次上的精神性是"无为"。从日常生活中的精神体验到宗教层次的精神性不是程度的变化，而是本质的超越，是人类努力之外的裂变。换言之，"无为"的精神性与日常生活的精神性在本质上是不连续的。米哈里·希斯赞特米哈伊（Mihaly Csikszentmihalyi）的流动理论非常有助于我们对庄子"无为"的理解。流动理论不仅把高超技艺、随意、自如、享受等现象归纳为一个完整体系，还把流动理论与人类有限注意力的缺陷结合，恰切地解释了人们精神的宁静和谐。庄子的"游"与流动相互呼应，庖丁解牛中的娴熟技艺与流动理论中的自如和享受彼此呼应。

对于《庄子》中的娴熟技术和精神超越有很多学术探讨。多数学者对庄子中精湛技艺与超越话题的讨论忽略了至关重要的一点：人类有限的注意力。庖丁解牛经常成为学者争论的核心文本。

庖丁为文惠君解牛，手之所触，肩之所倚，足之所履，膝之所踦，砉然响然，奏刀騞然，莫不中音，合于桑林之舞，乃中经首之会。文惠君曰："嘻，善哉！技盖至此乎？"庖丁释刀对曰："臣之所好者道也，进乎技矣。始臣之解牛之时，所见无非全牛者；三年之后，未尝见全牛也；方今之时，臣以神遇而不以目视，官知止而神欲行。依乎天理，批大郤，导大窾，因其固然。技经肯綮之未尝微碍，而况大軱乎！良庖岁更刀，割也；族庖月更刀，折也；今臣之刀十九年矣，所解数千牛矣，而刀刃若新发于硎。彼节者有闲，而刀刃者无厚，以无厚入有闲，恢恢乎其于游刃必有余地矣。是以十九年而刀刃若新发于硎。虽然，每至于族，吾见其难为，怵然为戒，视为止，行为迟，动刀甚微，謋然已解，牛不知其死也，如土委地。提刀而立，为之而四顾，为之踌躇满志，善刀而藏之。"文惠君曰："善哉！吾闻庖丁之言，得养生焉。"

（《养生主第三》）

在庖丁解牛的故事中，高超娴熟的技艺与精神愉悦之间有着密切的关系。葛瑞汉强调了精湛技艺所带来的精神愉悦。"充分意识到与当前问题相关的一切因素，我发现自己朝着 X 方向前进；如果忽略了部分相关因素，我发现自己就会朝着 Y 方向前进。"① 其背后的三段论逻辑是：

> 我应该被引导着朝哪个方向移动呢？
> 充分意识到与当前问题相关的一切因素。
> 让自己朝着 X 方向移动。

　　葛瑞汉强调主体的彻底意识，具体情形中的任何一个细节都参与引导我们反应的方向。技术的娴熟自如会从主体对当下情况的透彻理解中自然而然地产生。葛瑞汉并没有具体界定"当前问题"是什么，我们可以假定其为人类活动的任何一种情形。葛瑞汉指出处在这种"自然状态"的人是超出道德范畴的，因为他完全从规定道德行为的标准和规则中自由出来，只保留了对周围事物反应的高度敏感力。这种彻底的意识使主体和周围事物高度协调一致，因此带来了极大的精神宁静和谐。葛瑞汉对"无为"的解释难以回答以下问题：人们是否能够意识到与某一给定问题的"一切因素"？如何划分"当前问题"与过去事件在当前问题中的积累？即使完全意识到与当前问题相关的一切因素，难道就一定会朝着最适宜的X 方向发展？事实上，人类生活极其复杂，很多问题会同时不断地在吸引我们的注意力，而且每个问题都有着彼此矛盾的价值；即使完全意识是可能的，也不能确保完美和谐。葛瑞汉的模式没有考虑到人类的缺陷，不能为我们提供解释庄子"精神满足"的满意回答。

　　李耶理的文章《庄子对娴熟技巧和终极精神状态的理解》认为《庄子》中的巧妙技术指向更高的精神境界；而终极的精神境界是由超越或者恶魔般的能力激化启发而产生的结果。李耶理提出庄子的精神性与"普通的生活和期待从根本上讲是完全不连续的。它所期待的远远超过了日常生活问题的逐步改善"。② 葛瑞汉模式的不足从反面证明了李耶理的

---

① 转引自 Nathaniel F. Barrett，"Wuwei and Flow：Comparative Reflections on Spirituality，Transcendence，and Skill in *THE ZHUANGZI*"，*Philosophy East and West* 61.4（2011），p. 686。

② Lee H. Yearley，"Daoist Presentation and Persuasion：Wandering among Zhuangzi's Kinds of Language"，*Journal of Religious Ethics* 33.3（2005），pp. 505 – 506.

正确性：即使人性完美无缺，日常生活问题的逐步改善最终也不能带来精神的平静。但是李耶理在其文章中并没有体现出两者本质的差异，相反，巴雷特认为，李耶理的文章说明两者只是在程度上的不同，精神的自然状态恰恰是日常生活问题最终改善的结果。李氏观察到了彻底改变和逐步完善之间的区别，但没有解决"超越"到底属于终极现实还是普通生活的范畴。实际上，这种超越远在人类局限之上。罗伯特·埃诺（Robert Eno）就持有这样的观点。"《庄子》中的萨满宗教世界充满了被赐予神秘能力的人群和没有神秘能力的人群。前者能够掌控千变万化的自然，超越了人类与生俱来的缺陷；后者仍然被囚禁在人类的缺陷之中。"①

迈克尔·普艾特（Michael J. Puett）描绘了一幅不同的超越之图。普艾特指出庄子的庖丁解牛使我们进入了一种特殊的现实：天理。天理不仅是关于事物自然秩序的知识，还是人们一种全面彻底的意识状态。但是这种洞见并不能确保技术的高超灵验。萨满宗教观认为被赋予神秘能力的人们可以控制自然事物的发展，而普艾特提出了反对意见，认为达到终极精神境界的"神人"只能接受天理。至多，"神人"具有能使事物"实现它们自然的本性"，按照原本的面貌生长、死亡。② 大多数人会干预事物自然生长的过程，让其按照自己的意愿来发展；否则就会感到焦虑不安。相反，"神人"会心神宁静，让事物自然伸展。庄子的"无为"就是灵知感悟，而不是娴熟技巧。普艾特的观点得到了很多《庄子》段落的印证。第六章《养生主》中，很多身体畸形和残疾的个体直率坦诚地面对生死，其精神的镇定从容令人畏惧。

> 曲偻发背，上有五管，颐隐于齐，肩高于顶，句赘指天，阴阳之气有沴，其心闲而无事，跰𨇤而鉴于井，曰："嗟乎！夫造物者又将以予为此拘拘也。"子祀曰："女恶之乎？"曰："亡，予何恶！浸假而化予之左臂以为鸡，予因以求时夜；浸假而化予之右臂以为弹，予因以求鸮炙；浸假而化予之尻以为轮，以神为马，予因以乘之，岂更

---

① 转引自 Nathaniel F. Barrett, "Wuwei and Flow: Comparative Reflections on Spirituality, Transcendence, and Skill in *THE ZHUANGZI*", *Philosophy East and West* 61.4 (2011), p. 687.

② Ibid. , p. 688.

驾哉！且夫得者，时也；失者，顺也。安时而处顺，哀乐不能入也，此古之所谓县解也，而不能自解者，物有结之。且夫物不胜天久矣，吾又何恶焉！"

上述引文中，"神人"的镇静精神体现了一种完全不同的超越。"神人"并没有超越人类外表的弱点，精神的自由与无限变成了能够以天理为乐，接受上天所安排的好运和厄运。

超越就是辨明和接受天理，而不局限于人类精湛技艺的范围。但是这又导致了很多问题：天理是如何与千变万化的自然过程结合的呢？天理到底有多么包容万象？天理如此神秘，人们又怎么能够干涉其发展呢？从人类范围来看，如何区分天理（Heavenly Order）和人为干涉呢？人类判断某些事物优越于另一些事物，让其按照好的方向发展，不是自然行为吗？这些问题只是表面症状，更深层次上则体现了道家思想的内在矛盾：一方面，道家宣传存在着自然与人为的划分；另一方面，道又是无所不包的统一整体。普艾特所谓的"天理"正是这样一个决定一切、包含万物的统一结构：我们如何能够跳出这个统一结构之后再来接受它呢？因此，问题又返回到了人类缺陷的讨论。

很多学者把"无为"中的超越问题与多元视角密切结合。在多元视角论中，理解娴熟技巧的关键在于从不同角度来看待事物。意识到可以从不同角度来理解事物，使得我们跳出习惯性的实用思维，达到事物的"无用"状态（一种精神的宁静和谐状态）。庄子中很多的篇章强调视角转换的重要性。诸多评论家认为庄子的世界是一个无政府的混乱状态，其中所有的价值、身份都由特殊的视角构成，只具有相对价值。《齐物论第二》中彼此之间的转化就是视角相互依赖的最佳说明。兹颇瑞（Ziporyn）认为事实不是简化的多元视角的集合，缺乏一种内在的、使一切统一的结构。所谓内在统一体的观点只是诸多观点的其中之一。但是这种内在统一体的观点往往被赋予了特权，因为它具有实际主义的用途：可以使持有此观点的人们在不同的视角之间进行自由转化。这种自由又可以带来精神的安宁。"无为"中的超越，在兹颇瑞看来，并不是达到某种终极现实，而是允许自我接受多元视角而不存储任何视角。这样自我始终保持转变的中心，不会附属于任何一个特定视角。①

　　兹颇瑞的阐释隐含着一个令人容易忽略的问题：不与外在视角连接的独立态度是否与个人身份的连续性相互兼容？不可否认，一个人可以超越某些视角，但是，如果视角是构成身份的基本要素，人是否还能够超越所有的视角？从多元角度在抽象层次上来欣赏世界是一回事，把某些视角作为自己的身份又是另一回事。即使要部分地超越自己身份中的某些视角也很成问题，因为这是一个从个人丰富生活经历的具体经验中进行抽象的过程。正如前文所言，精神满足的内涵是增强个体经历的丰富性，而不是减少其丰富性。换言之，庄子强调我们与世界的紧密接触，完全沉浸在当下的情形，而不是从中抽离。这种多元视角的游戏切换能否导致精神满足成了很大的疑问。

一　流动经验（flow experience）

　　米哈里·希斯赞特米哈伊（Mihaly Csikszentmihalyi）的流动理论主要论述了流动经验的特征和条件。流动经验与庄子的"无为"在两方面有着密切联系。一是主观体验与客观事物的结合。流动理论描绘了内在固有的满足体验如何深深嵌入在娴熟技艺中，它阐明了"无为"最关键的内在因素：高超的技艺是通往精神满足的道路。这说明满足某些外在条件后，技术和内在满足可以建立联系。人们可以对外在的直接环境产生非常敏感的反应，其中最重要的条件就是主体的兴趣和能力，但这又受视角的影响。流动经验的特殊视角与庄子的"无为"密切相关；这种满足感是以技术为基础的人类模式。二是流动经验以人类有限的注意力为基础。有限的注意力说明即使最大程度的流动经验也不能够达到最终的精神宁静。

　　希斯赞特米哈伊的流动理论产生于 20 世纪 60 年代。他注意到艺术家经常忘我地投入工作，陶醉于其过程；这使得希斯赞特米哈伊开始研究"能使行为成为内在奖赏作用的主观经验"。② 他注意到很多人对于强度很

---

　　①　Brook Ziporyn, "How Many Are the Ten Thousand Things", quoted in Barret, p. 689.

　　②　Mihaly Csikszentmihalyi, "Introduction", *Optimal Experience: Psychological Studies of Flow in Consciousness*, eds. by Mihaly Csikszentmihalyi and Isabella Seleger, Cambridge: Cambridge UP, 1988, p. 7.

大却没有任何外在回报的活动充满了澎湃的激情，例如，业余体育运动员、棋手、攀岩者、篮球爱好者、作曲家等。这些人员常常使用"流动"来描绘自己的活动，于是希斯赞特米哈伊用"流动"一词来定义这些自成目的的活动。他发现"流动"经验以技术为基础，与外在条件产生相互关系。它包括主观和客观两方面：客观条件最终要与主体的兴趣、能力、注意力产生密切关系。希斯赞特米哈伊的实验发现以下情况是最容易产生流动经验的适宜条件①：

1. 高度集中于当前任务
2. 动作和意识彼此融合
3. 失去了自我反思的意识
4. 能够控制，更准确地说，完全没有了焦虑
5. 扭曲的时间观念
6. 体验到行为本身具有满足感（自成目的的体会 autotelic experience）

希斯赞特米哈伊还提供了流动经验的两个条件：

1. 感受到的挑战，或者行动的机会；它对现有能力既不能过高又不能过低，是适合自己能力范围内的挑战；
2. 有明确的目标和对当前进度的即时反馈。

初步来看，这些条件太过于结构化、太过于限定，与庄子的逍遥自由的精神相差太远。实际上，并不存在没有任何条件的精湛技艺，而且流动经验所需的条件并没有看上去那么苛刻。第一个条件可以归结为内外协调，即自我与外在环境之间的和谐调整。希斯赞特米哈伊所言的流动经验

① 关于容易产生流动经验的条件，具体参见 Jeanne Nakamura and Mihaly Csikszentmihalyi, "The Concept of Flow", in C. R. Snyder and Shane J. Lopez, eds., *Handbook of Positive Psychology*, Oxford：Oxford University Press, 2005, p. 89。巴雷特也对此进行了阐述，具体见 Barrett, p. 15。

都需要多年的严格训练（篮球、攀岩、棋艺等），调整就是所获技巧的自然产物。如何才能使外在挑战与自己能力匹配，在很大程度上是选择角度的问题。其实面对当前的情形，只要我们采取一种不同的角度，就能达到流动经验的程度。实际上，每个人都已经具备了取得"流动"经验的"技术"，关键在于找到合适的角度。第二个条件可以理解为对流动经验的表达，而不是外在强加的标准、目标和指导方针。美学的经验往往没有功利，只有接受心态来欣赏事物，可以被看成一种流动经验。不管怎么说，我们都会面临这样一个矛盾：流动经验由外在标准来决定，与流动理论自成目的之本质相悖。过程的目的和标准，不能从外在产生，只是从活动本身内部产生。希斯赞特米哈伊用"浮现的动机"（emergent motivation）一词来描绘这种现象。"眼下发生的是对此前刚刚发生的事件的响应，它产生于相互过程之中，而不是由事先存在的目标和结构决定的。"①目标和信息反馈是在自我流动经验的过程中浮现出来的。巴雷特引用了约翰·杜威对经验的描述。

> 在这种经验中，每一连续部分自由流动，接踵发生，没有任何缝隙和空白。同时，每个部分也没有牺牲自我身份。一条河流，与池塘不同，它是流动的；流动性产生的总体属性远远超过了池塘中各个相同部分的总和。在生活经验中，流动意味着从一样东西流动到另一样东西。当前一部分流进另一部分时，它把自己以前的部分带入了当前，彼此都有了不同。流动的整体由各个不同的连续阶段构成。②

第二个条件也取决于主体的视角。在很大程度上，它是第一个条件的另一版本，只是更加强调与周围环境的动态呼应关系。流动经验的关键是持续的、充满活力的关注力，一种沉浸其中的专注。

---

① Jeanne Nakmura and Mihaly Csikszentmihalyi, "The Concept of Flow", in C. R. Snyder and Shane J. Lopez, eds., *Handbook of Positive Psychology*, Oxford: Oxford UP, 2005, p. 89.

② John Dewey, *Art as Experience*, New York: Dover Publications, 1953, p. 36, quoted in Nathaniel F. Barrett, "Wuwei and Flow: Comparative Reflections on Spirituality, Transcendence, and Skill in *THE ZHUANGZI*", *Philosophy East and West* 61. 4 (2011), p. 694.

二　有限注意力和精湛技艺

有限注意力解释了高超技艺和无意识的自我专注。精湛技艺的自然流露和完全忘我的专注之间有什么关系呢？为什么自然的流动经验（non-deliberate flow）要比蓄意的流动经验（deliberate flow）更可取呢？巴雷特借用了郝大维（David Hall）和安乐哲（Roger Ames）的两个术语（"艺术秩序"和"理性秩序"）来回答这个问题。"艺术秩序"完全由其构成部分（components）形成；而"理性秩序"可以由其他代替性成分（substitutions）构成，只要代替性成分能够符合某些限制，这就意味着可以有无限数量的成分可以达到"理性秩序"的要求。我们以此为类比，蓄意的流动经验是一个由"理性秩序"控制的推理性过程。这类经验往往要从当下具体情形中脱离开来。这样，注意力就要从当前的具体境况中转移到相关的逻辑或者语义关系之中，因此它与"无为"强调自然顺从当下特殊境况的精神相悖。这种对比意味着更加注重当前的细节，把它们看成艺术秩序不可替代的构成成分。这种技术的娴熟就是自然的流动经验，或者顺从的自然性。

我们可以简单地欣赏、专注"艺术秩序"的重要性，或者相反，认识到只关注抽象理性的危险。在此，有限的注意力再次成为关键。当我们调整注意力让抽象理性最低限度地干预我们对当下情形的具体细节的欣赏时，我们的经验就达到了现象学对纯粹感觉经验的欣赏这一最为理想的境界：感觉运动神经和推理认知之间的界限完全消失了。这种感觉的自我沉浸是艺术性，但同时它也会造成"非注意盲视"（inattentional blindness）：无数实验证明了我们习惯性视觉阐释经常会造成对事实的极大扭曲。

庄子的技巧知识中另一个特征就是轻松自如。希斯赞特米哈伊认为流动经验处在"太容易"和"太困难"的中间路线。如果要做的事情太容易，人就会产生无聊厌倦的情绪；如果要做的事情太困难，人就会产生极大的焦虑挫折感。因此，准确地说，流动经验并不是完全不需要任何气力（effortless），它只需要相关的能量来维持人的关注焦点。流动经验是"负熵"（negentropic），因为它不需要我们付出额外的能量来维持人的注意力。相形之下，我们发现无聊厌倦和焦虑挫折要付出大量额外能量。换言之，完全沉浸在富有挑战的工作中，我们发现时间飞逝如箭。如果工作太简单，我们无法始终保持兴趣；如果工作太困难，我们无法看到可以辨识的进步；在后两者情况中，我们浪费了巨大的精力，却无法保持注意力集中。这就是"熵能"（entropic）。① 流动经验时，我们有不费吹灰之力的感觉，是因为维持注意力的能量好像是自己产生的。

流动经验的"负熵"性质最终导致了人们内在固有的满足感。为什么"负熵"能够导致人们流动经验的满足感？为什么流动经验如此令人享受以至于它本身成为了奖赏？流动经验是否激发了心理学家所说的大脑的"愉悦中枢"？我们只能进行猜想，但是流动经验的特征和条件说明它的丰富性本身就是一种奖赏，而不是由熟练技巧添加到我们生活经验的感受。相比之下，不流动的经验只有断续的、间歇性的注意力和杂乱无章的信息内容。杜威把美学经验比喻成一条河流，每一个阶段都积淀了以前的流水，形成了流动不息；但是同时每一个阶段都具有独特个性，区别于以前阶段。如果前后连续的瞬间过于相似，经验就变成了枯燥无味的单调重复；如果前后连续的瞬间差异太大，经验就变成了杂乱无序。相形之下，流动中的每个瞬间都被带入了前后左右的瞬间集合，因此经验的整体性增强就像一个毫不费力的自我保持过程。所以"负熵"和经验的丰富性是同一硬币的两个方面。

三　技术娴熟的局限和无为的超越

希斯赞特米哈伊的流动理论为我们解释了丰富经验和娴熟技巧之间的关系，使反应性技巧、非蓄意的自然性轻松自如、享受彼此联系，成为一个整体现象。流动经验依靠于注意力，为我们提供了一个研究"无为"的绝佳视角：既可以思考娴熟技术的局限，又可以寻找超越局限的方法。流动经验能否上升为精神满足？如果不能，还需要什么？希斯赞特米哈伊认为精神满足会带来精神宁静平和。所有的技术娴熟都是不完美的，要达到精神宁静平和，我们必须要想方设法地应对不可避免的失败。因此，偶尔的流动经验可能不足以实现精神的宁静平和。流动经验受到有限精力的约束，因此流动的概念只能零星地实现。即使能够通过采取合适的视角，

---

①　Barrett, "Wuwei and Flow", *Philosophy East and West* 61.4 (2011), p. 696.

娴熟的技术也不可能实现期待的身份:身份的连续性似乎要求我们的视角范围是有限的。流动本身不能克服人性本身的局限,也不能克服该局限性所带来的失望和痛苦。流动性的提高暗示着生活质量的提高,但不能确保精神的宁静平和。

所以流动理论可以解释技巧娴熟,对理解"无为"很有必要,但是不足够;要达到"无为"的精神理想境界,我们还需要超越什么?巴雷特分析了三种不同的超越。第一,"强超越"。从流动的角度来看,是"超流动":超常的极度敏感和技艺。[①] 这种"无为"的版本通过克服人性的缺陷来应对人类的痛苦,使人具有神仙般的直觉洞见和神奇力量。在现代人看来,它是无法实现的,却直接面对人类缺陷。"强超越"提醒我们为什么要超越,虽然它的超越方法不能令人满意。它像一种假惺惺的恭维。第二,"弱超越"或者"最小限度的超越"。从流动的角度来看,是流动的最大限度的延伸:尽一切可能地培养一个人在多个领域内的娴熟技能。"弱超越"并没有越过人类能力的界限,因此它的超越只是相对而言:某些人有更多的流动经验,因而能够更好地应对挑战,他们的生活质量更高、更丰富。与"强超越"相比,"弱超越"更有实现的可能性,可是更不具有说服力。此版本的"无为"更像一个 24×7 (每天 24 小时/一周 7 天) 的流动经验;它只是一个理想标准,无法完全在现实中实现。"弱超越"的不足就是它没有面对人类的缺陷。理想中的高度流动可以逐渐改善日常生活中的问题,却无法面对最终不可避免的失败。我们无法完全控制流动的条件,"多一些流动"的简单方法并没有面对最重要的人类生存问题。"强超越"和"弱超越"还存在着一个问题:它们都没有提出精神生活与普通生活的明确断裂。"超常流动"只是简单地延伸流动经验,使其超越了人性的缺陷,它并没有与普通生活产生激进的分裂。"弱超越"沿着同样的运动轨迹,只是把"流动"定格在人类能力范围之内。但是庄子的"无为"是一种终极的精神状态,与普通生活有着本质的不同,它必然包括与流动经验的脱轨。

因此,第三种,"个人超越"与前两种超越有很多差异。它采用一种完全不同的激进视角,并且把该视角作为不同于正常生活的阐释框架来反

---

① Barrett, "Wuwei and Flow", *Philosophy East and West* 61. 4 (2011), p. 698.

思、体验生活的全部经验——包括其不可避免的失败。这种阐释框架不仅是掩盖全部生活的方法，更是一种深深根植在人类内在的阐释习惯，构成了经历生活的不同方式。从流动经验的个人无意识角度来看，"个人超越"涉及了主体经验的阐释框架的结构变形。在通往"无为"的道路上，某些活动行为中的全神贯注所带来的丰富体验本身并不是目的（却是人文性精神满足的目的），而只是一种到达终极现实（例如道，或者天）的途径。因此，技术娴熟被视为这种终极现实的显现，而不是个人意志的结果。或者说，被体验的行为是没有统一秩序的、多元实体的和谐运动之结果。这就是希斯赞特米哈伊所说的"浮现的动机"（emergent motivation）：没有事先存在的目标结构，它本身是现实的重要构成因素。① 这种现实观念把流动经验当成了一种超越，通过直接与没有任何约束的自发现实相结合，继而超越了个人代理。

　　流动经验对"无为"必不可少，但是"无为"的宗教性则把流动经验作为与世界紧密联系、并由此超越个人性格和细致情感的手段。"无为"的宗教性虽然十分激进，但它并不需要超越人性，包括构成个人身份的文化积淀。从生活经验的丰富性和技巧性来看，通过神灵而获得超常的奇异技能的观点是可以理解的，但是我们还可以用其他角度来解释流动经验的丰富性，例如，在事物不断变化背后的创造性力量。精湛技艺可能会是精神变化的刺激物和迹象，但是它们不是衡量精神宁静和谐的主要标准，也没有必要非得超越人类局限。同样，伴随着精神满足的宁静和谐也并不完全属于流动经验。一旦采用非个人的现实作为阐释框架，它将在所有经验（并非仅有流动经验）中起到关键的构成作用。如果这一阐释框架被内化并且为人们带来精神宁静和谐，它将为人们应对痛苦、绝望、失败等负面经历提供有用的资源。

　　第三种"个人超越"说明缺少了宗教的支撑点，精神宁静和谐就无法取得。庄子的技巧故事不是个人意志的表达，而是终极精神世界的体现；这背后必然需要一个更大的宇宙框架，一个非人类的体系。只有当人类与这一框架相连接时，人才能充分发展自我。"无为"是一个完全不同于人类经验的、阐释世界的体系。这种阅读是对当前"精神的但不是宗

---

① Barrett, "Wuwei and Flow", *Philosophy East and West* 61. 4（2011），p. 698.

教的"观点的一个挑战。"精神的但不是宗教的"观点体现了人们的欲望:只享受丰富生命的愿意而不愿信仰某一世界观。这样就会卷入不同世界观的相互冲突之中。但问题始终存在:精神满足的硕果能否仅仅从积累丰富生活经历的数量中获得,而不需要更高一级的阐释框架?庄子的故事说明了没有对"道"的信仰就不可能实现精神宁静和谐。

四　无为:道教真理

在庄子的宗教思想方面,还有一篇重要的文章值得我们注意。吴光明认为无为就是道教真理。[①] 他从四个方面论述了无为是通往道教真理的必由之路。有为之害,物物真理,逍遥之适,结朋为友(befriend)。在"有为之害"部分,吴光明首先举了一个抽烟的例子。抽烟之人经常会下决心戒烟,可又难以成功。"反思之我"知道抽烟危害,多次痛定思痛;可"经验之我"想继续进行。"经验之我"过于压抑"反思之我",就会极大危害身体健康;反之,"反思之我"过于压抑"经验之我",不"仔细倾听'身体语言'",同样危害健康。庄子所关注的正是后者:过多的文化反思压抑了身体需求,导致了"文明的痼疾"。吴光明把专横的文化分为了三个阶段:还原前期(The Pre‐reductive)、还原期(The Reductive)、还原后期(The Post‐reductive)。还原前期指人们设置一系列的道德、智力等各个方面的优秀标准来衡量一切,人们在"有为"或"努力"地变成优秀的过程中,不知不觉地变成了奴隶,损坏了自然本性。蹩趾、六指,在这些文化标准看来,就是畸形怪胎,是需要修正的对象。这些追求优秀的行为就是"有为"。还原期是非意动行为(conative),并不是通过理性反思使自己摈除外在文化偏见,而是恢复到最初状态(the original pre‐view‐ing),没有形成文化价值观念之前。还原后期是一种"没有约束的约束生活"(life engagement that is disengaged)。"没有约束"从"反思之我"和"体验之我"中解放出来,"约束"指自我处在"枢中",可以随着万物变化而与环境处于动态和谐。吴光明从这三种情况分析了"有为和无为"。

---

① Kuang‐Ming Wu, "Hermeneutic Explorations in *THE ZHUANGZI*", *Journal of Chinese Philosophy* 33 (2006), pp. 61 – 79.

1. 还原前期：

A. 不为

a. i. ：自然状态，例如婴儿、枯树、死灰等，无法回答自己现存状态

a. ii. ：体验之我统治了"反思之我"，如自我堕落的盗跖

B. 为

b. i. ：a. i. 的回应

b. ii. ：精明算计的盗跖，其他类似例子

2. 还原期：

C. 无为

c. i. ：走出反思之我与体验之我，一个还原过程（to try not to try）

c. ii. ：另一种反思之我统治体验之我（to try not – to – try）（另一版本 b. ii. ）

3. 还原后期：

D. 无为而无不为

d. i. ："无为"（*trying* without trying）事物自我转化过程的自发行为，内在自然与外在一致（如 b. i. ）

d. ii. ："无为"（trying *without trying*）最终会导致 a. i. 的游戏态度。①

在物物真理部分，吴光明认为自我处在不断转变中。自我清除荣辱、生死等外在文化观念的过程就是还原阶段。清除文化思想后的头脑变得"虚静"，可以跟随外在事物的变化而变化。庖丁解牛的故事说明他"与物化""以天合天"，内在自我与事物变化形成节拍。这时，事物的真理呈现在人的行为中，"正是蒙昧无知（认知的空无）开启了自我，来接受真理的显示"。② 认识并承认自己的无知可以消除自我想象，更能接近客

---

① Kuang – Ming Wu，"Hermeneutic Explorations in *THE ZHUANGZI*"，*Journal of Chinese Philosophy* 33（2006），pp. 68 – 69.

② Ibid. ，p. 70.

观事物。存在把万物和自我包容一体，开放的自我更易触摸到万物的真理。对于体验到的真理是否要言说？任何言语都是有意识的"为"，都会固定僵化知识和事实。但不可言说的内容，可以呈现，"与真理的出现变成一体"。① 主观遗忘与人在自然万物中感到的舒适自在紧密相连。人与万物的自在相处首先体现在人籁。"忘足，履之适也；忘要，带之适。"（《达生第十九》）日常生活的约束/腰带与人适合了，人就会感到舒适自在。人籁是人与万物相适的主观方面，地籁是人与万物相适的客观方面。一个人倾听地籁时，自我没有感受到服从外在尺寸，只是自然地顺应物化，是还原变化时的客观方面。倾听天籁时，自我忘却了"有为"和舒适，事物的真理通过"真人"自然呈现。在"结朋为友"（befriending）部分，范伯格（Gerald Feinberg）认为将来融合机器、动物、石头、人类等不同类别事物的意识，形成无限的"宇宙意识"。但吴光明认为这种"宇宙意识"浸没事物的独特个性。而庄子的自我可以自由变化，顺应万物，体验各种不同的存在形式，但同时又保持了个性。如同朋友一样，既能保持完整个性，又能共同蓬勃成长。

谢文宇（Xie Wenyu）在其论文《老子之道和庄子之道》中区别了老子和庄子对"道"的不同理解。② "道"对老子来讲，其一为宇宙之母，万物之源；其二是周而复始的循环原则。庄子废弃了"万物之母"的含义，认为"道"之精髓是循环复始。循环原则认为一切事物源于自己对立之面，是"物极必反"的结果；事物本身就是自己的起源，没有必要单独强调"万物之母"。这意味着事物和其对立之面，彼与此，以及世间万物都是等价之物。庄子对道的发展有着重要意义。首先在相对论方面，"物极必反"的循环原则告诉我们，没有必要坚守某一种选择，而对其他可能性盲目不见，因为事物是动态变化的，都具有同等价值。其次，自由就是从桎梏中解脱，不受一种选择的约束，而是对所有可能性保持开放心态。最能体现这开放状态的就是混沌。

---

① Kuang - Ming Wu, "Hermeneutic Explorations in *THE ZHUANGZI*", *Journal of Chinese Philosophy* 33 (2006), p. 73.

② Wenyu Xie, "Approaching the Dao: From Lao Zi to Zhuang Zi", *Journal of Chinese Philosophy* 27.4 (December 2000), pp. 469 - 488.

　　郝长墀（Hao Changchi）的《论老庄思想中的人间世和道的相对性》①认为老子和庄子对道家哲学形成了互补。老子从人类世界转向道，强调了人类观点的相对性；庄子从道转向人类世界，显示了道的神秘性。"悬解"就是从人类桎梏中解脱出来。任何人都生存在特定的时间和空间，因此形成了他看待世界的视角，而这一视角又是他理解世界的条件。我们应该认识到自我视角只是诸多角度之一。庄子的相对视角只是表面现象，而"有待"和"无待"的辩证关系才是道之精髓。"有待"是万物存在的条件，"无待"就是道，指有条件和无条件之间的相互关系。无是"道的痕迹"，有则是"痕迹的痕迹"；有是"光亮"，无是"黑暗"，道则是"黑暗的黑暗"。

---

　　① Changchi Hao, "Relativity of the Human World and Dao in Lao‑Zhuang—An Interpretation of Chapter 1 of *The Zhuang‑zi* and of *The Lao‑zi*", *Asian Philosophy* 15. 3 (2005), pp. 265 – 280.

第三章

美学家庄子:美学主体

第一节　文化超越和审美欣赏

郝大维（David Hall）认为要想达到审美层次，我们首先要超越文化的实用目的。他通过对比尼采和庄子两位哲学家，从审美角度分析了庄子的"无知、无欲、无为"。要在尼采和庄子两位思想家之间进行比较研究，首先要建立起比较的背景和依据。两人的历史背景、哲学思想、语言文化差异巨大，直接进行学说对比将会困难重重，我们可以采用间接方式来对比他们在文化的功能作用方面的异同。郝大维认为文化的主要功能就是定义和组织社会活动，包括两个主要因素：人际活动方式的矩阵模型（matrix）和人类活动的特征。① 作为矩阵模型，主要包括一系列相互对立的关系，体系和质疑，教义和批评，理论封闭和批判开放。文化作为"矩阵模型"主要在两方面起到缓冲作用：一方面需要连贯的体系性；另一方面只有超越体系才能彻底完全地理解该体系。文化的第二个因素就是创造文化产品的代理机构（agency）。文化代理商是复杂的个体，他深受个人知识、感受和行为等因素的影响。作为矩阵模型的文化是主要的文化产品，深受制造文化的个人影响。郝大维认为尼采和庄子为我们提供了超越文化的资源。尼采从矩阵模型方面颠覆了文化中体系和质疑之间的辩证关系，庄子对知识、行为、欲望的深刻理解排除了人类创造性在制造文化

---

① David Hall, "Nietzsche and Chuang Tzu: Resources for the Transcendence of Culture", *Journal of Chinese Philosophy* 11.2 (1984), p. 139.

中的作用。因此，郝大维认为用庄子的"无知、无为、无欲"来解读尼采的价值重估会富有成果，而用尼采对体系/质疑二元对立的分支岔流（by‑passing of the system‑enquiry）来理解庄子与他同代学者的争论会更有启发。

哲学历史上有两个远见。第一个远见是一个哲学家的伟大和他正确理解同时代哲学家的能力成反比。一个人肯定别人的部分往往是正确的，但是否定他人的部分往往是错误的。哲学发展的动力就是否定前人，通过挑战过去来显示自己思想和观点的生命活力，因此可以说哲学历史就是一个个被误解的故事。① 第二个远见就是从整体来说与第一个远见是毫不相关的。"考虑到伟大哲人的相对重要性，他们的误解构成了我们唯一存活的理解，因为他们的误解是输入历史意义的唯一阐释。我们被迫承认，历史受普罗塔哥拉原则控制，即当下流行的哲学家将左右历史阐释。人是衡量一切的标准。正义是强者的利益。"②

知识分子文化（intellectual culture）虽然受到体系/质疑的辩证关系的影响，但首要目标就是自我保存，我们对事物的理解具有一定的讽刺意义。作为自足的存在个体，我们的思想必须要存在于体系、理论、教义之中；这要求我们把世界圈围起来，这样我们才能理解被封闭起来的内容。没有封闭的结构，我们不可能知道任何事物。我们能够知道的事物就是体系所允许我们知道的事物，因此体系又受到了批评；哲学的历史就处在对真理的声明和对真理的批判的紧张对立之中。尼采的哲学是对这两者的超越。尼采的研究是从希腊戏剧入手的。古希腊喜剧中经常出现 eiron 和 alazon 之间的竞赛：eiron 的谦让卑微的表面之下隐藏着狡诈和野心，alazon 高傲自大、故作圆滑，他的自以为是成了观众的笑柄。柏拉图提炼了这一喜剧场景，使之成为讽刺生活的两极：alazon 代表着假装成为大于实际自我的人物，而 eiron 代表着另一极：假装成为小于实际自我的人物。在尼采看来，哲学史上的柏拉图、亚里士多德、笛卡尔、莱布尼茨、康德

---

① 这与哈罗德·布鲁姆（Harold Bloom）的"影响的焦虑"有着异曲同工之妙。布鲁姆认为当代诗人要想超越前人，在文学世界中占有一席之地，必须要克服"影响的焦虑"，要从精神上"弑父"，故意误读前人作品。具体有"去神性""恶魔化""镶嵌""逆转"等六种方法。

② David Hall, "Nietzsche and Chuang Tzu: Resources for the Transcendence of Culture", *Journal of Chinese Philosophy* 11.2 (1984), p. 141.

等大名鼎鼎的人物都是 alazon 的化身:他们傲慢骄矜、自命不凡,宣称掌握了真理。苏格拉底则站在了另一面,体现了 eiron 的讽刺:反对教义,挖苦自命不凡的哲学家,揭露了他们所谓真理的局限和不足。① 如果尼采想建立起自己的哲学体系,他就会成为声称建立了真理的狂妄之徒;如果对知识体系持有批判态度,他不过是重申了苏格拉底的哲学,"一个后来的模仿者"。尼采的做法是超越了体系/质疑的两元对立,因而超越了文化本身。他承认真理的多元性,彼此处在斗争之中;不存在真理,只存在角度和阐释。尼采认识到了知识和无知之间的真正关系:对真理的无知不是缺少知识,而是知识的过量 (surfeit of knowledge):我们知道得太多,但是对什么也不能完全确定。郝大维对苏格拉底和尼采的无知进行了对比:苏格拉底的无知是目前还没有知晓,尼采的无知是永远没有知识;苏格拉底知道他还没有知道,尼采知道他将永远不能知道;苏格拉底的开放性是推断和惊奇,尼采的开放性是多元阐释的平等性。文化作为矩阵模型中的体系/质疑就这样被尼采解构了。

和尼采一样,庄子既不是其文化的建构者又不是其文化的批判者;他不是其文化的一部分,他的思考超出他所属的文化之外。要建立文化的矩阵模型需要一定的代理人,而文化代理人又会受到其知识、欲望和意志的影响。庄子对上述内容作出否定回答:无知、无为、无欲。要真正理解庄子的"无知、无为、无欲",郝大维认为首先要消除翻译上存在的问题。字典中的词语包含了词语的基本意思,可哲学翻译却有着特殊的要求。一个哲学术语的翻译需要考虑到它在整个哲学思想体系中和其他概念关系的一致性。西方读者往往缺乏对庄子思想体系的全面把握,很容易忽略庄子对知识的特殊理解。

知识是在人为干涉自然的过程中,人们创造了人造秩序来代替自然和谐,引起了混乱。这种人为干涉包括各种策略、工具、方法、计划、原则等,目的是阐释和掌控自然过程。知识需要事先拥有原则或者在建构文化产品的时候产生原则。庄子提出放弃原则,任物自然。在谈论感情时,庄子解释说:"吾所谓无情者,言人之不以好恶内伤其身,常因自然而不益

---

① David Hall, "Nietzsche and Chuang Tzu", *Journal of Chinese Philosophy* 11.2 (1984), p. 143.

生也。"（《德充符第五》）感情、欲望使一个人受到外来控制，达到"受伤"程度。人受到外在环境伤害的前提是人把自然与个体进行了分离和区分。感情建立在对外在环境的客观化的基础上。欲望首先得有被欲望的客体。喜悦是没有外在事物的欲望。感情是建立在主观人为的基础上。消极的感情需要逃离外在的客观世界；积极的感情导致对外在事物的占有和依恋。悟道之人并不干涉事物的自然秩序，他采取"无为"的态度。"万物殊理，道不私，故无名。无名故无为，无为而无不为。"（《则阳第二十五》）像知识和感受一样，"为"（行为）需要把行为主体和客体分离开来，这样就否定了事物之前存在的和谐共处的原有状态。"为"需要被采取行动的对象，因为只有当周围环境被物化以后，行为才有可能。物化行为说明了行为代理主体有要干涉事物自然状态的欲望，继而破坏了事物原有的平等和谐。知识、行为和感情都是使事物客体化的方法，具有制造客体的功能，使制造文化成为可能。而"无知""无欲""无为"使文化生产变得不可能。"无知"是不需要依靠外在事物决定的知识，"无为"是依照每一个具体遇到的事物而采取的相应行为，"无欲"是没有外在目标的欲望，没有想要占据的感情。① 换言之，"无知"是不需要原则的知识，"无为"是并不自以为是的行为，"无欲"是无物的欲望。有"无知、无欲、无为"的行为代理，文化肯定要被超越。那么超越了文化的背后是什么呢？答案就是超越了人类文化的灵巧设计的背后就是审美活动。"艺术作为个体创造行为并不需要物化周围事物，也就实现了文化的终结。因此文化只有在艺术以工具性目的的时候才可能发生。当个人创造性成为最根本性行为，文化就不存在了。取而代之的是自然，一个完全由审美活动构成的创造中心。"②

---

① David Hall, "Nietzsche and Chuang Tzu", *Journal of Chinese Philosophy* 11. 2 (1984), pp. 147 – 148.

② "The realization of art as individual acts of creativity which do not objectify is the realization of the end of culture. Thus culture is possible only when art aims at the achievement of instrumental ends. When individual creativity is the fundamental activity, no culture can exist. In its place there is only Nature as a field comprised by creative centers of aesthetic activity." David Hall, "Nietzsche and Chuang Tzu: Resources for the Transcendence of Culture", *Journal of Chinese Philosophy* 11. 2 (1984), p. 150.

　　自然作为自我创造事物的领域主要是美学层次。郝大维又以相反的方式重申了这一点：从根本上看美学意义的自我创造行为是自然的原发性活动。教育原则连接着自然和艺术。自然教育自我，其自我教育的结果之一就是人类文化的产生，并且把人类文化作为手段来促进美学，加强人们对生活体验的强烈感受。自然和文化领域都由艺术来界定，其目的是在强烈的切身经验和间接的对照差异之间形成和谐。一旦我们意识到对自然的研究就是研究自然如何被解释的过程，也就是说，研究人和自然的关系，我们就会明白，在自然和文化之间没有切实可行的划分界限。进一步说，文化本身就是自然的一个目的，人类文化的产生，甚至能够创造文化的人类的产生，都是自然实现平衡的一个策略，都源于自然中自我创造的、自由的各种活动。因此，在当前自然事件的美学活动中，作为文化是需要被超越的。这也正是庄子的文化超越观念在当今世界的意义。

　　文化需要明确的特征，也需要媒介来产生和保持这些特征。要是没有一套共同的利益来生产和维护这些价值或者理想，就没有文化。无政府主义没有文化。看似自相矛盾的是，最具有创造力的艺术家没有文化。他们或许会为形成普遍文化作出很大贡献，但是在他们强烈的创造过程中，他们没有自身的文化。

　　如果社会存在的单元不能存在于制造客体的代理机构中，文化就不可能成为一个存活的概念。缺少这样的代理机构，文化将变成自然。真正实现文化活动目的的大自然是充满创造力的美学领域，它构成了在知识、欲望、行为没有干预之前的原始和谐。

第二节　神话隐喻与心灵转化

　　爱莲心的《向往心灵转化的庄子》不仅在内容上提出很多新颖观点，还在中西研究方法论上树立了典范。① 海外庄学研究者往往从西方某个理论出发来分析庄子，使中国文本成了阐释西方理论的脚注。爱莲心却以西

---

　　①　Robert E. Allison, *Chuang - Tzu for Spiritual Transformation*, Albany: State University of New York, 1989.

方理论来分析庄子，突出了庄子的中国特色。康德把心灵分为理性分析和直觉审美两个方面，这与大脑划分密切相关：左半脑主管抽象逻辑分析，右半脑主管直觉形象思维。西方哲学一直比较关注理性分析，忽略想象审美。爱莲心强调了自己与康德直觉观念的不同："有一种前概念水平的理解，它属于我所说的直觉或美学领域，这是我跟康德最不相同的地方。"《庄子》中大量的怪物、神话、隐喻强调了人的审美想象，屏息了理性分析，这样人才能得到顿悟。人的内心发生了变化，看待世界的方式发生了改变，实现了爱莲心所言的"心灵的转化"。爱莲心的基本观点是我们应该关闭心灵的逻辑分析功能，开启直觉审美的感受。在心灵的"一关一开"中，我们在潜移默化中实现了心灵的转化。

在关闭心灵的逻辑分析的过程中，他评判了庄子研究中的相对主义；在开启心灵的直觉审美过程中，他带领我们体验了两面问题（double - headed questions）①、神话（myths）、隐喻（metaphors）和怪物（monsters）所带来的直觉冲击和美学感受。爱莲心深受吴光明的影响，认为庄书主要目的在于邀请读者参与，共同体验感受，以达到读者的自我改变。这一点又与中国哲学传统有着密切联系。南乐山指出，西方哲学从中世纪开始，就把"自然理性（哲学）和启示信仰（宗教）区分开来［natural reason（philosophy）and revealed faith（religion）］。西方这种理性和信仰的区分在中国思想史中却没有形成"。② 因此，屏蔽理性思考，开启直觉美学感受，读者就能实现心灵的转化。爱莲心分析了庄子的具体实现方法，并且把这些策略方法称为"论辩结构"（argument structure）。"论辩结构"并不是为了证明某一观点的论辩形式，而是一种没有论辩目的、纯粹的文学方法。爱莲心使用这样一种结构，为了让我们注意到这一事实"某些语言和文学形式在使用的时候会激发出头脑中的直觉和审美感受。在这一意义上，它们起到论辩的作用"。③

---

① 周炽成翻译为"两头问题"。但笔者以为"两面问题"更为合适，类似 Janus 两面神。"两头"在中国文化中经常与"三头六臂""两头受堵"等语义相联系，含有"问题的两个极端"的语义外延。而在爱莲心解释庄子的语境中，"double - headed questions"指问题的正反两面，而且处在矛盾之中。

② Robert Cummings Neville, Foreword to *Chuang - Tzu for Spiritual Transformation*, p. 2.

③ Robert E. Allison, *Chuang - Tzu for Spiritual Transformation*, p. 24.

一 两面问题

在"论辩结构"中,爱莲心首先讨论了"两面问题"。在"齐物论"中有一段比较语言与鷇音区别的论述:"夫言非吹也,言者有言。其所言者,特未定也。果有言邪?其未尝有言邪?其以为异于鷇音,亦有辩乎?其无辩乎?"如果该段要说明人言不同于鷇音,庄子为什么还要特别提出"果有言邪?其未尝有言邪?"而且这两种可能性的平行并置在随后的句子中再次出现:"亦有辩乎?其无辩乎?"爱莲心注意到了庄子在表达人言和鷇音差异时精心选用的独特修辞手法:庄子没有肯定两者有区别,又没有否定两者无区别;但是两者同时并存又会产生逻辑矛盾的问题。这就是"两面问题"。"问题的两面彼此矛盾、相互取消,在逻辑层面上没有答案。但是问题没有逻辑的答案,并不意味着没有答案。"在逻辑瘫痪后,心灵的直觉方面被激发起来了。"问题从两个方面提出意味着问题处在两个不同层面:分析和美学层面。自我矛盾的问题在一个层面上得到了否定却在另一个层面得到了肯定。"① 这种差异在《庄子》英文译本中得到了放大。华生的英译《庄子》注意到庄子的这种吊诡,而葛瑞汉却忽略了庄子修辞的妙用,把"亦有辩乎?其无辩乎?"翻译成肯定选择的单向问题:"如果你认为人言不同于鷇音,有证据吗?还是没有证据呢?"②

二 神话

"两面问题"瘫痪了逻辑概念,与此同时却激发了心灵的直觉审美维度。神话的运用进一步放飞了自由想象,摆脱了理性逻辑的束缚。《庄子内篇》以鲲鹏之变的神话开头,以混沌之死的神话结尾,有着特殊的寓

---

① Robert E. Allison, *Chuang - Tzu for Spiritual Transformation*, p. 26.

② 两人的翻译如下:Waston, "Words are not just wind. Words have something to say. But if what they have to say is not fixed, then do they really say something? Or do they say nothing? People suppose that words are different from the peeps of baby birds, but is there any difference or isn't there?" 华生的翻译保留两种并排的可能性。A. C. Graham: "Saying is not blowing breath, saying says something; the only trouble is that what it says is never fixed. Do we really say something? Or have we never said anything? If you think it different from the twitter of fledglings, is there proof of the distinction? Or isn't there proof?" 在爱莲心看来,"证据"一词的运用预先假设了人言和鷇音没区别,要想找出两者的区别,我们需要"证据"。

意。神话作为庄子全书的开头首先就屏蔽了理性逻辑，开启了我们听童话时的儿童想象。放置神话于开头，有两个战略原因。首先"最为明显的是，作者有隐含的信息，不能向读者直言"；其次，"神话特殊的功能，所要言说的内容在字面上是不真实的"①，暗示着有更高层次的真实。神话瓦解了我们传统的阅读策略，突出了心灵中直觉和美学的感受。听到神话时，"我们理性分析的头脑被静止了"，但我们却开启了"孩子的心灵"。"孩子的心灵就是我们最初心灵中直觉和美学的方面；孩子的心灵习惯于倾听神话和故事。"② 由关闭逻辑分析到开启儿童的直觉想象，在倾听神话的时候，我们已经开始了改变。

　　在"神话内容"一章中，爱莲心围绕着自我转化的主题讨论了四个神话。首先，鲲鹏之变。鲲是生活在黑暗的"北冥"，象征着认识论的起点，是理性认知之前的前概念阶段或者直觉阶段。生活在黑暗的鱼转化成了象征着"自由和超越"的鸟，说明了转化从低级阶段到高级阶段的发展，最终达到了自由幸福的境界。其次，鲲鹏的故事遭到了蜩与学鸠的嘲笑："蜩与学鸠笑之曰：'我决起而飞，枪榆枋，时则不至而控于地而已矣，奚以九万里而南为？"（《逍遥游第一》）小动物的心胸无法理解大鹏的鸿鹄之志，认为其举止完全是无稽之谈，因为"蜩与学鸠运用常理或者科学真理来衡量神话的可能性"。③ 值得注意的是，蝉和小鸟所嘲笑的是大鹏飞往"南冥"的实际可操作性，并没有怀疑鲲鹏转化的可能性。再次，心灵上的聋盲则说明了转化的主动性。"瞽者无以与乎文章之观；聋者无以与乎钟鼓之声。岂独形骸有聋盲哉！夫知亦有之。"（《逍遥游第一》）信息是美的，转化一直存在，缺少的是恰当的理解和感受。生理的聋聋可能会令我们束手无策，但心灵的聋盲却可以通过主观意志而改变，"睁眼和闭眼"取决于读者。心灵上的聋盲被比喻为有着蜩与学鸠一样狭隘心理、固执己见的读者；"只要读者愿意睁开眼睛，信息就会被立刻理解"。④ 最后，"不龟手药膏"的故事进一步深化了转化过程中的主观变

---

① Robert E. Allison, *Chuang – Tzu for Spiritual Transformation*, p. 27.
② Ibid., p. 28.
③ Ibid., p. 43.
④ Ibid., p. 47.

化。秘方持有家族把不皲手膏用于水上漂洗丝织品，只能养家糊口；但油膏处方购买者把它卖给军方，使军队赢得了战争，换得了封地。故事说明"我们拥有同样的设备，唯一的不同就是如何使用它。同样的头脑，不同的使用。"① 转化存在于自我之中。药膏故事还把纯粹神话（不可能发生的事情）和传说（可能发生的事情）连接起来，使转化方式发生在我们生活的周围。

三　隐喻类比

和神话一样，隐喻没有直接说出自己的意思，而是把它比喻为一个等值物。如果我们把握了该等值物的意思，我们就会明白其确切的含义，但是，如果我们把该隐喻等值物用散文直译为的单义概念阐释时，我们所损失的恰恰是理解。爱莲心认为形象化和整体性是隐喻的两大特征。概念，借用黑格尔的话来讲，就是使心灵看到一幅画。但是一幅画只是整体的一部分，一个概念只是抽出的一部分。"隐喻的理解（理解隐喻意思的速记）是整体的或直觉的认知能力的结果。"简言之，"所有的隐喻，和图画一样，必须要作为一个整体来把握。"② 蝴蝶梦是理解庄子思想的一个核心隐喻，是庄子的自我转化思想的集中体现。蝴蝶梦有四个具体特征。首先，它非常吸引人，使读者被美的概念所迷住。其次，作为变形的原型和比喻，蝴蝶梦体现了从低级到高级的转化过程。再次，从蛹到蝶的转化过程是内在的、一次性转化；而且只有当旧事物让出道路时，转化才可能实现。最后，蝴蝶短暂的生命是美丽而易逝的。不仅如此，该书作者还对最为经典的"庄周梦蝶"的逻辑秩序提出了质疑。庄子在故事开始就明确提出"昔者庄周梦为胡蝶"，又怎么会不知道"周之梦为胡蝶与，胡蝶之梦为周与"？既然两者都不清楚，又如何确定"周与胡蝶，则必有分矣"？因此爱莲心把"不知周之梦为胡蝶与，胡蝶之梦为周与"放入了庄子梦中，而不是梦醒之后。不仅如此，爱莲心还从整篇文章的逻辑出发，认为"庄周梦蝶"只是一个不成熟的梦，它应该是"大圣梦"（"觉而后知其梦也，且有大觉而后知此其大梦也"）之前，因为"它试图说大圣梦

① Robert E. Allison, *Chuang – Tzu for Spiritual Transformation*, p. 48.

② Ibid., pp. 36 – 37.

要说的东西，但说得更不完整、更不完美"。这一顺序的调整，在爱莲心看来，可以解释庄著中的相对主义只是发生在梦中，在尚未觉醒之前。

四　怪物

隐喻把不能直说的内容以形象化的等值物表达出来。怪物，作为信息持有者和叙述者，不仅突出了逼真的"马上要被看到的"视觉效果，还震动和颠覆了我们的心灵分析。

爱莲心首先分析了怪物的定义。瘸子和驼背本身并不可怕，但是他们起作用的方式是怪异的，是被人们所憎恶的。"从偏离社会规范的角度来讲，他们就是怪物。"① 怪物代表了两个哲学功能。其一，"怪物是标准的活生生的反例"。他们代表了一种被大众所恐惧和避免的原则。其二，"怪物所具有的、循规蹈矩的人们所恐惧和避免的原则就是：自然"。《庄子》中的怪物所共有的特点就是自然。和疯子一样，作为哲学的怪物们因为其与众不同，所以能够言说普通人不敢言说的内容而不会被惩罚。"他们有成为自然的自由：正是因为这一哲学品质他们才被大众所恐惧。"② 怪物的吊诡之处在于，我们将要赞成的观点，恰恰由我们竭力避免的人提出。怪物作为正确信息的持有者打断了我们哲学的期待模型，但当我们有意识的评价体系终止了工作，心灵的审美感受在无形中开启了。

爱莲心按照怪物对社会规范的偏离程度划分了四类怪物。

第一类是跛子。"公文轩见右师而惊曰：'是何人也？恶乎介也？天与，其人与？'曰：'天也，非人也。天之生是使独也，人之貌有与也。以是知其天也，非人也。'"《养生主第三》独腿右师是一位前军事指挥员，他在军中的高位为他的话语增添了权威，赢得了他人的尊敬；他的瘸腿也因此获得了一种特殊的哲学含义。

第二类是变形。支离疏是其代表。征兵入伍，支离疏因为身体残疾而被免除兵役。支离疏体现了无用之用。有残疾和怪异的动物从祭品角度来讲，畸形是没有用，不可以被当作祭品供神；但从保全生命的角度出发，畸形却极其有价值。爱莲心还深入探讨了支离无唇。无唇人没有说话，庄

---

① Robert E. Allison, *Chuang – Tzu for Spiritual Transformation*, p. 51.
② Ibid., p. 53.

子也没有记录他的所言。但是他却说话了，读者没有听到他的话语。无唇却能说话，"这进一步加强了我们的印象无唇者的语言超出了普通意义……它是一种听不见的语言"。[1] 爱莲心所说的"超出了普通意义"的语言就是停止心灵的逻辑分析功能，用心灵的直觉和审美想象来感受无唇人"听不见的语言"。

第三类是丑陋。庄子把残疾、老和丑陋外表结合，形成了独特的怪物。但爱莲心认为该类怪物并不成功，并没有花费笔墨进行探讨。

第四类是疯子。前三类强调了畸形的外表，而疯子则是心理的内在变形，对我们最具有威胁性。因此，疯子常常被关闭在秘密或者远离我们的地方，把他们排除在我们的意识之外。疯子是自由思想的象征，他们可以不受道德伦理拘束，随意表达自己的观点。楚狂就是以批评孔子道德的疯子姿态出现的。

两面问题、神话、隐喻和怪物都是关闭理性逻辑、开启直觉想象的"论辩策略"，最终目的是实现主体的自我转化。在《庄子》中，自我转化有着不同的表达方式：得道、达天、忘我、忘心。但是自我转化存在着吊诡。人如何才能忘掉心呢？"一个人不可忘掉自己的头脑，只能说我们要忘掉（或者不运行）自己的意识头脑。人不会因此变成植物，人能够依据直觉或者非判断之心来自然地行事"[2]。爱莲心具体提出了自我转化的两种策略：梦喻和所有价值的相对性。梦喻是关于忘掉我的本性，而价值的相对性强调了忘掉我所坚持的价值。在梦喻中，梦中之我非常确定无疑，可是梦醒之后则怀疑梦中之我的真实性。醒是一种更为高级的状态，它伴随着主体的解体而产生。而价值相对性的讨论强调了忘却自我的观点。在"齐物论"中，庄子列举种种不同的观点：不仅有"我与若辩"的循环争执，还有"吾谁使正之"的困难。逻辑的争辩陷入了僵局。超越自我观点，达到"莫若以明"的立场，才能摆脱逻辑的困扰。"是亦一

---

① Robert E. Allison, *Chuang - Tzu for Spiritual Transformation*, p. 63.

② 爱莲心认为忘心就是使自己的头脑不再运转，这样停止了理性逻辑的心灵，就会按照直觉来自动运转。我们要质疑的是主体减掉理性逻辑后的剩余是什么？主体－理性＝直觉？身体？无意识？梦？这又激发了一系列的问题：消除了伦理道德的等级体系，在梦中，万物是否齐平了？无意识的梦中，语言与主体是什么关系？吾丧我后，人类像动物一样按照本能行事？小孩按照自然行事？是否应该考虑人类中心主义呢（anthropocentricism）？鱼／鸟如何感受这些问题？

无穷，非亦一无穷也，故曰：莫若以明。"（《齐物论第二》）梦论和相对论都说明要超越主客观对立，实现自我概念的消除，才能实现自我转化。

但自我转化中却有无法消除的自相矛盾。如果"得道"是道与人的统一体，那么如何解释得道之人和道的并存？因为有人达道了，就没有道，达道之人的存在就排除了道的存在。如果忘我之后，还有自我的存在，怎么能叫忘我呢？爱莲心的解决方法是引入时间性。在实现自我转化之前，道作为主体的追求目标是有意义的；当目标实现了，道作为描绘的概念是没有意义的。自我转化的概念只有当"展望"和"回顾"的时候，用于清醒之前和清醒之后才有效力。但是在实现的刹那之间，主体客体的区别，失去了描绘这种状态的语言。即使如此解释，也不能彻底消除道的全部吊诡。用语言来描绘得道的统一体时始终存有矛盾。因为任何语言都是二元的，使用语言就会涉及主体和客体之分，语言和被语言描绘的对象之间的区别，这是语言本身所具有的内在特点。

在《通往心灵的转化》的最后，爱莲心用两个例子来综合说明实现自我转化的吊诡：孟孙才的例子说明了庄子的双重吊诡，鸣雁的例子说明了庄子反对神秘主义的倾向。孟孙才的例子以孔子和颜回对话的形式展开。颜回问仲尼曰："孟孙才，其母死，哭泣无涕，中心不戚，居丧不哀。无是三者，以善处丧而盖杏国。固有无其实而得其名者乎？回壹怪之。"（《大宗师第六》）缺乏真实情感的恪守礼节为孔子所反对，但孔子却认为孟孙才体现了最高的"简"。"夫孟孙氏尽之矣，进于知夹。唯简之而不得，夫已有所简矣。"（《大宗师第六》）孟孙才超越了生死担忧，他表面和别人一样，体现了活在世中却有不在世中的能力。问答对话形式尤其引起了爱莲心的注意。答的水平总是超过问的水平。一个真正意义上的哲学的回答以及它回答的方式要远远多于问的内容，往往填补了问题所带来的空白。使用孔子的名字有着双重吊诡。

　　把孔子当作发言人有双重吊诡。赋予孔子的观点是孔子本人所不认可的。这取消了信息。但是信息本身，如果能被正确阐释，又不是简单的荒唐；这种荒唐是迈向更高级的荒谬的过程，它包含了不能被完全消除的信息。这是一个吊诡。但是使用孔子还有另一个吊诡，因为孔子的名字本身——尽管错误观点被张冠李戴——具有很强的历史权威。这是对信息取消部分的再次取消。因此,孔子作为著名的哲学人物再次取消了被取消部分内容(cancels out the partial cancelling out of the message)。我们得到了肯定的剩余,这种肯定的剩余中充满了吊诡的残留。①

在双重吊诡中,意识的心灵被两次唤醒,但又两次都被否定;这样直接的、想象心灵就会被调动起来。

还有一个醒目的吊诡案例就是鸣雁。树因为无用而被保留,但家雁却因不鸣而被杀死。前文刚刚强调了无用,随后又突出了有用。爱莲心认为庄子通过破坏自己刚刚提出的标准来质疑自己所言,告诫我们没有标准规则可以解释生活中的每一个情景。其次,鸣雁还是哲学上的隐喻。不鸣雁代表了哲学上的神秘主义,认为一切都不可说,最好什么也不要说。鸣雁象征着如何谈论沉默的哲学。鸣雁让我们警惕两种危险:"单纯的讨论(没有叫醒功能的描绘性讨论)和沉默不语(使我们沉睡不醒)。"② 庄子就是那只鸣雁,他运用沉默来开启人们的直觉,实现自我的转化。

与美学密切相关的是其表达方式:道家语言的迂回艺术。爱莲心在《维特根斯坦、老子和庄子》一文中探讨了道家语言的婉转迂回。③ 他从东西方哲学入手,对比了语言的差异。维特根斯坦在《逻辑哲学论》(又译《名理论》)结尾时说:人类对于不能言说之处,应该保持沉默。西方哲学止于语言的界限,不再越界。爱莲心认为"西方哲学终止之处正是东方哲学开始之地"。④ 中国的道家就是关于"不可言、不可道"的哲学。实际上,理解可以发生在语言以外。我们不知道自己梦中的内容,这说明我们必须要有超出梦境以外的知识才能判断自己不知道梦中内容。同样,我们无法知道语言以外的东西,但是我们感到自己能够知道语言以外的东西。我们并不完全局限在语言中,我们的知识超越了语言。

爱莲心用无唇人和庖丁解牛的形象来阐述不可言说的知识。无唇人根

①　Allison, *Chuang - Tzu for Spiritual Transformation*, p. 165.

②　Ibid. , p. 172.

③　Robert Elliott Allinson, "Wittgenstein, Lao Tzu and Chuang Tzu: The Art of Circumlocution", *Asian Philosophy* 17. 1 (2007), pp. 97 – 108.

④　Ibid. , p. 97.

本无法说话，庄子正是用这种吊诡形象来激发我们的思考。无唇人说话含混不清、令人费解，读者必须要仔细诠释才能理解。同样，语言也是无唇的。我们会常常忘记：畸变的无唇语言并不指示什么，它的言说超越了自我。爱莲心用无唇人的例子来定义庄子的忘却。"人们没有忘却本来可以忘却的内容，却忘却了本来不该忘却的内容——这才是真正的忘却。"我们忘却了一个最根本的事实：人们要学习的内容正是语言所无法表达的部分；相反，我们应该忘记却（错误地）记住了另一个事实：我们已知的内容正是语言可以记录的内容。庖丁的解牛之刀在骨骼的空隙之间进行，他的语言在没有差异区别的地方"切割"，"在虚空之处描绘区别"①，所以他的"解牛之刀"能够始终锋锐无比。而我们普通的屠夫，只会砍骨；我们的"屠刀"自然会慢慢变钝。"我们始终都在砍不该砍的地方。我们使用语言来描绘可以描绘的东西。"② 我们要理解的事物原本没有两元对立，但是当我们用语言来描绘时，就会产生描绘的主体和客体。这是语言的内在悖论。无唇人以畸形身躯和扭曲的语言来向我们说明"语言内在的缺陷"。无唇人以扭曲的语言表达着"无声的信息"，而这"无声的消息"需要我们解析破译，咀嚼思考。

第三节　道家美学和中国诗学

叶维廉把道家美学定义为："从老庄激发出的观物感物的独特方式和表达策略。"③ 道家美学与西方传统文化相反，但在 20 世纪初，道家美学通过庞德对美国的诗学产生了重要影响。道家美学具有政治和美学两层含义。政治上，它针对商周名制提出质疑。名以及名分的划分是为了巩固统治权力，从而把从属关系的阶级身份加以理论化，固定人们彼此之间的关系（例如君臣、父子、夫妇关系）。道家重新思考了语言和权力的关系，认

①　Robert Elliott Allinson, "Wittgenstein, Lao Tzu and Chuang Tzu: The Art of Circumlocution", *Asian Philosophy* 17. 1 (2007), p. 103.

②　Ibid. , p. 104.

③　叶维廉：《道家美学与西方文化》，北京大学出版社 2002 年版。

为这种外在的强加规定限制、扭曲了人们的自然本性，造成了人性危机。

解除了语言暴虐的框限，叶维廉使美学的视野更加开阔。人与自然息息相关，自然万物处在永不停歇的无限变化之中，形成了一个有机整体。当我们用语言来限制约束人们时，人们就失去了与自然密切的接触。人逐渐从万物中脱离出来，把自己凌驾于自然之上，成了宇宙秩序的赋予者。人只是自然万物之一，人应该摆脱成为万物的主宰，恢复自然兴发的原真状态。撤除了人类的强加性限制，事物呈现了自然状态。庄子从"彼此"的变化强调了万物呈现的多元视角。处在主体宰制位置的"此"同时也是处在客体被宰制位置的"彼"。其实所谓的主/客区别只是人为划分，事物本身并无此差异。道家美学对中国诗学产生了很大影响。

一　中国诗学

道家主张主体虚位，以物观物的美学思想对中国诗画产生了极大的影响。没有了人的中心控制，诗画有了很大的自由视角。我们可以从空间和时间两个方面进行详细分析。中国山水画往往采用不定向、不定位的透视点，称为"散点透视"或者"回游透视"。叶维廉认为《千岩万壑》的视角由平地直接上升到空中，突破了人们实际生活经验的局限，让读者在变化的观赏中不断地消解着固定认知。在《逍遥游》中，庄子突破单一透视，从鱼的视角写到鸟的视角，从仰视到平视再到俯视，透视点处在不断变化之中，使读者有了极强的立体空间感受。人物没有主宰自然，而是融入万物，成为其中一部分，这样事物自由浮动，保持了多重空间的延续。道家美学在中国汉字中得到了淋漓尽致的发挥。英语是一种定向性分析结构语言，主语—动词—宾语有着严格指向。中国古典诗歌的语法非常灵活：词性多元、关系复杂，让读者获得一种山水画中自由移动的浮动空间。如果把"鸡声茅店月"翻译成为英语，我们就会面临很多如何处理"茅店"和"月"的关系：（1）the moon is above the thatched inn?（2）Or the moon is by the thatched inn?（3）Or the moon is around the thatched inn? 如果两者的关系是 above，说明明月高高升起在茅店之上，如果是 by，强调了从观察者位置放眼看去，月亮可以在茅店的左边、右边、紧挨的上方，而 around 突出了艺术色彩，一轮巨大的圆月呈现在茅店的背后，成了其艺术背景。汉语中的"茅店月"没有具体说明两者的空间关系，给读者留下了很大的自由想象的余地。而英语中无论采用哪一种翻译都会极大地限制原文中的想象空间，破坏了原诗的美感。"涧户寂无人"的诗句也面临着同样的翻译难题。The hut is by the stream? The hut is above the stream? The hut is overlooking the stream? 原诗中空间的张力会随着英文翻译而得到极大的削弱。① 再现景物以后，中国古典诗人往往会悄然隐退，让景物自我表达，读者会产生身临其境的感觉。中国古典诗歌中的意象并置深受道家美学的"未割"的影响："'指义前'属于原有、未经思侵、未经抽象逻辑。"② 这一道家美学又与中国古典诗歌语法紧密相连。文言文中往往缺失主语，给读者提供了很大的感受空间。

> 玉阶生白露
>
> 夜久侵罗袜
>
> 却下水晶帘
>
> 玲珑望秋月
>
> 　　　　（李白《玉阶怨》）

　　整首诗没有出现主语。我们分析最后两句诗歌，就会发现以下问题：谁"却下水晶帘"？站在读者角度，如果是"她"却下水晶帘，读者是在"客观"地观看宫中女子；但读者心中也可以涌出"我"，说话人化为诗中的主角，"主观"地由里向外地观看。作者可以同时在两种立场之间来回穿梭，体验从主观/客观世界的不同感受。

　　从时间上来看，中国古典诗歌没有明确的动词时态。"明月松间照，清泉石上流。"（王维《山居秋暝》）动词没有明确的时态，似乎只有空间的自然呈现，无形之间突出了"山居"生活的返璞归真和"冥思"时的忘我状态。翻译成英语时，无论是过去时态还是现在时态，都会破坏人与自然和谐统一的状态；而且原诗中超越时间的永恒性也受到了局限。文言文中没有动词时态，或者说中国诗画中有着不同的时间意义。现在时、过

---

① 此外，叶维廉还列举了四个例子来说明中国人独特的感物和表达方式。具体参见叶维廉《道家美学与西方文化》，第10—12页。

② 叶维廉：《道家美学与西方文化》，第9页。

去时、将来时都只是人类的发明，并非自然界的真实再现。"有始也者，有未始有始也者，有未始有夫未始有始也者。有有也者，有无也者，有未始有无也者，有未始有夫未始有无也者。"（《齐物论第二》）"始也者""未始有者"只是人类主观武断的划分，把所谓的"过去""现在""将来"等时态强加在浑然不分的现象世界，以方便人类主观的宰制。道家美学强调主体虚位，淡化时间，正是为了让万物自然呈现。

中国古典诗歌还强调生活感受，超脱了西方线性时间的限制。杜甫的"绿垂风折笋"经常被人们认为是倒装句型，因为按照正常的认知逻辑，该句应该被改写为"风折之笋垂绿"。但是叶维廉认为改写之句只是"通过纯知性、纯理性的逻辑"推理结果，并不是生活中真实的感受。杜甫实际上非常忠实地再现了生活体验：诗人在行走中，突然看到了绿色下垂，还没有弄明白怎么回事；感觉后再仔细观看，原来是风吹折的嫩竹子。[1]

汉语是象形文字，中国诗画讲究意象并置，那么如何表达意念？会意是中国文字的重要构成方式。叶维廉以"时"为例进行了说明。"时"由☉和止构成，而止的雏形是⺟，是"足踏地面"，前一脚停止，后一脚开始的意思；而且"止和始"有着重复不断的节奏。太阳停止后再次开始，这就是中国人的时间观念：它与具体可感的生活感受（太阳的周而复始）密切相关，是周围自然环境的提示，不是形而上学的抽象概念。重视意象并置，让事件自然涌出，不再通过主体我来呈现浑然不分的万物关系，就是任物自然。

二　现代西方文化的反文化立场

道家美学作为一种独特的感知方式和表达方式，实现了主体虚位，任物自然。那么西方定词性、定物位、定方向的分析性语言是否可以获得道家美学的超脱性境界？或者说自柏拉图和亚里士多德以来形成的强调自我的认识论是否达到"齐万物"的诗学？叶维廉认为这是不可能的，除非西方语言在感知表达程式上有很大调整。

西方对万物采取了怎样的感知方式呢？"我们观察万物。"西方哲学

---

[1]　叶维廉:《道家美学与西方文化》，第 13 页。

很关注：观察者是谁？他有什么特征？观察过程是怎样的？直觉感受可靠吗？被观察的客体是什么？事物的本质是什么？这些问题的提出说明他们已经不再信任最初的、自然的直觉感受。自然变成了人类索取的资源，用来满足人类需求的对象。叶维廉从观察者、观察过程和观察对象三个方面总结了这种认知方式的基本方法。①

    1. 肯定观物者是秩序的赋给者、真理的认定者。

    2. 理性和逻辑是认知真理惟一可靠的工具。

    3. 主体拥有先验的综合知识的能力。

    4. 序次性秩序和由下到上的辩证运动。

    5. 抽象比具体更重要。

　　哲学家柏拉图反对诗人的思想就体现了西方认知的典型特征。柏拉图建立了一个理想国，他首先排除了诗人，因为诗人激发人们的感情，不利于国家的统治管理；而善于理性思考的哲学家在理想国中占有极高的位置。重视理性的思想自柏拉图开始一直延续着，启蒙时代的笛卡儿达到了高潮，"我疑故我思，我思故我在"。其次，柏拉图反对诗人的另一个原因是诗人只模仿事物的表面。在柏拉图的认知体系中，理念是第一位的真理；现实万物处在第二位，是对真理的模仿；诗人等艺术家模仿现实万物，是最低级的，是"模仿的模仿"，与真理隔离了两层。柏拉图反对诗人的最根本原因是：诗人在创作时失去了自我。自荷马以来的创作传统认为诗歌是诗人在缪斯女神的启发下，进入了着魔状态后的结果，这才是柏拉图反对诗人的主要原因。柏拉图通过苏格拉底与诵诗人伊安的对话探讨了诗人的创作。柏拉图认为，"缪斯女神首先赋予诗人灵感"，受"原始引力"的神奇影响，诗人的灵感"被激发，进入一种着魔状态"。② 而处在着魔状态下的诗人，丧失了自我，缺少了理性。因此，诗人被柏拉图从理想国中驱逐出去。

---

    ① 叶维廉：《道家美学与西方文化》，第21—22页。

    ② Plato, "Ion" in *Critical Theory Since Plato*, ed. by Hazard Adams, Philadelphia: Harcourt Brace Jovanovich College Publishers, 1992, pp. 14 – 15.

柏拉图意识到人性危机，把人从神的魔力下解放出来并且重现自我。这与道家的出发点是一致的：通过对封建名制压抑歪曲人性的批判，恢复人性的自然状态。但是他们在价值取向方面却不同：道家把人从封建名制的框限下解放出来，把人和自然万物看成一体，并不凌驾于自然之上；柏拉图则把人类看成了自然界的主宰者和秩序赋给者。

柏拉图认为最直观的事物不可能是真理之依据，因为它们处在不断变化之中。最高层的知识是超越感知，不存在于具体万物，只存在于抽象的本体世界。从最低层次到最高层次知识之间的思维活动就是毕达哥拉斯提供的数理和几何思维。数理逻辑的推理演算是到达最高层次知识的最可靠依据。但是柏拉图的理念世界只是一种人为的"假设""概念"，并不存在于现实世界。而且真知也无处获得。我们既无法知道事物之缘起，也无法知道事物之终极。不变只是人们的一种假象，万物时时刻刻都在变化之中：只是有些事物变化很慢，未曾被我们发觉而已。庄子的"万物之化"就是对此最好的说明。休莫对"永恒"的批判可谓一针见血：

> 古人是完全知道世界是流动的，是变动不居的……但他们虽然认识到这个事实，却又惧怕这个事实，而设法逃避它，设法建造永久不变的东西，希望可以在他们所惧怕的宇宙之流中立定。他们得了这个病，这种追求"永恒、不朽"的激情。他们希望建造一些东西，好让他们大言不惭地说，他们，人，是不朽的。这种病的形式不下千种，有物可见的如金字塔，精神性的如宗教的教条和柏拉图的理体世界。①

亚里士多德推翻了"太阳中心系"的信仰，建立了"地球中心系"。亚里士多德认为宇宙由四种元素构成，其中土、水比较重，落在宇宙中心；气、火比较轻，浮在外层；土、水、气、火构成了四层圆。这一系列的秩序只是人类的假设，只是人类概念下的秩序。到了中世纪时，宗教神学又对亚里士多德的体系加以改造，在日月星辰以外是"不动的上帝"。

----

① T. E. Hume, *Further Speculation*, ed. by San Hynes, Lincoln：Nebraska, 1962, pp. 70 - 71, 转引自叶维廉《道家美学与西方文化》，第25—56页。

上帝把制造宏观世界的四元素同样运用到了微观的人类身体。人是由土造成的，血液好似河流，鼻息像风，头发似树。人体内的四种液体（Humors）也与四种元素密切相关：土代表着忧郁，水与恬淡密切相关，气意味着血气方刚，火则是恼火。世界的每一件事物都有着固有的次序，从神到人、到万物。而这一切秩序都只是中世纪神学为巩固他们的统治而发明的体系。西方传统哲学强调"理性和知性"，将人的主观概念强加在自然之上，建立起抽象的体系。西方当代哲学家已经意识到此问题，并且进行了反思。怀特海（A. N. Whitehead）对此有着精辟的阐述：

> 实际经验里所见的不整齐和不调协的个性，经过了语言的影响和科学的塑模，完全被隐藏起来。这个齐一调整以后的经验便被硬硬地插入我们的思想里，作为准确无误的概念，仿佛这些概念真正代表了经验最直接的传达。结果是，我们以为已经拥有了直接经验的世界，而这个世界的物像意义是完全明确地界定的，而这些物像又包含在完全明确地界定的事件里……我的意见是……这样一个（干净利落确切无误的）世界只是"观念"的世界，而其内在的串连关系只是"抽象概念"的串连关系。①

三　美国现代诗语法创新

欧内斯特·费诺罗萨（Ernest Francisco Fenollosa）是美国著名汉学家和诗歌理论家，他从中国绘画和诗歌中看到了与西方截然不同的艺术。在《中国文字作为诗的媒介》一书中，费诺罗萨认为汉字保持和再现了自然的具体性和综合性，有"明暗模糊的丰富性"和"层层不同意义的玩味"，不同于西方由声音主宰的文字的抽象性。另一个深受中国道家美学影响的美国诗人是庞德（Ezra Pound）。庞德非常推崇中国诗歌，认为中国文字突出了语义流动性和多层复义性。为了再现诗中的意境，庞德对英语语言进行了改革。叶维廉认为庞德进行了两种极其有效的尝试：空间切断法和语法切断法。叶氏以"The Coming of War：Actaeon"的第一节

---

① A. N. Whitehead, *The Aims of Education*, New York, 1967, pp. 157 – 158，转引自叶维廉《道家美学与西方文化》，第 31 页。

为例，构建了庞德在传统意象时期的常用句法。

> （a）An image of Lethe, and the fields
> 　　Full of faint light, but golden gray cliffs
> 　　And beneath them, a sea, harsher than granite

　　受到中国道家美学的影响后，庞德对诗歌进行了空间切断，使整个诗歌呈现出一种视觉之美。具体如下：

> （b）An image of Lethe,
> 　　　　and the fields
> 　　Full of faint light
> 　　　　but golden,
> 　　Gray cliffs,
> 　　　　and beneath them
> 　　A sea
> 　　Harsher than granite

　　切成短句后的诗歌呈现了空间层次感，在语言形式上模拟了海洋的层层深入：从表面意象，到水下微光，再到海底悬崖，最后是无处不在的海水。此外，空间的切断突出了每一个独立的意象，但独立的意象又彼此相连，如同海水围绕着一切。

　　除了空间切断以外，庞德还进行了语法切断，来突出诗歌的凝聚形象和重旨复义。庞德在《涡漩主义》文章中曾经提过一首日本俳句：[①]

> The footsteps of the cat upon the snow:
> are like the plum blossoms

[①]　"Vorticism", *Fortnightly Review* 96（1914），p. 471，转引自叶维廉《道家美学与西方文化》，第43页。

　　但是庞德告诉我们原句中没有"are like"。换言之，庞德把日本俳句翻译成英语时，增添了"are like"使原句更加符合英语表达习惯。可是当他创作"In the Station of Metro"，他却省去了这两个字：

> The apparition of these faces of the crowd;
> Petals on a wet black bough.

　　省去了"is like"后，庞德切断了两句之间的语法关系，使意象之间独立呈现，与中国道家美学更加神似。两个视觉意象，一个关于人，一个关于物，两者并置，形成了若即若离的空间距离。如果增添了"is like"就会破坏了意象的重叠。

　　叶维廉还从道家美学上升到道家精神。道家精神就是质疑传统，恢复万物的自然。叶维廉从两个方面分析了道家的激进（radical）：从问题根源出发消除人类主宰，恢复任物自然；提供激进前卫的语言颠覆策略：奇特逻辑、诙谐调侃、矛盾方法和惊人话语。这些与西方的前卫艺术极其相似：Disturb（惊骇）、Dislocate（错位）、Destroy（破坏）。① 西方前卫艺术只是停留在惊世骇俗的表面，而道家精神在其颠覆性语言策略背后是实现物我与物物关系的相互沟通。

　　人与万物之间原本是无穷变化的整体，但是当人们把所谓的秩序强加在自然之上时，人类就变成了万物的主宰。当人们把对自然的态度转向人类之间的彼此关系时，他们建构了君臣、父子、夫妇之间的从属关系和身份。道家美学就是要质疑我们已经内化的常理，回到未割的朴素。美的观念是相对的。如果美是绝对的，那就是成了一种霸权，不但不美，还极其丑陋。庄子的语言颠覆策略多姿多彩。

　　庄子经常采用形象化和戏剧化的描绘，而他对所描绘事物态度在肯定和否定之间游离不定。大鹏击水，扶摇直上九万里。"野马也，尘埃也，生物之以息相吹也。天之苍苍，其正色邪？其远而无所至极邪？其视下也，亦若是则已矣。"在庄子的浪漫想象中，他采用了色彩、姿势和线条勾勒了一幅奇异景色。人们在感慨鹏鸟之远见，却又觉得小鸟亦是不无道理：

---

　　① 叶维廉：《道家美学与西方文化》，第 95 页。

高与低、大与小,不过是相对而言。

奇特的逻辑也是庄子的语言策略之一。在"鱼之乐"的争辩之中,庄子经过复杂的逻辑论辩以后,重新回到了直觉感知:"我知之濠上。"攻人不备是庄子的另一个策略。"知北游"中,知识自己失落了,四处问道求解。知对自己本身的质疑,攻人未防,反思知识的可靠性。[1] 知在说自己不知的同时,实际上另有所知:通过调侃、戏弄的语言,使人突破语言的框架和常识的局限。

道家美学在全球化的今天有着特殊的意义。

第四节　关联思维与顺应语言

郝大维和安乐哲二人从宏观角度对中西文化的思维方式进行了深入探讨,并且把道家思想放在中西思想差异的背景下进行了考察。[2] 在两位哲学家看来,中国文化,特别是道家思想,与美学密切相关,属于第一问题框架。他们认为中西文化存在着巨大差异,不能用西方的思想框架来理解中国文化。两位学者以"天"和"God"的翻译为例,导入了讨论话题。中文的"天"往往被翻译成英语中的"Heaven"。实际上,两个词有着完全不对等的文化含义。西方人看到 Heaven 自然会把超越和精神内涵强加其上;而把 God 翻译为"上帝""天的主人"又会在无形中含有中国家庭结构中的祖传谱系的意味。中国文化没有类似柏拉图的"超越""绝对"等概念,用一种文化语言来解释另一种文化问题会产生很大挑战。在中西对话中,很多知识分子只通过文本来了解和阐释世界,问题就显得更加复杂。语言背后是文化思想,东西方各自用不同的框架来看待世界。中国文化主要采用第一问题框架,西方则以第二问题框架为主导。

郝大维和安乐哲从中西文化源头出发,考察了各自的思维方式。两位学者认为公元 5 世纪奥古斯丁作品对西方智识文化的形成起到了决定性作

---

① 叶维廉:《道家美学与西方文化》,第 111 页。

② 参见郝大维、安乐哲《期望中国:对中国文化的哲学思考》,施忠连译,学林出版社2005 年版。

用，因为它不仅是西方文化的源头，还以有意义的方式持续地影响和规定着西方文化及其与世界其他文化的交流模式。这些影响和规定说明西方文化思想是由特定历史和文化环境形成的。郝大维和安乐哲沿着这条思路，总结了西方的典型思维特征：第二问题框架思维。这是一种因果性思维，在古典西方占据支配方式，其有五个主要的潜在预设：（1）用混沌来解释宇宙的起源。（2）宇宙是一种单一秩序的世界。（3）静止比变化更有优先地位，重视不变和永恒的存在。（4）宇宙的秩序是由某个造物主、第一推动者造成的。（5）千变万化的世界是由某种原因造成的。如果说第二问题框架强调理性的因果关系，那第一问题框架注重类比性的关联思维。它不同于宇宙演化论，否认单一秩序世界；认为变化和运动要比静止更重要，存在不是由一个终极原因构成，事物的关联过程更受重视。

两种问题框架在中西文化中以不同的状态同时并存着。第一问题框架（关联性）在西方国家中处在隐性位置，但在中国古典文化中占据着极其显著的统治地位；第二问题框架（因果性）在西方文化中非常彰显，但在中国古典文化中处在边缘位置。类比性思维和因果性思维是人类适应周围环境的不同的方法策略。西方启蒙运动以来，从关联思维到因果思维，从神话传说到理性逻辑，从宗教到哲学，被认为是人类进步的过程。但是德里达对理性进行了解构，强调了关联思维。

除了第一问题框架和第二问题框架，郝大维和安乐哲还用圆和方的关系来阐述中西文化的不同。西方善于把圆加以方形化。圆在西方经常被看成永恒和完美，以衬托运动和变化的不完美。但是毕达哥拉斯努力使圆精确化，用数学公式来表达圆的本质，并且为圆的不可同约性（无理数）感到惋惜和痛心。"西方人热衷于把圆形理性化，为它提供某种更能切近表达精确和必然性要求的刻板样式。"①

相比之下，中国人更热衷于把方圆形化。中国人把方形看成像圆一样，是没有边缘的、未完成的东西。汉代展示的井然有序的宇宙模式，按照不同的季节和地理方位排列，这些模式是开放的、无穷的。"在中国人看来，圆和方并非决定于它的边缘，而是受其中心支配。"方是从中心不断延绵的"套叠状"的方形物。北京的城市规划就是一个套叠方形的示

①　郝大维、安乐哲：《期望中国：对中西文化的哲学思考》，第12页。

范。紫禁城是向四周发射权力的中心，象征着中央集权，外城构成了"远方"，其"伸展使套叠状方形的可渗透的限制性不断地趋于缓和"。简言之，世界就是按照某种排列的万物，被视为"'中心'的一系列焦点的关系问题"。①

与中国人的"无限"延伸相比，西方强调了设定界限的定义。定义就是设定边界（"Define" is to set finite boundaries）。作为阐明知识的定义，其主要方法就是为某种类比划定边界，找出边缘。在中国文化中，与定义起到同等作用的是范例，是可以借助效仿和学习的典范。范例并没有明确的界限，缺少严格的定义。范例所传达的知识包含着意义丰盈、无限模糊的要素，与西方精准的定义范围形成了强烈对比。中西文化中共同存在着关联思维和因果思维，显然各自的彰显程度不同。郝大维和安乐哲认为要从西方文化中找到与中国人感悟方式发生共鸣的那些因素，才能使中西文化发生"谐振效应"。

在"圆的方形化"一章中，两位学者仔细剖析了主导西方文化的第二问题框架。首先是宇宙演化论。世界最初是一片混沌，后来混沌被克服，形成了单一秩序的宇宙观点。确定了起源，就会有中间和结束的发展过程。实际上，所谓"起源—中间—结束"的过程只是人为设计，在自然界中并不存在。罗伯特·弗罗斯特说："末尾和开始——哪有这样的事，存在的只有中端。"② 宇宙演化的思辨对西方文化有着重要决定作用，它把本原看成秩序起因的概念，形成了"因果性"解释原则。宇宙起源论在西方文化中占据了举足轻重的地位，但在中国文化中却不受重视。汉代中国用家谱式叙述来解释事物起源：事物不是宇宙创造而生，而是万物的呈现。中国古典文化不相信宇宙演化论，认为事物不是由单一秩序构成的。

除了宇宙演化论以外，静止和永恒是西方文化的另一个核心内容。古代希腊人偏好静止和永恒，这导致了西方的数学和形而上学的思辨体系的发展。到了启蒙时代，理性思维得到进一步加强。郝大维和安乐哲总结了

---

① 郝大维、安乐哲：《期望中国：对中西文化的哲学思考》，第 13 页。

② Robert Frost, *Compete Poems of Robert Frost*, New York: Holt, Rinehart and Winston, 1963, p.145, 转引自郝大维、安乐哲《期望中国：对中西文化的哲学思考》，第 3 页。

西方倾向静止和永恒的四条原因。第一，神话、逻各斯和历史，作为三种说明方式，是相互分离的。说明理性的逻各斯处在主导统治地位，成为事物解释的主要手段。但神话是逻各斯和历史的基础，是三种说明发生的源泉。第二，灵/肉的二元论通过毕达哥拉斯、柏拉图、基督教的传播进一步得到加强，突出了抽象概念。"所谓的毕达哥拉斯派……认为数学的始基就是一切存在物的始基。基于这个原理数目在本性上是占首要位置的。"① 亚里士多德对毕达哥拉斯的引用强调了数字的抽象特征，剥离了数字与具体情景的关系。无论是 10 个鸡蛋，还是 10 个苹果、10 根手指，都不影响数字 10 的抽象本质。郝大维和安乐哲把数字注重抽象的特征推到了极致。从数学角度来看，5 只饥饿的大象和 5 捆新鲜的青草饲料，我们会获得 10 个存在物体，而不是 5 只喂饱了的大象。② 第三，巴门尼德的"唯存在存在着，非存在不可能存在着"确定了存在和非存在的辩证关系，突出了不变性的观念。这一概念影响了后来的西方思想家巴门尼德对"是"（"To be"）的区分（实存含义和谓语性含义）。尽管受到很大批评，但巴门尼德的洞见在于直觉地表现了存在的统一。值得注意的是，汉语中的"有"（Being）的含义为"具有"，与非存在的意思相重复；而"无"（not to be）仅仅表示没有，缺少西方形而上学和神秘的观点。

芝诺的悖论改变了西方的哲学发展方向，它否定了"唯存在存在着"，使哲学脱离了经验的直接性，转入抽象思辨。芝诺关于运动的真实性有四个假设：③

1. 点和瞬间无限可分。
2. 点和瞬间都不是无限可分。
3. 点无限可分，瞬间不无限可分。
4. 瞬间无限可分，点不可无限可分。

---

① Aristotle, *The Complete Works of Aristotle*, ed. by Jonathan Barnes, 2 Vols, Princeton：Princeton UP, 1984, pp. 623－634，转引自郝大维、安乐哲《期望中国：对中西文化的哲学思考》，第 20 页。

② 参见郝大维、安乐哲《期望中国：对中西文化的哲学思考》，第 21 页。

③ 同上书，第 26 页。

无限可分说明不存在最基本的时空单位，可以无穷尽地细分下去；有限可分说明存在着最小单位，不可以无穷尽地细分。上述四种结合，会得出很多与现实生活经历不一致的悖论。

第一个悖论是"二分法"。运动是不可能的。运动意味着从一个点移动到另一个点。假设空间是无限可分的，时间是不可分的。想走完全程，先要走完一半。要想走完一半，先要走完一半的一半。如此循环，以至无穷。如此看来，人不可能在有限的时间内走完全程。理论的思辨与实际的经验体会相互矛盾。

第二个悖论是"阿基里斯赶不上乌龟"。赛跑规则是乌龟先跑一段，阿基里斯再跑。如果时间无限可分，空间是有限的，阿基里斯永远赶不上乌龟。当他到达乌龟的出发点时，乌龟已经前行了一段距离；在他再次到达乌龟的第二个出发点，乌龟已经再次前行了。在时间无限可分的情况下，阿基里斯永远也赶不上乌龟。

第三个悖论是飞矢不动。飞行的箭始终处在运动之中，但是从每一个固定的点来看，它都是静止的。其预定假设是时空是无限可分的。最后一个是运动场悖论。芝诺的运动悖论反驳了巴门尼德的"唯存在存在着"。如果所有的存在物有个位置，那么这个位置也需要一个位置，位置的位置还需要一个位置，如此循环，没有止境。如果存在需要一个位置，那么位置也是一种存在；存在着的不仅是一种存在物，或者说位置并不存在，我们必须要承认非存在也存在着。

西方重视实体，贬低隐喻性、意象性语言。汉思维注重过程，把隐喻和形象作为表达事物的主要手段。第二问题框架是一种客观性假定，不借助直接经验，强调人的思辨，推动理论的体系化。古代中国文化中的儒家思想以人的礼和乐为中心，道家是非人类中心，避开客观真理和"上帝之眼"，认为每一个事物都可以提供一个观察世界的角度。第一问题框架借助类比方法，以直接观察为基础来认识世界。此外，中国人还采用顺应的认识方法。不同思想家之间强调彼此协调，而不是辩证。西方人依靠论辩来理解抽象差异，随后得出抽象的原则来使社会和谐。在中国，哲学家往往不会采用争论，而是对不同的观点进行审美调和。

在定义方面，中国古典时期的哲学家往往使用典型事例来说明事物；西方则用定义的方法。在郝大维和安乐哲看来，苏格拉底在定义方面为西方留下了充满矛盾的两项遗产。① 一是，苏格拉底关注定义。定义就是找出事物的客观内涵；借助理性来发现事物本质。寻找客观内涵的精神对科学的发展起到了重要作用。另一方面，苏格拉底坚持辩论的开放性，推迟对定义作出最终结果的断言。柏拉图强调 Eros（厄洛斯）认识的欲望，结果是把未加证实内容当成了知识。客观定义在中国并不重要，中国思想家不寻求本质属性，认为主观/客观之间没有固定不变的差异。中国古代哲学家求助于范例来解释说明事物，以保留事物内在的"模糊性"维持其开放性。

此外，亚里士多德的关于思想起源的理念对西方产生了很大影响。亚氏认为事物的成因有四种类型。一是质料因，指构成事物的材料。二指形式因，关于材料的结构和样式。三是目的因，关于事物存在的或者被创造出来的功能和用途。四是动力因，使对象产生和维系其存在的作用者或者过程。亚里士多德的四种成因极大地影响了第二问题框架（因果关系），其质料因和动力因成了 17 世纪自然科学发展的重要内容。

超越性是第二问题框架的另一特征。西方文化的超越性首先体现在上帝。奥古斯丁对"意志"的发现使上帝使然的观点普及起来，他还把历史表达为罪与恕的相互纠缠过程。历史成了神学或者哲学原则预先决定的一系列的叙事。相形之下，中国古代思想家们并不通过超越来寻找原因。人们的认识往往从往昔年代可以学习的样本和文化中的精英人物开始；这些半人半神的英杰，例如孔子和三皇五帝，行使着诸如理性原则、评价体系的功能，为普通民众提供了如何为人处世的认识。在中国古代的哲学思想中，历史并不是外在精神或者上帝的体现，而是个人用最有效方法适应周围环境所获得的成功经验或者失败教训；历史就是这些经验教训的说明，它是由内因决定的。

与超越性密切相连的是西方对理性精神的执着。郝大维和安乐哲认为西方理性精神主要包括西方叙述线索和四个基本语境。② 在西方叙述线索方面最主要是数条文化发展。从混沌到宇宙演化论奠定了西方线条文化的基础。混沌成了理性克服的对象，理性成了塑造、阐释和控制活动。其次

---

① 参见郝大维、安乐哲《期望中国：对中西文化的哲学思考》，第 74 页。

② 同上书，第 93 页。

是柏拉图的灵魂三重性模型。理性、欲望和精神成了解释事物的重要原因，灵魂的各个部分又和国家社会等级之间形成类比。这造成了城邦的知识阶级和从事体力劳动的奴隶阶级，形成了理论和实践的区分，对西方文明的发展起到了重要作用。第三条线索是亚里士多德对柏拉图三重性模型的类比应用。柏拉图的理性、欲望和精神被亚里士多德应用在文化活动领域内，重新划分为理论、创造和实践领域。这成了中世纪以后的科学和教育领域的基本模式。西方文化的第四条感悟方式源自柏拉图和亚里士多德的元理论活动，尤其是其二分法和四因学说。郝大维和安乐哲把西方基本意义语境范围划分为四个基本范畴。第一个基本范畴是唯物主义。唯物主义认为所有的关系都是外在关系，它回答了"存在是何种事物"的问题。从时间上来看，它以过去为出发点来解释现在和将来的情况，体现了典型的因果关系理论。这与数条叙述主线形成呼应，是知识的主要表现形式。第二个基本范畴是有机自然主义。自然界的有机物中各个部分在功能上相互作用，以达到事先预定的目的。人类把存在的事物类比为自然有机物，分析其各个构成部分，找出其相互作用的机制。首要的类比物就是"规律"（Law），决定有机体功能的一系列规则和方法。第三个范畴是形式主义。形式主义者把世界看成一套样式、关系和形式等组成的东西，它是一种内在和谐。人类、宇宙和社会都是这种内在关系的展现，而且不存在孤立的事物，彼此之间的关系尤为重要。荣格的神话原型、象征等核心概念所表示的是形式世界的终极存在。第四个范畴是唯意志论。唯意志论者崇尚具有影响力的精英人物。这些少数强人通过个人的巨大影响力，把个人的行为和思想塑造成为社会共同体的知识信念和行为模式，因此社会现实实际上就是由极少数的意志和思想而决定的："存在就是说服行为。"[1] 唯意志者的类比物是力（Power）。超强能力的个人通过劝说性表达创造了自己和他人，形成了社会存在。这四大基本范畴成了西方知识最重要的概念。换言之，"知识""自然""法则""权力"构成了西方文化的主要内容。

理性精神在 19 世纪末受到了挑战。西方重视分析、静止、客观、准确性的传统长期受到重视，把"万物皆流"的生活直觉压抑下去了。在

---

[1] 郝大维、安乐哲：《期望中国：对中西文化的哲学思考》，第 98 页。

19 世纪末，强调客观事实的理性分析受到了尼采、伯格森、福柯、德里达等人的挑战。以德里达为例，他解构了两元对立，消除了逻各斯中心，使一切变成了不断推迟的延异（Différance）；更进一步说，所谓的客观性，在解构主义看来，基本就不存在，取而代之的是流动的文字符号的游戏。与宇宙论的单一秩序相比，大爆炸的文化发展模式对永恒、真理、静止等核心概念进行了颠覆，郝大维和安乐哲认为这"说明我们从逻各斯回复到神话的运动，这一运动呈现出我们原始的无遮蔽状态，显扬了混沌式的感悟方式对于意识的居先地位"。①

在第二章"文化的偶然性"中，郝大维和安乐哲以第一问题框架为核心，对比分析了第一问题框架和第二问题框架，尤其是它们与中国文化的关系。根据韦伯的观点，文明是城市化的过程。城市的发展使大量人口聚集，增强了人们对制度约束公共行为和制度多元化的意识。不同制度之间的矛盾冲突通过抽象概括来加以解决，这种抽象概括包括了差异却过滤了事物的特殊性质。最终结果是形式上的合理化。理性主体就是这样一个形式合理化的产物。在协调思维、表情和感情等内心活动时，又增加了文化来协调各部分之间的关系，形成了科学、道德和美学的分类。

城市文化的发展模式很好地阐释了西方的第二问题框架，但是对以农业文明为主导的中国文化却不适应。城市文明导致了形式合理化，原理和准则被认为是客观的，具有超越语言和种族差异的普遍性。这种绝对性的观点忽略了其历史背景：理性与合理化都是历史环境的产物。第一问题框架是非宇宙论的，否认单一秩序的世界，在西方文明中最早体现在《荷马史诗》中的非推理的神话和比喻。但 17 世纪以后第二问题框架逐渐取代第一问题框架，成为了支配科学和哲学的主要思想。它认为只有一种宇宙秩序，自开端到终结都是相对稳定的。第一问题框架和第二问题框架的关系，在郝大维和安乐哲看来，是对立的，分属于"理性的"和"美学的"秩序。理性的秩序是先在和预设的结构模式，可以以数学的方式被广泛地量化，而且构成秩序的成分和部分可以被替换。而美学的秩序强调构成事物的独一无二的特殊性和不可替代性，不能用规则和抽象概念来讨论这种秩序。两者区别可以总结如下："第一问题框架是非宇宙论的，它

---

① 郝大维、安乐哲：《期望中国：对中西文化的哲学思考》，第 109 页。

注重实际的特殊事物,它们之间的各种关联只能根据组成部分的细节加以分析。第二问题框架是宇宙论的,其意思是解释离不开形式的规则性,而这种规则性是同规定秩序的整个环境相联系的。"①

郝大维和安乐哲认为第一问题框架和中国文化有着密切关系。两位学者首先从西方传教士对中国的理解入手,来思考如何从西方观点来理解中国人。17 世纪的耶稣会传教士进入中国后,面临着一个无法克服的文化问题:接受了基督教教义的中国信徒是否在文化上还是一个中国人?经过了一个世纪的礼仪论战以后,问题似乎并没有得到妥善的解决。与此同时,18 世纪和 19 世纪的中国兴起了大规模反基督运动,认为西方文明和基督教是不和谐的噪声,与中国思想无法兼容。谢和耐提出了中西关系的一个新方向:"逻辑同宗教教条是不可分离的,而中国人似乎缺少逻辑学。很可能传教士从来没有想到过,在他们看来,中国文化中不适当的东西实际上不仅是不同的智识传统的标志,而且是不同的精神范畴和思想模式的表现。"②

第一问题框架,属于非逻辑程序,是关联性思维。它强调隐喻的歧义模糊,与重旨复义和不连贯性密切相关;与具体直接的感受、丰富想象等美学和神话创造连接在一起。关联思维不会求助于超越,它和具体事物相连。要了解一个事物,首先要把该事物置于一个类比关系的系统中,然后思考这些关系的含义,并且以此为行动依据。

关联思维和因果思维如何联系在一起呢?葛瑞汉对此问题进行了深入研究。"每当我们有理由怀疑一个对比或联系时,一连串的关联就会由分析加以重新安排。"③ 换言之,每当我们的生活经验和关联性思维认定的关系发生了矛盾时,我们就会重新审视原有的既定关系,从而转向了对关联性思维的批判。这时我们就会分析各部分的结构关系,寻求各个因素之间的准确而永恒的关系。"事实的压力,与保证可充分理解的世界中的残

① 郝大维、安乐哲:《期望中国:对中西文化的哲学思考》,第 118 页。

② Jacques Gernet, *China and the Christian Impact: a Conflict of Cultures*, trans. by Janet Lloyd, Cambridge: Cambridge UP, 1985, p. 3, 转引自郝大维、安乐哲《期望中国:对中西文化的哲学思考》,第 121 页。

③ A. C. Graham, *The Disputers of the Tao*, La Sallet, IL: Open Court, 1989, p. 322, 转引自郝大维、安乐哲《期望中国:对中西文化的哲学思考》,第 128 页。

存（结构体关系）的可靠性的需要，这两方面之间的紧张在增长。"葛瑞汉接着剖析了由此产生的科学体系。"因果关系开始连接起来，这开启了对于另外一种体系，即现代科学体系的期望，在这种体系中预测比以往任何时候都要精确，但是没有任何东西告诉我们要赞同或不赞同什么。"①

中国人的关联性思维认为在大多数时间内，人们会自动地调节到合适的模式，但是遇到实际问题时，人们就会转向因果思维。中国的古代科学技术就是最好的说明。郝大维和安乐哲认为，在特定的文化中，占主导的思维模式总会影响并渗透到次要的思维模式。主导思维模式对社会造成了差异迥别的精神文化。因果思维强调理性分析，形成了西方追求科学合理性的传统。关联思维在中国古代文化中占有统治地位，它强调自发的相互关系，形成了中国延续两千年的稳定的社会文化。葛瑞汉把关联思维和周朝末年的统一体系化相联系，在政治和哲学领域内进行了关联性运作，形成了各个方面的标准化。统一编制了法律法规和礼仪制度，确立了儒学经书和注释经典。用卡尔格伦的话来说，在这个关键时期，实现了从"自由文本"到"系统化文本"的转化，而后者从松散传说和变化不定的英雄人物中挑选出作为规范的典型代表。

在第三章"扩展的圆圈"中，郝大维和安乐哲从关联思维的角度深入分析了汉文化。西方的启蒙运动推崇理性的普遍性，把科学和理性作为衡量一切的标准。郝大维和安乐哲认为普遍理性背后掩饰了西方狭隘的民族中心主义。崇尚理性是西方因果思维的产物，但是它却坚持认为理性是中立客观的，与民族主义剥离，并以此作为衡量一切的标准。揭露因果思维的局限可以使人们注意到关联思维的重要性。实际上，这两种思维共存于西方传统中，不过后者一直处在隐性之中。在西方思维中找到了类似占据中国人的主导思维有利于中西文化的沟通。

中国文化中一个非常显著的特征就是非宇宙论开端。因果思维根植于宇宙论中，认为一切事物都可以找到形成和发展的原因，可以从原则上解释说明其来源。非宇宙论否定所有事物都有一个共同起源，世界并非建立在单一秩序上。庄子就是非宇宙论的典型代表。"有始也者，有未始有始

---

① A. C. Graham, *The Disputers of the Tao*, La Sallet, IL: Open Court, 1989, p. 322, 转引自郝大维、安乐哲《期望中国：对中西文化的哲学思考》，第129页。

也者，有未始有夫未始有始也者。有有也者，有无也者，有未始有无也者，有未始有夫未始有无也者。俄而有无矣，而未知有无之果孰有孰无也。"（《齐物论第二》）庄子质疑任何关于起源的思想，否定宇宙论的开端。在郝大维和安乐哲看来，中国的文化思想是谱系论。它强调无边无际的万物世界，不承认单一秩序的宇宙论背后的、超越的主导者（agent）及其直线目的论。作为万物的起源，道，在庄子的体系中，不是一种高高在上的创造者或者本源，而是世界本身的过程。他不相信在世间万物（beings）的背后还有本质存在（Being）。起源在中国的秩序思想中不是世界的先验条件或者普遍原则，而是一种谱系式解释。"'起源'在这些叙述中的意义是'始'———一种与胎联系的胎儿般的孕育，然后到'诒'（遗赠、传下），再到'贻'（遗留、流传）。语言充满着谱系性：宗、母及帝和天。"在中国文化中占主导地位的隐喻是出生或者生殖，而不是西方主导的制作或者创造；这种生物学上的隐喻和中国的祖先崇拜有着密切关系。① 中文的"神"含有神圣化的祖先的意味。"神（这个词）很好地抓住了古代中国人思想的特征，在这种思想中，神可能是（同时并没有内在的矛盾）指处于高位的神、神话中的/神圣的统治者，或是神化的王室祖先：这是一种意义极其丰富、出入于神间和尘世的存在者。"②

　　郝大维和安乐哲深入分析了道和认识主体的关系。谱系叙述详细地介绍了人们对正在生成的秩序的理解，但同时又承认该理解的历史局限性。换言之，人们对当下的情况有着全面深入的认识，但又不把这种认识普遍化和绝对化，把它用于所有的情况。这种全面深入的认识只是局部的、暂时的自给自足，使人们在给定环境中与周围获得最大程度的和谐。这与宇宙论开端形成强烈对比：具有创造力的本原和它所形成的直线目的论，以及事先给定的预设。

---

　　① 史华兹明确提出了神和祖宗的密切关系，这是一个富有启发性的观点。但他最后还是强调了具有超越性的神而不是祖宗。"现在许多学者都赞同帝不是一个成为神的祖宗，而是非人的崇高的上帝，他创造了王朝……无论帝的原型是什么，他都保留了使人敬畏的、超越的和至高无上的权力。"转引自郝大维、安乐哲《期望中国：对中西文化的哲学思考》，第187页。

　　② John S. Major, *Heaven and Earth in Early Han Thought：Chapters Three, Four, and Five of the Huainanzi*, Albany：State U of New York P, 1993, p. 18, 转引自郝大维、安乐哲《期望中国：对中西文化的哲学思考》，第188页。

确定了中国非宇宙论的框架，很多问题值得我们重新反思。两位学者引用了葛瑞汉对"性"的讨论以小见大地阐释了其背后的哲学思维。中国古典著作中的"性"经常被理解为某种天赋的或者天生的东西，是事物发展所需的质的材料。这种理解忽略了性的能动趋向。的确，在中国古典著作中存在着大量把"性"当作"开始条件"的例子，这些事例都指向没有生命的东西。那么我们是否可以得出结论：性在无生命的事物中指"天生的、生来如此的东西"，而在有生命的事物中指其动态发展的趋势？更进一步，在古代中国，有生命的事物和无生命的事物是否存在着明确的区分？

葛瑞汉认为中国古代存在着"万物有生"的世界观。"万物有生"的预设与对"气"的理解密不可分。气"构成不息的存在之流、兼具精神性与物质性、连绵的素材之海"。① 在"万物有生"大背景下，把"性"运用到没有生命的事物上，意味着在古代中国人的观点中，一切事物都是"有意识的"，都是"活"的东西。作为学者，在研究时要区分"性"在上述两种情况下的不同运用。当"性"用来描绘水、石头等事物时，尽管它们被认为是有生命的事物，其经历的生长和培养过程并没有明显变化，因此条件和成熟状态对它们来讲没有意义；它们的"性"也就保持了相对的稳定性，呈现出"天生如此"的特征。但是对于人，情况就大不一样，人生要经历很多起伏跌宕和磨炼培养。人性最显著的特征就是创造变化的可能性。唐君毅对此有精辟的论述。

> 就人之面对其世界中的关系而内含其理想而言，一个实在的问题是，人是否具有固定的本性。这是由于人面对的世界和理想两者都永远处于无限变化之中……人性在中国人思想中的讨论具有一个共同的特征，这就是焦点集中于变化的无限性，在无限的变化中形成了独特的人性，而这种人的精神之性区别于其他事物固定的和缺乏精神的性。②

---

① 郝大维、安乐哲：《期望中国：对中西文化的哲学思考》，第188页。
② 唐君毅：《中国哲学原论》，香港：新亚出版社1968年版，第6页，转引自郝大维、安乐哲《期望中国：对中西文化的哲学思考》，第189页。

本杰明·史华兹赞同把"性"解释为动态发展的内在倾向或者"个人生长的潜力"。但是他对"性"的动态观念是放在宇宙论的大前提下的。史华兹把"性"与拉丁语的出生（Nacor）和希腊语的生长（Phyo）相比较，发现了其中的相似性。郝大维和安乐哲敏锐地指出其类比的错误前提："但是，这两个假设的同源词只有根据宇宙演化论才具有特定的意义，而古代中国缺乏宇宙演化论，这就使这种相似性靠不住。"[1]

那么，在非宇宙论的框架下看待动态发展的性，又是什么情况呢？"人性"经常被翻译成 human nature。在西方存在着 nature/culture 的二元对立，人性因此常被理解为与历史文化变化相独立的本质，或者人一出生就含有的、超越的法则。这种超越性往往被看成非历史化的结果。在中国文化中，"人性"并没有这种两元对立。人性是人出生后一般会继续发展的内在组织系统，它不仅有内在的给定性，也意味着成长的动态过程。汉代的谱系论很好地诠释了中国的人性观。在西方宇宙演化论体系中，存在着创造者/创造物的两元对立，人不是生产者，而被视为产品。中国谱系式的说明描绘了胎儿般的起源，有着复杂的家族关系和彼此转化的可能。人性不是与生俱来的不变特征，它是在人类环境中预示着成为特定的人的整个过程。唐君毅用了 being 和 doing/making 来准确区分这个观念的细微差别。中国古典时期的"人性"是一种 doing/making，不是 being，只有在追溯和推导的时候才是某种已经完成的东西。唐君毅还指出，人性中包含了创造性的概念，因为中国哲学中的质料因和动力因不可分离。

另一个值得注意的问题就是"修养"。修养经常被翻译成 cultivation。在英文中 cultivation 最初指专门的园艺或者耕种的修剪，逐渐扩展为文化产物的自我修养，暗示着被修剪的事物有着很大程度的可塑性。与"修养"密切相连的是目的论。cultivation 说明现实存在物，经过一系列的人为变化后，会逐渐产生进步，最终达到潜在的期待目标。郝大维和安乐哲提出一个令人深思的问题：中国古代的自我概念能否借助目的论的模式？目的论提供了一种明确的目标，主张向着一种预先决定的方向按部就班地前进。而中国儒家的自我模式具有极大的灵活性和创造性，并没有明确的目标。早期儒家强调人的创造性，使自己成为不同的人。

---

① 郝大维、安乐哲：《期望中国：对中西文化的哲学思考》，第190页。

　　人性并不是内在的固有品质，它具有根本可变性。孟子曰："人之所以异于禽兽者几希，庶民去之，君子存之。"① 人和兽之间的差别很小，通过修养，这种细小差别就会扩大，形成道德、宗教、认知和审美的感悟方式。而且人性具有"存之或去之"的可能性。人性的存或去，取决于社会历史条件和个人选择等因素，从而否定人性的本体论。商朝的最后一个暴君纣王，就失去了人性，被称为"禽兽"。人们可以像丢掉自家的鸡鸭鹅那样丢掉人性。

　　与人性相连的是人心。心的反思能力是"天之所予我者"。心被描绘成一种类似器官的东西。郝大维和安乐哲分析了"天"的含义。天没有西方的超越性，具有家庭意义，而"天之所予我者"等同于"我"从父母和祖先那里遗传下来的东西。"天"呼应了中国谱系的概念，它的祖传意义说明"天是一种持续不断的文化所产生的整体精神"。② 孟子的"存心"概念体现了动态发展的过程，而不是简单地维持现状。"君子所以异于人者，以其存心也。"保存人性的方法就是仁和礼。宇宙论要诉求于"是"（Being）或者"本质"的概念。中国古典时期的哲学家，并不考虑事物的抽象本质，只思考特殊事物本身。

　　郝大维和安乐哲提出了中国语言是"顺应语言"，庄子的混沌概念典型体现了"顺应语言"特征。两位学者首先从西方传统语言中的"在场语言"和"不在场语言"来对比介绍中国的"顺应语言"。本体论的"在场语言"尽可能地建立在单义、清晰的命题之上，认为直接表达（literalness）优于隐喻和形象化的文学语言。"不在场语言"主要指以神话的方式运用语言，用隐喻建立对话，语言的指示对象（referent）并不存在。"在场语言"再现了另一客体的不在场，"不在场语言"宣布了一个不可能在场的主体的存在。中国的语言是一种顺从语言（language of deference）③，强调彼此之间的共鸣。顺从语言是一种服从，接受传统认可的话语模式并且与之发生共鸣。郝大维和安乐哲形象地运用音乐和谐来类比

---

① 参见孟子《孟子译注》，杨伯峻译注，中华书局 2012 年版，第 207 页。

② 参见郝大维、安乐哲《期望中国：对中西文化的哲学思考》，第 193 页。

③ 郝大维和安乐哲从德里达的 différance 受到启发。Différance 是德里达的自创词语，包含了 differ（不同、差异）和 defer（推迟延后/顺应）两重意义。两位学者从德里达的 defer 中提出了顺应语言（language of deference）。

顺从语言与传统之间的顺从和共鸣。汉语，作为顺从语言，通过礼继承了中华传统。礼是语言行为的主要语境。中国古代的圣贤在语言的意义与现实规范之间建立了对应关系，形成了名实相符的传统。圣人们通过与志同道合的学者、政治人物，以及权威文本建立依顺的关系，继承了传统。如果说"在场语言"的所指对象是真实客体，"不在场语言"所指为虚拟对象，"顺从语言"建立在交往事件的相互共鸣的基础上。这些交往的事件彼此之间相互产生共振，又与传统语言行为模式之间保持一致，但是缺少"真理""逻各斯"等超越性的参照物。西方对"逻各斯"的追求形成了客观性话语，命题独立于它所描绘的事态。在关联的感悟方式中，中国的顺应语言没有外在的超越性真理，其术语以相反或者互补方式共存着，"语言变成了一个富于联想的起伏不定的海洋"。①

　　庄子的混沌是中国顺应语言的感悟方式的最好说明。"南海之帝为儵，北海之帝为忽，中央之帝为混沌。儵与忽时相与遇于混沌之地，混沌待之甚善。儵与忽谋报混沌之德，曰：'人皆有七窍以视听食息，此独无有，尝试凿之。'日凿一窍，七日而混沌死。"（《应帝王第七》）道不是建立在秩序的基础上，它是非秩序的自发性思想，常常与"无脸""无七窍"相联系。"'紊乱'或'混沌'内在的含义不是抑制或颠覆自我安排及自我组合的过程，相反，是促进这一过程。"② 儵和忽，作为南北之帝，是秩序的象征；当他们相聚在秩序之间的中央（无序）时，浑沌/混沌给秩序（儵、忽）进行了持续更新，确保了秩序的正常运行，促进了"自我安排"和"自我组合"。浑沌是庄子虚构的神名，实质为混沌之意。混沌充满了创造性，预示了事物的各种可能性，而秩序则抹杀了内在潜力。

　　郝大维和安乐哲从混沌的视角分析了顺应语言的模糊性。秩序预示了事物持续发展的趋势，混沌排除了事物发展的可预见性和绝对性；中国式的混沌把变化动力置于混沌之中，是动态意义的秩序。中国混沌承认秩序体现了事物发展的相对稳定性，预示了特殊个体在特定场合可能展现的趋势。另一方面，又在秩序之中放入了模糊性，关注每个层面的随机变数（它们有可能进一步发展扩大成更大范围的变化）。中国式的混沌使范式

---

① 　郝大维、安乐哲：《期望中国：对中西文化的哲学思考》，第230页。

② 　同上书，第231页。

和不确定性相结合，承认秩序的同时，又认为秩序只是暂时的、局部的。中文就是最适合表达秩序和模糊性相互交融的顺应语言。

关联性思维强调了事物的相关性和人们的直接感受。郝大维和安乐哲仔细剖析了庄子的"大块噫气"。

> "夫大块噫气，其名为风。是唯无作，作则万窍怒号。而独不闻之翏翏乎？山林之畏佳，大木百围之窍穴，似鼻，似口，似耳，似枅，似圈，似臼，似洼者，似污者；激者、谪者、叱者、吸者、叫者、譹者、宎者、咬者，前者唱于而随者唱喁。泠风则小和，飘风则大和，厉风济则众窍为虚。而独不见之调调，之刁刁乎？"子游曰："地籁则众窍是已，人籁则比竹是已，敢问天籁。"子綦曰："夫吹万不同，而使其自已也。咸其自取，怒者其谁邪？"
>
> （《齐物论第二》）

"大块"对郝大维和安乐哲来说，不仅体现了事物之间彼此联系，还呈现了直接体验。"大块"形状不规则（eccentricity），远离标准规范；它无法被拆成单元进行分析，容易成为碎片；它在日常生活中随处可见，不是崇高之物；它远离因果关系，形状不能被准确描绘；"大块"脆弱多变，"噫气"不可长久维持，它缺乏目的论，其存在的意义和发展的趋势都是未知数。道家观念中的万物是一系列"自我选择"和"自我终结"的过程，没有外在力量的支配；这和"大块"非专横和非强制的推动力有着内在的呼应。正如葛瑞汉指出的那样，道家从没有明确地说明"万物为一"，只是暗示说圣人把万物看作一体；两者是"同一性"和"连续性"的区别。"事物的根本意义是'此'（this）物与'彼'（that）物的意义，只有诸此（thises）和诸彼（thats）作为可分别的事项存在。"[①] 道家所宣称的"与万物为一"指的是事物之间形成的"连续性"，而不是与万物成为"同一性"，更不是超越彼此等具体事物之上的本原的"大一"。

郝大维和安乐哲分析了道家思想中的事物之间的关系。万物既不是彼此独立生长和发展的多元活动，又不是逐渐形成统一体的汇聚过程。在道

---

① 参见郝大维、安乐哲《期望中国：对中西文化的哲学思考》，第233页。

家看来，连续性使道成为一，差异性使道成为多。道既不倾向于一又不侧重于多，一和多是整体和部分的关系，无区别的部分和被特殊强调的中心的关系。万物被道家看成神秘直觉的东西，那么道家直觉的内容是什么呢？两位哲学家以对比的方式阐述了道家的直觉。西方基督教神秘主义的直觉内容是人神合一的虚无经验，体验自我消失后的感觉。世界上的事物没有自我，彼此之间相互依存的关系，最终形成冷漠的态度。道家的直觉则不同，"彼"与"此"的关系是"把握万物个体的持续特性"。在西方观念中，具体存在（beings）显示了终极存在（Being）的共性；在道家看来，"在个别事物中有一种通过万物的特殊性的显露。这样，所有通过每个认定的是而'被显露'。"其次，没有神秘主义的终极目标和界限，庄子的神秘主义直觉是一种没有整体性和连贯性意识的物化过程，"每一细目所具有的持续的特殊性——它的德（其'特殊的焦点'）——表现于自生的事件的过程中，这些事件以自己的方式通过'那就是它'的言词说明世界。"① 道家既不倾向于一也不倾向于多，而是在一和多之间保持了一种动态模式，防止了人们贬低任何一种价值。但是这并不意味着道家圣人对周围事物保持客观态度。他与周围事物保持和睦交往的态度，避免了交往的两个极端：对周围事物冷漠无情，或者，过分陷入某一事物不能自拔。"圣人通过与显示出其持续的特殊性特殊个体的相遇，圣人在感觉、观念或行动中总是保持着和谐的性情。"② 这种"无为"的、非自负的和谐交往与中国人的关联思维有密切关系。关联思维采用了相对平等的态度，顺应地与万物交往，形成彼此之间的相连关系，和睦相处。道家顺应的背后是非人类中心主义。"民湿寝则腰疾偏死，鰌然乎哉？木处则惴栗恂惧，猿猴然乎哉？三者孰知正处？民食刍豢，麋鹿食荐，蝍且甘带，鸱鸦耆鼠，四者孰知正味？猿猵狙以为雌，麋与鹿交，鰌与鱼游。毛嫱丽姬，人之所美也；鱼见之深入，鸟见之高飞，麋鹿见之决骤，四者孰知天下之正色哉？"（《齐物论第二》）人类视角只是诸多角度之一，道家更重视从不同事物的独特角度来观察世界。

　　道家的道德观与看待事物的多元标准相辅相成。德指整体中每一因素

---

① 郝大维、安乐哲：《期望中国：对中西文化的哲学思考》，第235页。
② 同上。

都有其内在的卓越和完美。事物的德不仅是描述性的，还是规范性的；它不仅呈现了事物在现实中的状态，还是事物应该发展的样子。郝大维和安乐哲对《道德经》的题目进行了创造性的翻译：*Classic of Totality and Particularity* 或者 *Classic of Field and Focus*。德既是某个特殊的焦点，也是该事物的内在卓越。对德的理解还应该放置在其存在的背景：与周围事物的关系。音乐是理解道德的很好类比。要评定一个音符的价值，要考虑它在整首歌中的地位。这样我们可以从这个音符的特殊角度来理解整首音乐，或者说，从某个焦点来体现相关的关系区域（Field）。这个关系区域虽然是一个整体，但它并不是封闭的，而是开放的。"特殊音符的相关细目区域能够被相同的作曲家扩展到包容另一首乐曲的一个乐章，或它的全集，或一个特殊时代的音乐作品，等等。当不断增加的大量细目被包容进来时，主题也就变得愈加模糊了。"① 每个事物既是它自身，又是其他事物必不可少的存在条件。道和德的关系如同区域和焦点的关系：区域包含着诸多焦点，焦点透视着区域。

如同题目"期待中国"所示，郝大维和安乐哲在整本书中穿插了"第 X 个期待"的叙述模式。在书的结尾部分，两位学者重申了他们"最后的期待"。中西文化中存在着两种不同的思维方式：美学的和逻辑的，或者关联的和因果的思维；在既定的环境中强调一种思维方式，必然会削弱另一模式。在中国文化中，关联性思维占据主导优势。

在美学方面，迈克尔·克兰德尔（Michael Mark Crandell）从游戏的角度讨论了庄子的美学。克兰德尔从伽达默尔的游戏理论出发，为庄子研究引入了一个全新视角。② 首先，游戏作为客体。游戏的形式是来回往复，没有明确的外在目的。庄子的"化"就体现了这一概念。自然中，天地万物时刻都在不断变化；社会中，人们的信仰观念、忠节臣道也在不知不觉中逐渐发生变化。但是人们不应根据自己的思想观念来判断事物的是非，更不要追随信仰流派，而应随道而化。其次，游戏者的主体经验。

---

① 郝大维、安乐哲：《期望中国：对中西文化的哲学思考》，第 237 页。

② Michael Mark Crandell, "On Walking Without Touching the Ground：'Play' in the Inner Chapters of *The Chuang-tzu*", *Experimental Essays on Chuang-tzu*, ed. by Victor H. Mair, Hawaii：University of Hawaii Press, 1983, pp. 101–124.

游戏者在玩耍时往往会认真对待。这种认真又会使他高度专注，使自己沉浸在游戏世界中，消除了主观/客观的两元对立。庖丁解牛就是由技到道的升华。但是这种专注容易受到主观情绪的影响。在朝三暮四的寓言中，事实和名称都没有变化，但是猴子的感情发生了变化。因此"心斋"成为消除感情影响的必由之路。克兰德尔还指出游戏是轻松的。"道"指道路或者精神之路，"游"没有明确方向、否定具体道路。把两个矛盾的词语放在一起："依道而游"说明庄子强调人生不应被定向控制。这就引向了游戏的第三点内容：游戏作为过程。游戏不管是否有人在玩耍，依然是游戏，独立于游戏者的意志而存在。同样庄子也强调个人意志的行为应该顺从天理结构/自然。庖丁解牛不仅随"桑林"起舞，有着游戏娱乐之节奏，意志行为更是顺从于自然结构。"所有的游戏都是被游戏"（all playing is a being – played）。① 游戏只代表自我，它的基本存在方式是自我表达。

此外，在庄子美学方面，还有一篇值得一提的文章。朱瑞（Rui Zhu）的《老子、庄子和美学判断》对比了老子和庄子的"无为"思想，认为庄子的"无为"是美学体验：强调美的即时性、愉悦性与和谐性。②

---

① Michael Mark Crandell, "On Walking Without Touching the Ground: 'Play' in the Inner Chapters of the Chuang – tzu", *Experimental Essays on Chuang – tzu*, ed. by Victor H. Mair, Hawaii: University of Hawaii Press, 1983, p. 116.

② Rui Zhu, "Wu – Wei: Lao – zi, Zhuang – zi and the Aesthetic Judgment", *Asian Philosophy* 12. 1 (2002), pp. 53 – 63.

第四章

道德家庄子：伦理主体

第一节　顺应之仁

安乐哲的《共同生长，德，权力意志：自我转化的两种教义》比较了道家的"德"和尼采的"权力意志"，认为东西方存在着不同的自我超越模式。① "德"是理解道家哲学的关键内容，但是其定义却一直模糊不清。从先秦文化来看，"德"有诸多解释："道德本质""精神力量""动力""道德优点""事物本质""伦理动力""事物和存在的原本力量""美德"，等等。

儒家和道家对"德"的解释差异巨大，经常让人感到它们是完全不同的概念。安乐哲认为儒家和道家对"德"的不同解释是同一词语的不同层次的意义而不是不同体系的概念。道家强调"德"是本体论层次上的形而上学的意义；而儒家突出了"德"在具体应用中的伦理意义。当我们找出儒家"德"的形而上学的根本假设时，或者当我们发现道家之"德"的社会和政治含义时，我们就会发现两个学派对"德"的理解实际上相差无几。

要准确把握"德"的含义，我们要考察"德"的词源和演变。《说文解字》中把"德"定义为"升也。从彳惠声。""德"包括三个偏旁部首。第一个偏旁"彳"即"向前移动"；第二个偏旁"ᑯ"代表着眼睛；第三

---

① Roger T. Ames, "Coextending Arising, *Te*, and *Will to Power*: Two Doctrines of Self-transformation", *Journal of Chinese Philosophy* 11.2 (1984), pp. 113 – 138.

个偏旁"心"代表着心理—生理的"头脑"或者"心理"。第二个偏旁和第三个偏旁说明"德"在自我伸展的过程中有方向性和意志性:具有自我再生能力和自我呈现本领。"德"的另一个早期形式是"悳",从"直"转化而来,是"直立生长、没有偏离"的意思;"德"还与"得"紧密相连,意为"从自身内部得到,而不是从外部获得"。综合上述语文字信息,我们可以得出这样的结论:"德"从其本体论来看,是某一心理—物质的特殊物体的发生呈现过程。这一特殊物体就是某一独特事物发展的潜能的自然舒展,它包括了一系列的范围和决定因素。独特事物的发展潜能范围是变化的,依照周围情况而决定。这种生长呈现不是随机的,也不是杂乱无序的;它有内在的动态生长机制,通过自己的意志和生长方向来阐释世界。它在自己的意志和周围有机事物的流动变化中寻找合适的方向,达成妥协,形成和谐。这个合适的方向就是和谐事物的秩序和联合万物的基础。这个特殊事物具有开放性,能够与其他特殊事物和平共处,在其特殊性的空间中能够吸收数量不断增多的事物的"呈现场"(field of a-rising)。这就是"德"的"获得"或者"占据"的方面。特殊事物之"变"(becoming)是"不可避免的",也是"完全的自我表达"。[1] 特殊事物变化的语境和条件决定了它的可能性的范围。它的活动是必然的。但是这些条件由其自发的特殊性而决定,而不是由其他事物决定,所以它仍是自我表达的体现。

　　由于受自身动力和其周围存在条件的影响,每个事物都处在不断变化之中;每个事物的存在都是从过去到现在的演变历史的缩影。独特个体不是毫无关联的分离事物,而是根据它周围的情况而出现不断收缩或扩张的开放状态。当我们展现事物的独特性和差异性时,它就是个体;当我们考虑它们与周围条件的互补和因果关系时,它就是整体。

　　部分和整体之间存在着有机关系。"德"与"道"从本体论层次来看,并没有本质区别;两者只是强调重点的不同:"德"是"道"呈现自我的一个特殊表现,"道"的个体原则。"德"又与"性"关系密切。"性"作为事物的自然倾向,说明每个事物在存在过程中都有独特的倾

　　[1]　Roger T. Ames, "Coextending Arising, *Te*, and *Will to Power*", *Journal of Chinese Philosophy* 11. 2 (1984), pp. 116 - 117.

向，它可以与其他具有相同独特倾向的事物形成群体。同类集体事物既有共同，又有不同。不同往往在事物发展的阶段表现明显，"性"经常被用来指示没有发展起来的内在潜能。因此，当"道"被个体化成为独特存在的个体时，就是"德"；而当"道"强调抽象的普遍性时，它就是"性"。正是因为"性"是事物的共同抽象，而且违背了特殊性原则，所以老子和庄子在其著作中往往避而不谈。

"德"既是区分道的方法手段，又是综合和统一的原则。早期文学中描绘"德"的词语大都是可以量化的词语："厚""广""孔""积""盛""普""丰""深"。"德"常被用来指示"道"的特殊方面，但"德"非常富有弹性，可以延伸范围，包括整体。《道德经》一书中的"常德""恒德""玄德""上德"等词语都暗示了"道"与"德"一致并存。

当"德"被培养并逐渐积累时，个体被完全与整体融合，此时"道"与"德"的本体差异就被瓦解了：作为个体概念的"德"转化成一体化的"德"。老子把道德涵养浑厚的人，比喻为初生的婴孩："含'德'之厚，比于赤子。"安乐哲认为婴儿无法区分自我与周围的环境，因此赤子与整体没有隔离。婴儿形成了一个类似矩阵模型的背景，通过它，毫无区别的周围环境可以被人体验；这也是"德"与"道"的类比关系。庄子对此有着精辟的描绘。"自其异者视之，肝胆楚越也；自其同者视之，万物皆一也。夫若然者，且不知耳目之所宜，而游心乎德之和。物视其所一而不见其所丧，视丧其足犹遗土也。"（《德充符第五》）"德之和"就是事物的和谐秩序，潜藏在存在事物发展的背后，能够为多元事物带来统一，为差异带来共同。如果从"道"的个体事件或者特殊性来看，"德"就是个性化原则；如果从其潜在的和谐秩序来看，它又能使事物彼此关联，成为整合原则。

早期儒家传统努力把"德"限制在人类范围之内。孔子把使一切人类活动的内在统一性称为"仁"。"仁"克服了事物之间的孤立和中断，形成了彼此之间的和谐与整体。"仁"使人们走出自我、关爱他人。"德"在人们身上不断地积累，就形成了"仁"——一种人际关系之间的相互交叉（a relational human "becoming"）。[1]　"仁人"就是个体的人格不断

---

① Roger T. Ames, "Coextending Arising, *Te*, and *Will to Power*", *Journal of Chinese Philosophy* 11. 2 (1984), p. 121.

延伸，超出自我，逐渐容纳周围的人类社区。随着他人格的不断延伸，他个人的影响力和可能的范围也相应地逐步伸展。他变成了一个"大"人，他的心理能量远远超越了他作为个人的范围，向周围辐射，决定着周围的人们的心理世界。他的个人人格（"德"）自然延伸，与周围的人们形成共同空间："得到他们"，或者说"获得民众的支持"。同时，他的人格不断延伸，使得周围的人们共同分享他的人格（他的价值观、他的道德观）；这又是他的"给予"、他的"慷慨"、他的"恩德"——德的另一面。

道家传统突破了人类范围，把"德"拓展到自然界中的所有存在的万物。把个体的"德"与"道"结合的活动就是自然的行为："无为"，或者自然（像自己那样）。道家把摒弃自我作为与"德"合一的前提条件。"曰：'回坐忘矣。'仲尼蹴然曰：'何谓坐忘？'颜回曰：'堕肢体，黜聪明，离形去知，同于大通，此谓坐忘。'"（《大宗师第六》）突破自我的界限，消除自我与他人的隔离，个人的"德"就会与他人的"德"结合。老子把"德"比喻为"契"。"是以圣人执左契，而不责于人。有德司契，无德司彻。"（《道德经第七十九章》）①庄子同样以"德充符"来表达了同样的思想。个人之德如同分裂的符码，只有"充符"才能使个人之德与周围事物契合，形成和谐。道家的"真人"就是把个人之德与周围环境和谐统一的典范。例如，庖丁把个人之德与牛之德行结合，他就能够阐释表达牛的自然律动。庄子把个人之德与周围事物之间的动态关系称为"物化"。道家真人延伸自我，与周围事物的发展方向形成了共同空间，变成了富有影响力的物化者。他的个体存在中有了周围事物的存在，他的自我扩展升华，充满了创造性和新颖性。

尼采的"权力"有三个看似独立却彼此关联的内容：能够对他人产生期待效果的能力；控制、掌握、占据、影响他人；比他人更优越。尼采的"权力意志"可以从两个方面来看待。第一是对世俗成功的渴望；但是尼采认为世俗成功有害，妨碍了人们追求完善自我的目的。第二是就心理驱动力。它可以解释诸多现象：感激、同情、自卑，等等。尼采在后期对"权力意志"又有了不同的理解。如果说早期的"权力意志"是解释

① 老子：《道德经》，申维注译评，线装书局2014年版，第278页。

人类反常行为的心理理论，晚期的"权力意志"则是阐释生存过程的本体论。"可以设想：没有什么比我们的欲望和激情更加现实的东西了；除了我们本能的现实世界，我们不可能得到其他现实世界了。"① 在这个"权力意志"的世界中，有一股自始至终的涌动的巨大能量，汹涌澎湃，如同海洋一样翻滚；它处在永恒的变化之中，不断地自我毁灭，又不断地自我创造。尼采后期的"权力意志"和道家的"德"有着诸多契合之处，但同时又有很多不同。道家从平衡、均衡、和谐、整体的角度来理解阐释世界；尼采则用激情、竞争、征服、战胜来理解阐释世界。道家之"德"从个体角度来看，特殊个体通过克服自我、容纳他人的意志来形成共同空间。政治领导者采取大众民意，顺应他们的自然本性来组建自己的政府，既表达了己愿又表达了民声。艺术家顺应黏土习性和材料特征，其艺术作品既是泥土又是艺术家意志的表达。在"德"的概念中始终存在着和谐共处和独到特性之间的辩证关系。相反，尼采的独特个体则完全不同。

第二节　性别之道

道是否有性别之分？或者说，道在女性领域是如何体现的？这与女性运动有什么关系呢？埃弗雷特·克莱因章斯的文章对这些问题进行了探讨。②

在当今的社会中，男女处在不平等的地位，女性成为了"沉默的少数"。女性问题关系到人类平等和尊严。卡罗尔·吉利根（Carol Gilligan）描绘了美国社会对待男女的不同期待。"女性谈话中反复出现的道德命令就是去关爱、去查明、去缓解世界上'真正的、可以辨别的麻烦'。对男性，道德命令却是要尊重他人权利，保护生命和自我实现不受干涉……对

---

① Friedrich Nietzsche, *Beyond Good and Evil*: *Prelude to a Philosophy of the Future*, trans. by Walter Kaufmann, London: Vintage Books, 1966, p. 36. qtd. in Roger T. Ames, "Coextending Arising, *Te*, and *Will to Power*: Two Doctrines of Self – transformation", *Journal of Chinese Philosophy* 11. 2 (1984), p. 126.

② Everett Kleinjans, "The Tao of Women and Men", *JCP* 17. 1 (1990), pp. 99 – 127.

女性的道德判断从当初的生存顾虑到美德关注，再到对关爱的理解，并把关爱看成人类冲突的最佳解决方案。"① 在人类矛盾不断升级、关系不断恶化的今天，与女性价值密切相连的品质、关爱、关系、责任，对培养更加人文的社会非常具有实际指导意义。这些问题恰恰是中国哲学的核心：人类如何行为？何谓真正人性？何谓良好的人际关系？换言之，为了创造秩序，行为更加道德，思想更有普遍性，我们需要什么样的价值？更进一步，我们的任务只是客观地理解人类世界还是为了改变它？女性主义运动就是迎接这样的挑战，积极进行改革，实现政治、经济和社会方面的平等。

一　文化构建和现实压制

在任何一个社会中，男女都被分配了一些不同的角色，重叠的部分往往被降低到最低限度。在讨论男女角色时，一个重要的话题就是两性差异是文化属性还是自然属性。波伏娃的著名宣言"女人不是天生的，而是后天形成的"就是最好的回答，而引导我们生活经验的那些原则和方法来自于文化。实际上，人们的所有经验、知识、价值、美丑都受视角所限，都是大脑接受文化的结果。这个过程就是文化构建和现实压制。② 每个人生来都会有感受、知觉、组织、关联和抽象的能力。但是，他们如何组织事物形成类别，把类别联系在一起，并赋予它们某些抽象品质，都取决于人们的生活经历，而这些社会经历又受到他们从小就生活在其中的社会文化的影响。这是个辩证的过程。人们以某种方式来感受、知觉、组织、抽象、连接事物，但同时文化构成的划分事物的类别、组织关系等又会影响人们对事物的感受。因此，文化可以定义为某个群体根据一系列的共同规章制度来感受、组织、抽象和关联事物的方式。社会在性别方面也

---

① Carol Gilligan, qtd. in Kleinjans, "The Tao of Women and Men", *Journal of Chinese Philosophy* 17. 1 (1990), p. 100.

② Everett Kleinjans 在注释 5 解释说，所有的构建都是一种压制 (all construction is constricting)。例如，一旦建起道路，人们就被迫使用这块空间，用某种特定的方式、而不是其他方式来驾驶汽车。再如，一旦一个人选择了讲一种语言，他将被迫使用该语言；而其他语言的语法将对本语言的使用者不起作用。"The Tao of Women and Men", *Journal of Chinese Philosophy* 17. 1 (1990), p. 125.

有不同的期待。学校往往鼓励女生学习人文、家政等专业，而激励男生学习科学、技术、政治和经济等学科。性别差异一旦被区分和确定，将会伴随着相应的奖罚制度来贯彻这些文化差异；由于这些差异是童年期间无意识地习得，性别差异往往被认为是生理性的区别。玛格丽特·米德（Margaret Mead）在非洲新几内亚原始部落居住数年，仔细观察他们的性别文化。"我发现在方圆百里之内住着三个原始部落。一个部落的全部男女都按照女性气质——像父母那样有求必应——接人待物。第二个部落都按照男性气质反应：凶猛、主动。第三个部落男人像传统女性一样：喜欢搬弄是非，上街购物，留有满头卷发；而女人则精力充沛、朴素无饰、善于经营管理。"①米德的人类学记录说明性别行为只是文化的主观产物，而不是生理属性。

二　哲学和文化

　　哲学家是文化的产物，但是哲学家常常宣传哲学具有超越文化的普遍性。哲学是否超越了产生哲学家的文化土壤？这个问题可以从四个方面来进行探讨。首先，哲学家向人们传达自己思想的方式。具有普遍适应性的一个方法就是使自己免除文化影响，割断书写和口语的连续一贯性。但是任何哲学都要用某一种具体语言来表达，而语言本身就带有浓厚的文化烙印。其次，那些被本族文化浸透、很少接触到外族文化的人们倾向于以本土文化来阅读其他文化中的行为和象征。本族中心主义往往会把他们自己的特殊文化看成普世标准，并且以此来衡量判断一切。再次，尽管哲学家努力超越特定的时空，他们使用特定的语言和特有的比喻，用某种特有的方式来理解和组织现实，与本地的风俗有着特殊的联系，这使得他们在表达自己思想的时候会无意间增添很多内容。换言之，不管愿意不愿意，哲学家在表达自己思想的时候，要面向特定时空中的特定读者群体；这种内在的连续性说明哲学家的思想会折射特定文化的思维模式。克莱因章斯称为"文化积淀"（cultural accretion）。最后，如果哲学家别无选择，只能借助文学媒介来传达思想，形成意义，这样意义就会被注入本土"噪声"。因此，我们要对此抱有戒心，去掉

---

① Qtd. in Everett Kleinjans, "The Tao of Women and Men", *JCP* 17.1 (1990), p. 105.

不必要的"文化积淀",这就是哲学的"去文化化"(deculturize)。① 要想使中国哲学更有普遍性,能够对今天的西方女权主义有所借鉴,"去文化"必不可少。

三　中国哲学:女人和男人

在自然和文化、哲学和文化的大背景下,中国古代社会中男女之间的两性关系会更加明显。坤代表着自然,与精神相对;地与天相对,时间与空间相对,女性母氏与男性父氏相对。运用到社会事务中,这种关系互补的原则不仅存在于男女两性之间,还存在于君臣、父子之间。不可否认,中国哲学中存在着男尊女卑的封建思想,但是我们可以把这些等级制度看成对当时中国社会情况的"文化积淀";在表面之下,我们可以发现中国哲学的实质和根本。总体说来,中国古代哲学还是支持女权主义运动的,中国社会的性别等级只是文化积淀的体现,除去表层的文化积淀,我们可以发现背后的哲学。孔子在其社会等级制度的背后是人人平等的哲学基石。陈鼓应认为孔子对人伦关系的贡献主要有三:(1)他把"礼"普遍化,使用于所有的人际关系,"不分等级和地位";(2)他推崇"仁":每个人都可以通过不断的自我修养,变成仁爱之人;(3)他认为政府的目的就是保护人们,丰富其物质生活,启迪教育人们思想。②

《易经》以乾为天,坤为地,分别象征了阳和阴、男和女,代表了两者之间相互影响、彼此吸引的关系。"天尊地卑,乾坤定矣。卑高以陈,贵贱位矣。动静有常,刚柔断矣。方以类聚,物以群分,吉凶生矣。在天成象,在地成形,变化见矣。……乾道成男,坤道成女。乾知大始,坤作成物。"(《系辞上传》)③《易经》整本书中充满了创造者和接纳者之间的互动关系。没有天的创造力,土地不可充满生殖繁育的能力;没有大地的肥沃土壤和接纳万物,天就不可创造。因此,尽管天被喻为强大的男性力量,地被喻为柔软的女性力量,两者实际上是平等的,而且彼此不可离开

① Everett Kleinjans, "The Tao of Women and Men", *JCP* 17. 1 (1990), p. 107.
② Ibid. , p. 109.
③ 孙振声编:《易经今译》,海南人民出版社1988年版,第349页。

对方。没有地的回应，天会一无所事；天地在本体论上形成了一个整体，两者是完全平等的。陈鼓应写道："乾和坤都是创造力的一个方面。它们形成了原始的对立两极，导致了万物的产生。正如容纳了初始对立的太极一样，乾无法从坤中分离出来。"① 在《易经》中，乾是创造性因素，坤是容纳性因素，两者的平等有着动态的关系。两者关系上的平等开始于接受，即接受自我，尤其是创造性的自我。我们越是变得具有个性，独特，不可替代，充满创造性，我们越是倾向于认可我们伴侣的独到价值和其创造性：他/她是一个独立、自由的存在。接受自我转向了接受他人。如果他人接受了自我，我们创造了一个彼此接受的进行体：我不仅接受了他人，而且被他者所接受。这一互惠性（reciprocity）不仅把他者作为提供者、保护者而接受，而且接受了彼此作为创造—接受—响应过程的参与者。在这一彼此相互提供营养滋补的过程中，接受自我，接受他者，被他者接受，为双方提供了自由、平等。这种关系培养了不断生长的身份、尊重和尊严。笛卡尔的名言"我思故我在"在中国哲学中应该改写为"我联系万物，我在不断地变化中"（I relate, therefore I constantly become）。李约瑟（Needham）写道："儒家和法家认为社会思想体系是男性的、管理的、艰难的、主宰的、积极的、理性的、赠与的——道家则激进地、彻底地与之决裂，强调一切都是女性的、宽容的、屈服的、放任的、撤退的、神秘的、容纳的。"② 克莱因章斯认为，道家的女性、儿童、山谷、柔水等意象并不是强调女性的强大，而是鼓励统治者采用阴的原则，其最终目的是两性之间的平等互补。"知其雄，守其雌，为天下溪。为天下溪，常德不离。常德不离，复归于婴儿。知其白，守其黑，为天下式。为天下式，常德不忒。常德不忒，复归于无极。知其荣，守其辱，为天下谷。为天下谷，常德乃足。常德乃足，复归于朴。"③ 统治天下的君主被要求采用阴的原则，利用"柔软的力量"来管理国家。老子在人们都记住阳的原则时，强调了容易被疏忽的阴的原则，其最终目标就是阴阳的平等和互依关系。

---

① Qtd. in Everett Kleinjans, "The Tao of Women and Men", *JCP* 17. 1 (1990), p. 111.

② Ibid., p. 113.

③ 老子:《道德经》, 申维注译评, 线装书局 2014 年版, 第 113—114 页。

四　和谐

早期中国哲学中人际关系的理想状态就是和谐。"我把'道'称为'极度和谐'因为儒家之道就是天下一切事物井井有条,都有着自己相应的位置。每个事物,每个人都在这个有机整体中处在相互支持、相互补充的关系中。"① 克莱因章斯紧接着指出,处在和谐中的各个因素,并不是一致因素,而是不同因素,甚至是矛盾因素的统一体。"君子和而不同,小人同而不和。"和谐绝不是相同。例如,奴隶和主人不同,甚至相反,但是当他们各自扮演着"适当的"角色时,也存在着一种和谐的结果。奴隶没有选择,和谐是强迫的。同样,在男女关系中,只要男女各自扮演着统治和服从的文化角色,他们也维持着和谐。但是缺少平等的前提,结果就是假和谐(pseudo‑harmony)。

在任何社会中,人们都会有不同的角色。尽管我们在人群中提倡"存在论层次的平等"("人生而平等"),但是在实际社会中,人们的责任、收入、尊重是不可能平等的:没有"实际的平等"(functional e‑quality)。我们社会中面临的问题就是:"在一个现实不平等的世界之中如何做到力所能及的,或者说,存在论层次上的平等?"② 完全和谐要求平等,至少是存在论层次的平等。在社会中有着不同角色的人们,应该在精神上感到彼此之间是平等的,这样才能实现社会的和谐。为了实现这一目的,社会应该提供机会,在职业、社会阶层之间充满自由流动性,这样人们可以有机会在不同时间、不同空间扮演不同的角色。提供自我修养,人们可以更加接近平等。平等在中国古代社会中有着重要的基础。"四海之内皆兄弟""己所不欲,勿施于人"都以间接方式传达了人人之间的平等关系:把他人看作与自己平等的成员接受、对待。这种观点强调了人的本质平等,社会地位的差异只是后期人们努力的结果。

庄子也同样强调人们之间的平等。"东郭子问于庄子曰:'所谓道,

————————————

① Qtd. in Everett Kleinjans, "The Tao of Women and Men", *JCP* 17. 1 (1990), p. 113.

② "The Challenge in these Social Conditions is *How to Be Humanly, or Ontologically, Equal in a Functionally Unequal World*", Kleinjans, pp. 115 – 6.

恶乎在？'庄子曰：'无所不在。'东郭子曰：'期而后可。'庄子曰：'在
蝼蚁。'曰：'何其下邪？'曰：'在稊稗。'曰：'何其愈下邪？'曰：'在
瓦甓。'曰：'何其愈甚邪？'曰：'在屎溺。'"（《知北游第二十二》）道
在人们的日常生活中说明了庄子的平等思想。这一平等思想在《齐物论》
得到了更加充分的肯定。事物之间彼此作用，如同身体的各个器官，不存
在某个身体部位更加优越。"百骸、九窍、六藏，赅而存焉，吾谁与为
亲？汝皆说之乎？其有私焉？如是皆有为臣妾乎？其臣妾不足以相治乎？
其递相为君臣乎？其有真君存焉？如求得其情与不得，无益损乎其真。"
（《齐物论第二》）身体各个器官，虽然各不相同，有着自己独特的功能，
但是共同形成整体，彼此之间处于平等关系。身体的比喻实际是人类的类
比：虽有不同社会角色但是处于平等地位。庄子对人们之间彼此相互依赖
的描绘体现了彼此平等的关系。

五　人际关系：仁

在中国古代哲学中，仁是一个人应该具有的最重要的品质，因此，英
语有着诸多不同的翻译：humanity, human - heartedness, virtue, benevo-
lence。冯友兰写道："仁，是儒家学说中最重要的思想之一，由'人'和
'二'构成。它包含了一个人与他人交往时的所有应具有的道德品质……
简言之，仁，以同情他人为基础，遵照礼节来展现一个人的真性情。"[1]
克莱因章斯总结说，仁包括了建立和谐人际关系的三方面内容。第一，建
立起内在的自我（仁心＝内心/头脑）并把这一内在的自我与外在的自
我，即外在行为，保持一致。换言之，仁人在其公共之我和私下之我之间
建立了和谐统一。第二，仁人有能力来发展自我与他人之间的和睦关系。
他能够敏感地觉察到别人的感受、心情，进行换位思考，体验对方的处
境。"子贡曰：'如有博施于民而能济众，何如？可谓仁乎？'子曰：'何
事于仁！必也圣乎？尧舜其犹病诸！夫仁者，己欲立而立人，己欲达而达
人。能近取譬，可谓仁之方也已。'"（《论语》）[2] 从性别角度来看，仁人
之男性（a man of jen）具有与男人和女人和睦相处的能力，仁人之女性

---

[1]　Fung Yu - lan, 1952, qtd. in Kleinjans, p. 119.

[2]　孔子：《论语·大学·中庸》，俞日霞译注，二十一世纪出版社 2014 年版，第 62 页。

也同样具有与男人和女人和睦相处的能力：感他人之所感，思他人之所思。第三，仁人还有使他人和谐相处的能力。这往往能够使君主完成团结民众的使命。从个人修养的角度来看，仁是个人的道德规范；从实际来看，仁还是社会伦理和政治原则。①

六　傲慢和卑微

中国古代哲学非常注重谦卑，即使身处高位，也要学会卑微。傲慢是只知道前进，不知道后退；只知道求胜，不知道失败。"素富贵，行乎富贵；素贫贱，行乎贫贱；素夷狄，行乎夷狄；素患难，行乎患难。君子无入而不自得焉。在上位，不陵下；在下位，不援上；正己而不求于人则无怨。上不怨天，下不尤人。"（《中庸》）② 老子和庄子对卑微的强调超过了其他任何哲学家。道家一个重要的观点就是"柔软的力量"，认为"无为"胜"有为"。"天下之至柔，驰骋天下之至坚。"③ 柔软的东西能够在坚硬的物体中驰骋，无形的东西可以进入没有任何空隙的事物。这正是老子推崇"无为""不言""无为"的原因。

七　自然

自然首先指自然界。日落月出，昼来夜去，四季循环，一切处在不断变化中，被称为自然。中国的哲学家鼓励人们自然行事。"可乎可，不可乎不可。道行之而成，物谓之而然。恶乎然？然于然。恶乎不然？不然于不然。物固有所然，物固有所可。无物不然，无物不可。"（《齐物论第二》）自然在中国哲学中占据了重要地位。但是关键在于区分自然与人为。克莱因章斯认为，女性的服从、男性的优越是由于文化所致，当我们退除外层的"文化积淀"，就能实现男女平等。

---

① Kleinjans 还讨论"仁"的英文翻译问题。英语中很难找到与"仁"对应的单词。Empathy 常指从心理上来感觉自己与他人极为接近，认同他人的感受、境遇、欲望。但是 empathy 却缺乏上文所叙述的道德规范和政治原则等内涵。

② 孔子：《论语·大学·中庸》，俞日霞译注，二十一世纪出版社 2014 年版，第 254 页。

③ 老子：《道德经》，申维注译评，线装书局 2014 年版，第 165 页。

第三节　道德之悟

庄子是一名特殊的道德家。他没有道德可以传授教导他人，对事物采取"没有立场的立场"，让人觉得可左可右，可正可反；在增补常识的同时也修正了常识。他的故事没有明确的目的，他想要警示改变世人常识，但是每个人按照自己的特殊方法行事，没有固定的蓝图可依。因此，庄书就是要邀请读者的参与，进而激发每个人的思考，找出自己特殊的道。我们进入了庄书后，就会忘记了庄书，进入了我们自己；进入自我以后，我们又忘记了自我，进入了天地春秋。

吴光明认为庄子的道德故事以间接方式让读者返回自我。为了能够"唤起读者"，庄书使用谬言来激惹我们反抗，迫使我们深思。如果用我们尊崇的权威偶像来批评我们，我们很容易接受；这是修正我们的行为来符合传统规范的"正名"的方式。但庄子从根本上来动摇我们价值的根基，批判我们理想化身的圣人孔子。庄书的夸张、矛盾、想象等方法使读者意识到无法依赖圣言本事，继而从外在道德规范转向自我本性。吴光明从卮言、音乐和了解三个方面进行了阐述。

卮言往往结合暗语和反语来唤醒读者，传达信息。"传达"一词有着不同的侧重："传"指信息要"传"得准确完整，"达"主要指接受者体验要"达"到深刻领会，发生改变。"传达"针对不同类型的知识有着不同的侧重。吴光明把知识分为以下四类。[①]

（1）先验性知识（Priori Knowledge），不需要经验的辅助，例如柏拉图的理念。

（2）后天性知识经验。例如通过科学实验的观察、总结而形成的知识。

（3）康德的"综合而先验的判断"（Synthetic a priori Judgment）。例如在 5 + 7 = 12 的综合计算。

（4）体认感悟的体知。主体对某一信息的体验和感悟，引起了自身

---

① 参见吴光明《庄子：庄书西翼》，台湾东大图书股份有限公司 1988 年版，第 75—76 页。

思想感情的变化。

　　在这四类知识中，前三类知识往往独立存在，受学说规则控制，于体验者和具体环境没有很大关系；因此，这些类别的知识往往被事先包装封闭、进行客观传递。第四类体悟知识则强调了接受者的体验和感悟。主体一直处在改变、成长、深化的蜕变过程之中，被传递的信息也要动态变化。如果突出了传递者，强调"服从信任的知识权威，接受主体性及人生经验"就全无意义了。这正是庄子使用随着情形而不断改变的"卮言"的原因。

　　分析了卮言传递对象后，吴光明仔细剖析了卮言唤起传达的结构。首先，唤起句法的词句。"以言行事"（Performative discourse）是契约之言，"说"就是做某事，"指令语言"（Prescriptive discourse）以直接命令的方式展示具体工作步骤，听者要依令而行，"说"就是"操纵使人做"。而卮言是"唤起语言"（Evocative discourse），以反语间接的方式来激发人们的情感和思考，"说"即"怂恿使行"。① 卮言不指示具体事物，依据实际情况而变化，采用了反常医法。如果庄书以普通冷静的逻辑语言来阐述观点，无法激发世人。而反常的谬言怪论，会令人觉察反常。当庄子以正襟危坐的严肃态度来讲述时，实际上他是在模仿圣人先哲，对他们进行讽刺。而当庄子恣肆汪洋，轻浮妄言时，恰恰是他最为严肃认真的时刻。其次，庄子强调了唤起传达结构中的读者。读者在庄书中得到了前所未有的重视。读者可以联系自己的生活处境自由地探究体验，不必受文本的限制。最后，唤起传达结构的内容信息。信息在庄书中被降低到了最低程度，为读者留下了自由感悟的充足空间。换言之，庄书呈现的不是包装好的一套知识见闻，而是提供了一个场景，让读者在其中感受自我，重返自己，进入开放的境地。传达唤起结构中的词句、读者和内容三者相互渗透，彼此相关。在词句中，比喻是庄书的常用方法。"二人为从，反而为比……引作相与比叙，因此及彼。"喻由俞而来，原指"通江河两岸之工具"，此处指读者借助庄书到达晓悟的彼岸。而传达内容的消除，使庄书故事适顺事态，使作者和读者彼此自由逍遥：前者不必为所讲内容负责，后者不必受内容束缚，可依据自己的实情来

————————

　　① 吴光明：《庄子：庄书西翼》，第77页。

理解故事。

除了厄言以外，庄子的另一个方法是音乐。庄书是天籁、地籁和人籁的共同协奏曲。乐谱是朦胧不清的路标，演奏家根据乐谱，进行创造性的奏乐。庄书不仅是作者和奏者之间的共创，还是奏者和听者之间的响应。历代庄书的注疏、解释都是听众的反应。自然的乐谱混沌含糊，容纳多种丰富的诠释含义。自然之风无时无刻不在诉说着真理。风告诉登山家应该从何处、何时、如何攀登，但同时又把另一套信息告诉了水手、探险家和放风筝的人。

此外，吴光明还探讨了人与机械的关系。他首先区别了机心和人的理性。机心指客观知性，独立于周围环境和操作人士，依照形式规则、服从逻辑运算。人之理性具有更大灵活性：能够从某种情况中察觉重要因素，还能考察未知处境，依据以前经验在屡次出现的情况中勾勒相似模型。在人与机械的共处中，人性容易被机械同化。庄子的建议是忘记。知者被知识纠缠，辩者被论辩苦心，对于器械，我们要像庖丁解牛一样，只有忘记了器械，才能自如地使用它。

吴光明以《齐物论》为例剖析了庄书的唤起结构。《齐物论》作为庄书中最具哲学思辨的篇章，也最富有争议，引发了读者的积极参与。题目本身就像一颗炸弹，引起了读者的争论。"齐物论"题目至少有以下六种解释。①

（1）齐→物论：事物本身无是非，所有言论都产生于成心，是片面之言，要齐平所有言论。

（2）齐←物论：万物本身是平等齐一的，人们言论自然也要齐一。

（3）"齐→物"和"齐论"：该篇涉及两个话题，本体和认知论。

（4）齐→（物及论）：事物和言论之间是怎样的关系？是否可以齐平两者？

（5）（齐物）→论：论及我们的齐物和万物的关系。

（6）庄子说："你自己挑吧。"

吴光明通过系统分析，论证了上述种种可能性的合理存在。严谨复杂的论证并没有穷尽庄书的意义，而是打开了读者创造性的大门。

---

① 参见吴光明《庄子：庄书西翼》，第181—182页。

在内容上，吴光明围绕着天籁、地籁和人籁三种音乐共鸣剖析了文章结构。①

i. 大纲天籁、地籁和人籁介绍

ii. 人籁：芒　　　　　　v. 人籁：尧之故事

iii. 地籁：两行　　　　　vi. 地籁：齿缺子故事

iv. 天籁：葆光　　　　　vii. 天籁：瞿鹊子故事

vx. 结论：梦、影

三籁音乐的合奏自然地流淌在庄书之中，不仅使各部分相互共鸣，还使文章成了一个有机整体。体系之中又留给读者更多的阅读空间。吴光明又从人、言、物的关系出发解释了文章的浑然天成。②

i. 万物，相互转化，齐整　　　　　　　　　　　　无有

ii. 辩论"论"理，事物的相关性。论的客观性。　　无言

iii. "吾"，识悟主格，自断成见。论的主观性。　　无知

第一排		第二排
1. 自失		自我如梦影
2. 人争论		争辩即梦
3. 物		物之所同是
4. 道：两行		道未始有封
5. 未始有		未始有始

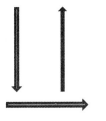

吴光明阐述了三籁之间的相互缠绕的关系。人只有放弃了执着的固执之我，才能听到人籁。通过人籁，我们可以听到地籁，继而进入天籁；三籁之间相互影响，共同奏鸣。

本体论。《齐物论》开始讲述了"吾丧我"后的自忘状态。南郭子綦如枯木，似死灰，但是听到了风吹万物的籁声。籁是从孔里发出的声音，产生于"无有"。我们本身也是人籁，与天地共鸣，生活在诸多"关系的网络"中。我们可以认识网络中存在于我们周围的事物，却无法认识网

---

① 参见吴光明《庄子：庄书西翼》，第185页。

② 同上。

络本身，更无法知道什么力量使我们和周围的事物发生关系——这就是不可以认知的第一原则。第一原则就是"吾丧我"中的吾主格。对己而言是"吾"，因人而言则曰"我"。"我"就是宾格，是可以辨认出来的自我，也是受位存在。"吾"就是实施辨认行为的主体，它本身不能被辨认出来。雅克·拉康有一个非常恰切的比喻。我梦见自己奔跑。梦中之我在奔跑，那么是谁在做梦呢？拉康的"梦中之我"就是被表现出的、可以被辨认的"我"，而正在做梦的主体则是没有被表现的"吾主格"。区分了两者以后，吴光明进一步指出了客体我的"强制性"（imperative），它要求自我形式强加于实体上。客体我就像命令要求、制定疑问、向实在要求回答。这样激起人籁，以人籁方式去倾听地籁。

物物关系最明显特征就是互缠。物物是天与地的合唱，是地籁与人籁的共鸣。庄子惟妙惟肖地刻画了风吹枯木的场景。风无处不在，却不独立存在。风吹动万物，发出响声，与事物共鸣。在风吹下，主动与被动、主格与受格，相互并存。鸣既是风，又是通过具体事物的特殊空窍而发出的特有震动。"籁即风、声音、每个物件之间的关系。事物之存在，在于互缠，参与生命变化，与之反映共鸣，'化声'。"① 罔两、影子和物的关系形象地刻画了彼此依存的关系。影子由罔两（轮廓）决定，罔两规定影子的存在。影子呈现事物，使事物有深度；事物与影子相依、相化。响声要比原音和谷默更洪亮。响声和罔两惹人注目，但不是要我们注意它们本身，而是要吸引我们的注意力来广告其他事物。吴光明用一个通俗易懂的例子来说明彼此的关系。A掌管着200名科学家，他的声音会吸引全球的注意力，让世界屏息，倾听他的发言。他就是声响或者罔两，而科学家就是影子，而科学家研究的星球本身则是沉默的。

一　方法论

卮言理性、诙谐，是人生的逻辑。逻辑是不同步骤之间的关联性。吴光明首先更正了我们对逻辑的理解。在 a →b 两个命题之间，为了更好地说明彼此之间的逻辑关系，我们可以插入 c 命题，逻辑步骤变成了 a →c →b。同样，为了更清楚地说明 a →c 之间的逻辑，还可以无限制地插入

---

① 吴光明：《庄子：庄书西翼》，第 198 页。

d、e、f，等等。而且每次加入的新论据，都会得到不同的新结论，甚至是相反的结论。"要求说明"迟早会停止。实际上，逻辑步骤之间始终是跳跃性的。有些论证让人觉得"很有逻辑"，是因为其逻辑让人"觉得可信"。换言之，逻辑之间的必然性就等同于"可置信性"。而"可置信性"是一个尺度很大的主观感受。从这个角度来看，逻辑步骤越少，说明理论跳跃和洞察力越强，因此"步骤少而拥有惊人理论的论证者有成熟的理性"。① 庄子没有通常意义上的逻辑，却有着极其"成熟的理性"。庄书同时采用了两种不同的逻辑方法。一是并置很多命题，混杂各种圣言谐语，指向讨论话题；二是故意说出很多"无端崖"的谬言，却熟练操控话语脉络，引发人们大笑："多么深刻的荒诞呀！"

庄书采用了寓言、重言、卮言三种论说方法。具体如下所示。②

（1）自缠性的首尾一致（self‐involved consistency），存在含义及情况的缠路（真人自我的纯疑）。这是直接的、正面的方法。

（2）自缠性的首尾不一致（self‐involved inconsistency），主要有反语、讽刺，例如无为、无知，等等。这是直接、反面的方法，寓言的主要方式。

（3）论证、故事、名言等对照拼贴成为蒙太奇，存在种种可能性。这是重言的方式。

（4）综合利用上述操作产生万花筒式的效果，无限制的意味，读者可以倾向任何一种情况。这是卮言的方式。

三者是并置同存的。庄子以权威和逆理引起了世人的注意（重言），让他们深入探究其中的意味（寓言），反思自己的情况（卮言）。并置是三者共同的特征。可笑滑稽来自于互不一致的因素并置，例如，大帽子配小头、小裤子配大靴子等。人生就是众多杂乱因素同时压向我们，逆理是压碎生活的理论。我们从生活碎片来测量冲击力的大小，犹如重叠含义的"重言"。反讽是互不相融因素的并置，它指向讨论的话题，却悬挂了最终解释，犹如"寓言"。比喻实际是"类型的错误"（category mistake），把一种生活情景与另一种意境相互缠绕，混杂范畴和种类。卮言就是上述

---

① 吴光明：《庄子：庄书西翼》，第208—209页。

② 同上书，第212页。

各种因素的缠绕、共栖的理论。

哲学的进步就在于我们搜集了多少有意义的概念。生活，如同风吹万物多音齐鸣，复杂万物共存一起，而且时时处在变化之中。没有一套理论可以完全适用。但是，如果我们拥有的概念越多，就可以更敏感地觉察情况的复杂，越能统一生活，形成多元性的合一，"齐"万物。

"齐物论"通常被理解为"物"和"论"的关系。"物"指宇宙论，物物转化，客观存在于身外；"论"指人心，自我论，是主观思考事物。这种理解假定了一种两元分离：思维的主格/被思考的物。这只是庄子的"分"，却没有涉及"化"。在庄子看来，人与物之间也存在转化，分与化是变化的动态，而且两者处在万花筒般的不确定性之中。

"吾丧我"一词说明断定万物的本身在变化，与他者发生转化。丧我就是忘我、无我。它不同于康德先验的超越我。超越我是稳定的本体（Noumenon），是一切思维经验的绝对基本假定（Postulate），康德的超验我不丧己。庄子的吾主格，是无主格，是总主格；他不是神，不能全能全知。总主格，连自己的不存在也包括在他自己里。

二　道德和自由

贤·赫希斯曼探讨了自由和道德的关系。[①] 世间万物，从天体星辰到日常生活，无不受客观规律支配。人是否有自由意志可言？康德给予了肯定回答。首先，他把世界进行了两元划分：在物质世界中，一切受规律支配；但在精神世界中，人有理性和意志，可以自由决定——这形成了道德的前提。但是康德忽略一个问题：精神世界的自由决定还要受制于物质世界的客观约束。庄子在人与自然的关系中思考自由，在贤·赫希斯曼看来，是对康德难题的回答。庄子认为，人不再是孤立个体，而是广阔无垠的自然的一分子。自我处在不断变化之中，而不断转换的视角为人们提供了解放固定观点的自由；物理世界也处在永不休止的变化之中。自我就是不断调整与周围世界的相互关系的动态过程。顺应自然变化的"无为"就是道德；而阻拦自然变化的"有为"违背道德。赫希斯曼进一步区分

---

① Hyun Hochsmann, "The Starry Heavens Above: Freedom in Zhuangzi and Kant", *Journal of Chinese Philosophy* 31. 2 (June 2004), pp. 235 – 252.

了自然的概念。孔子痛失颜回而哭泣,庄子丧妻由泣而歌;两人行为都是自然的,但是存在着区别。孔子的哭泣是自然的人类行为,丧失亲人的本能反应;但是庄子的反应却是万物的自然。庄子短暂哭泣后,继而理性思考:妻子从万物中产生,又重新返回万物,如同四季轮回一样自然,没有什么值得难过。孔子的自然反应是人类和谐的内容,这是庄子万物和谐的一部分。在康德看来,孔子的人性本能反应是不可取的,他更倾向于庄子的哲学思考:理性是自由意志的前提。

其次,庄子中的自由可以分为四个阶段。一是消除外在限制,遵循自己爱好倾向。但这种自由缺少理性反思,对不同选择可能造成的各种结果一无所知。因此,第二种自由强调在不同可能性中进行选择的能力;道德原则就提供了这种可供选择的范围。第三种自由突出了"意志的自治权",它确保了选择的自由。自我处在不断变化中,视角的转变使人走出了封闭的固定视角,拥有了"认知的自由"。第四种自由是把这种"意志的自治权"延伸到他人、其他形式的生命和宇宙万物。

赫希斯曼接着讨论了法律和自由的关系。在康德看来,法律是自由的必要保障,人类邪恶的本质只有受到法律的限制才能确保我们的平等。庄子反对法律干涉人的自由。"共同原则",即所有人共有部分,可以实现自由平等。"仁"就是第四种自由,把"意志的自治权"延伸到宇宙万物。"仁"使宇宙万物彼此之间相互关联,形成统一整体。自然既可以指万物存在的统一体,又可以指存在于复杂万物背后的统一框架。无独有偶,康德的"定言令式"(Categorical Imperative)呼应了庄子的"宇宙视角"(universal point of view)。[1] 定言令式内容有三:其一,具体道德行为的依据法则可以广泛普及;其二,人道博爱是根本目的,而不是手段;其三,所有的道德法则都能和谐共处。但是康德的"定言令式"并不是适用所有人群,它仅局限于"理性人群"。简言之,康德和庄子都强调道德的目的就是个体的成分发展,但要从"宇宙视角"出发,实现共同繁荣;两人不同之处在于,实现道德目标的手段和自由的范围。

埃斯克·蒙哈德(Eske Mollgaard)在"庄子的宗教伦理"一义中指

---

[1]　Hyun Hochsmann, "The Starry Heavens Above: Freedom in Zhuangzi and Kant", *Journal of Chinese Philosophy* 31.2 (June 2004), p. 248.

出庄子超越了儒家的天下之忧，达到了美学和宗教的境界。[1] 庄周强调首先要"心斋"，要"虚静"，其道德缺少实际经验动机，也没有目的性，是一种"意志的自由"：既没有屈从别人的诱惑，也没有要改变别人的用意。

---

① Eske Mollgaard, "Zhuangzi's Religious Ethics", *Journal of the American Academy of Religion* 71. 2 (2003), pp. 347 – 371.

第五章

后人类主义视野下的庄子:后人类主体

　　20世纪初叶，人类思想的发展历史经历了两次地震:达尔文的进化论和弗洛伊德的性理论。达尔文提出人和动物并无本质区别，共同源于同一祖先，这对影响了西方1000多年的"上帝造人"的基督教教义是一个致命打击，引起了人类思想的动荡。随后，弗洛伊德从心理分析入手，提出人的根本动力是强大性欲，但是人不同于动物之处在于，人类能够压抑欲望并使之升华。同时代的卡夫卡从文学角度，写了很多生动幽默却寓意深刻的故事，启发人们从动物世界重新审视反思人类行为。1968年法国"五月风暴"引发了西方的文化革命。各种新思想、新理论如雨后春笋般涌现，研究主题从中心转向边缘，从自我转向他者。皮特·辛格1975年出版的《动物解放》是动物解放运动的"奠基性哲学声明"，人们开始关注动物对痛苦的感知。80年代蓬勃发展的生态研究进一步激发了动物研究。汤姆·里根在《动物权利的理由》（1983）中提出动物因为它们的"内在价值"应该得到"动物权利"。90年代，对动物的关注从学术界延伸到了大众娱乐。斯皮尔伯格的《侏罗纪公园》刻画了恐龙复活后与人类共处的情景，引发了人们重新思考人类与动物的关系。进入21世纪，2012年李安导演的《少年派的奇幻漂流》详细描述了派与猛虎共处救生筏艇，人与兽从想要杀死对方的心理逐渐变为相互依赖，继而成为少年生存下去的动力。学术界的动物研究也更加深入细化。《今日世界文学》2013年7月刊登"四腿文学"专门表现文学中的犬科动物。《现代小说研究》于2014年刊登了"现代小说中的动物世界"特刊来探讨文学中的动物再现。

　　比较以往，我们发现最近30年（自1980年）以来的人文研究有两个显著特点。一是人文危机。人类不再是社会和历史的主体。列维-施特劳斯认为结构体系是社会的深层构成，而不是人类。德里达以能指符号产生的延异解构了人类中心。福柯提出无处不在的权力话语和现代科技不间断地驯化人们，消解了人的主动性。在这种反人类中心的大背景下，动物研究不断升温成了后人类时代的重要主题。另一特征就是动物地位的急剧变化。传统的动物文学多数是借助动物之口来传达人类思想的寓言故事，动物特有的经历和体验被忽略不计。有时虽然考虑到它们的特性，但动物主要是人类思想感情的投射载体，人类的动机和习俗是解释动物行为的模板。而 20 世纪末和 21 世纪初的动物研究明显不同。动物对世界的不同体验和感受成了人类感知以外的重要对比和认识依据，迫使人类进行自我反思。人类的"眼见为实"对不同动物而言，变成了多元标准：犬科的嗅觉、马类的触觉、蝙蝠的听觉，等等。人和动物是否有根本性区别？这些区别为何存在着持久争议？对这些问题的思考、探索和回答形成了后人类主义。

后人类主义（Posthumanism）是 20 世纪 80 年代发展起来的新理论。它提倡人与万物平等相处，主要从生态、动物、机器和神经叙事等方面来解构人类中心论。具体有三个理论来源：（1）福柯话语观。人，作为知识考古的结果，是"最近的发明"，同样可以"像沙滩上的画一样被消除"。[①]（2）控制论。1946—1953 年的梅西会议，认为人只是生物、机械和信息学科的系统理论的一部分，不处于中心位置。（3）科幻机器。1985 年堂娜·哈拉维发表了《人机宣言》（A Cyborg Manifesto）："我们都是怪物，是机器和生理的混合物。"[②]

2010 年，凯里·乌尔夫（Cary Wolfe）的著作《什么是后人类主义?》是后人类主义研究的一个里程碑。后人类主义"既在人类主义之前又在人类主义之后"。在人类主义"之前"体现在"人类镶嵌在生理世界和技术世界之中，即人类动物性和生产工具、外在语言文化等档案材料的

---

① Michel Foucault, *The Order of Things*, NY：Pantheon, 1971, p. 387.

② 《人机宣言》（*A Cyborg Manifesto*）是哈拉维（Donna Haraway）的著作《类人猿、电子人和女性：本性的再创造》（*Simians, Cyborgs, and Women：The Reinvention of Nature*, New York：Routledge, 1991）中的一部分，但是其最初雏形是发表在 1985 年的一篇论文《人机宣言：80 年代的科学、技术和社会主义女性》。Donna Haraway, "Manifesto for Cyborgs：Science, Technology, and Socialist Feminism in the 1980s", *Socialist Review* 80 (1985), pp. 65 – 108.

共存混合假体之中";在人类主义"之后"体现在"从科技、医疗、信息和经济的网络中消除人类中心"。① 简言之,后人类主义的核心就是消除人类中心论,把人类纳入更为广阔的自然坐标之中进行考察,重新反思人类的思想和行为,以及与周围万物的关系。具体来说,后人类主义包括三个方面。一是生态批评。生态批评促使人类反思周围环境。现代语言协会期刊特邀主编帕特丽夏·耶格尔提出"海洋转向":海洋不再是人类无限的资源库,如今已经变成了"海洋垃圾桶,黑色游泳池"。② 海洋视角使我们反思人类建立在以土地为中心基础之上的"控制世界的认知模式",把土地等资源变成了"欲望客体"的同时,也疏远了人与自然的关系。二是动物研究。凯里·乌尔夫在《动物仪式》中提出了动物话语:"动物化的动物,人类化的动物,动物化的人和人类化的人。"③ 大卫·赫尔曼探讨了漫画书中叙事与动物体验的四种关系。④ 动物与人形成对比,为人类提供了一个反思自我的视角。三是人与机器的关系。科技发展使人越来越依靠机械装置,甚至"人的工作和社会节奏"也受其左右,因此,"大写的'人'的地位受到了挑战,人类进入了'后人类'时代"。⑤ 乔纳森·卡勒用"人与自然、人与动物、人与机械"简单总结其内容后,还强调了伦理批评和叙事倾向,尤其是"叙事学与认知科学,与大脑神经处理信息的过程结合"。⑥

---

① "it comes both before and after humanism: before in the sense that it names the embodiment and embeddedness of the human being in not just its biological but also its technological world, the prosthetic coevolution of the human animal with the technicity of tools and external archival mechanisms (such as language and culture) ." Wolfe continues his explanation, as for "after in the sense that posthumanism names a historical moment in which the decentering of the human by its imbrication in technical, medical, informatics, and econimoic networks is increasingly impossible to ignore." Cary Wolfe, *Wha Is Posthumanism?*, Minneapolis: Uiversity of Minnesota P, 2010, p. xv.

② Patricia Yeager, "Sea Trash, Dark Pools, and the Tragedy of the Commons", *PMLA* 125. 3 (2010), pp. 523 – 545.

③ Cary Wolfe, *Animal Rites: American Culture, the Discourse of Species, and Posthumanist Theory*, Chicago: The University of Chicago Press, 2003, p. 101.

④ David Herman, "Storyworld/Umwelt", *Substance* 40. 1 (2011), p. 167.

⑤ 参见王宁《"后理论时代"的后人文研究:兼论文学与机器的关系》,《外国文学》2013年第 2 期,第 125 页。

⑥ Jonathan Culler, "Literary Theory Today", *Research on Literary Theoy* 4 (2012), pp. 82, 79.

第一节　无我：虚空物化

申恩庆的论文《道与东亚文学理论》从文学理论的角度探讨了庄子的无我哲学。[①] 申恩庆认为东亚文学理论有三个特点。一是诗歌为主。二是没有完整的体系，经常呈现出碎片性。关于文论的只言片语往往零星出现在个人诗集或文选的前言、后记、友人书信、诗话集，等等。三是东亚文论常以批评鉴赏的形式出现，主要探讨好诗和坏诗的评价标准，很少以文学理论的学科形式出现。以西方观点来看，东亚文论更接近于对文学的简短注释或者个人对诗歌和文集的看法记录。在西方看来，文学理论应该是关于文学评论的理论、关于文学发展历史理论、关于文学原理的研究。因此，申恩庆把"文学理论"定义为关于文学（主要是诗歌）思考的话语。

东亚文学与哲学有着密切关系，具体体现在以下四个方面。（1）从儒教、佛教、道教文本中找出关于文学讨论的话题。（2）把文学理论与文学理论家的哲学倾向结合起来。（3）某种文学理论和某个哲学思想具有相似性，继而建立起两者之间的联系。（4）从哲学思想体系的大厦中挖掘出某种文论，而不是在两者之间直接建立关联。申恩庆的研究就是建立在第三种研究模式之上。他从诸多东亚诗人作品中发现了超越自我的趋势，而这种无我的虚空状态又和庄子的哲学思想不谋而合。庄子的理想之世就是超越由两元对立而形成的差异世界，形成与道合一的境界。达道的方法就是通过精神训练和自我修养，继而能够宁心神、通万物。"坐忘"不仅是沉思冥想的方法，还是一种头脑的境界。"堕肢体，黜聪明，离形去知，同于大通，此谓坐忘。"（《大宗师第六》）"坐忘"绝不是忘记自我、消除自我，而是一种放弃自我意识、忘记事物区别的一种精神状态，"无己""无心""虚心"就是"坐忘"后的结果。

"无我"有四种不同的表现形式。它首先提出两个问题：忘我具体是忘却什么？忘我之后还剩什么？我们要忘却名声、利益、思考、文化，以

---

① Eun‑kyung Shin, "Taoism and East Asian Literary Theories: Chuang Tzu's Theory of Self‑lessness and the Poetics of Self‑effacement", *Korean Studies* 26. 2 (2003), pp. 251 – 269.

及各种由二元对立形成的、被统称为"小我"的内容；忘却后所剩余的是"大我"，即没有任何私人感情的感知载体。申恩庆归纳了四种消除自我的方法。① 第一种是超越（transcendence）。颜成子游见到南郭先生时，其"形如槁木，心如死灰"。南郭先生超越了外在形体，进入了内在精神世界。在文学中，只有超越外在形似才能达到内在神似："离形得似"。第二种是虚空（Empty - Mindedness）。使头脑虚静就是排除各种不必要的主观情绪，如实地看待事物。精神上，处在"寂寞""恬静"的头脑才能不会顽固执着，僵化阻塞，这样与外界沟通连接，形成"仁"。文学上，要简单自然的风格，去除奢华、浮夸的文风。生活上，要"日损"，减少生活不必要的内容，降低到最低必需品，这样可以与自然和谐。第三是"物化"（objectification）。如果说虚空是减法，"去除自我"，那么"物化"就是加法，"纳入他者"。第四种是"天人合一"（Poetics of One-ness）。天地万物与我合二为一。申恩庆认为"天人合一"不是合并（combination）而是混成（mixture）。在合并中，例如雨滴落入大海，事物失去了自己原有的个性；但在混成中，例如泥和沙，事物既保留了自我特性又与他物和谐相处。事物之间相互平等，又互相依存，处在共生状态。道家的"天人合一"在文学中体现为"情景交融论"。王夫之把自然景色和人物感情相互融合，两者相互激发、共同存在。

　　第一类"无我"体现在对外在世界的超越。《齐物论第二》的开头描绘了这样一个典型的超越场景。"南郭子綦隐机而坐，仰天而嘘，荅焉似丧其耦。颜成子游立侍乎前，曰：'何居乎？形固可使如槁木，而心固可使如死灰乎？今之隐机者，非昔之隐机者也？'子綦曰：'偃，不亦善乎，而问之也！今者吾丧我，汝知之乎？'"身体如同枯木，精神如同死灰，以比喻的方式形象地说明了自我超越了知觉和概念的层次，达到了忘我的境界。

一　超越的诗学（The poetics of transcendence）

司空图的《二十四诗品》的《超诣》典型体现了超越的诗学。"匪神

---

① Eun - kyung Shin, "Taoism and East Asian Literary Theories: Chuang Tzu's Theory of Self-lessness and the Poetics of Self - effacement", *Korean Studies* 26. 2 (2003), p. 255.

之灵，匪几之微。如将白云，清风与归。远引若至，临之已非。少有道契，终与俗违。乱山乔木，碧苔芳晖。诵之思之，其声愈希。"申恩庆认为题目中"超"具有"高远、深刻、距离"的含义，暗示着远在世俗价值之上；"诣"意味着"到达"，即"达道"。"超诣"两个字复合成词，意味着超凡脱俗，达道之境界。司空图还提倡"象外之象""景外之景""韵外之致""味外之旨"的诗歌创作主张，这也传达了同样的超越意象。诗品的第一、第二句说明超越并不是受神灵启迪，而是产生于人类的思考范围。这种超越体现在"白云""清风"等自由想象的意象之中。第5、6句说明了达道并非易事：靠近它时，它更加飘忽不定；抓住它时，它已经消失。第7、8句"少有道契，终与俗违"说明了道对世俗世界的超越。第9、10句是"白云、清风"意象的呼应和升华。最后两句是诗眼，体现了道之精髓。"诵之思之"等行为是建立在人类语言的基础上的智力思维：分析、区别、批判、比较。我们越是深入思考，声音就变得越加微弱，道就离我们越遥远。反之，当自我意识的思维被消除之后，道之声音就会变得更加清晰。简言之，忘记了区分彼此的思维主体，超越了"小我"，就会达道。"超越"的思想还体现在《形容》中："离形得似，庶几斯人"，即超越外在形式达到内在相同。"形容"就是描绘，包括外在描绘和内在描绘；"离形得似"描绘了从外在到内在的转变方法：通过"背离"表面到达内在精神。这说明了自我的两个层面：作为感知外在表面的自我（小我）和作为感知内在精神的自我（大我）。"离形"就是偏离外在的形式相似，解构"小我"；"得似"就是构建"大我"的形成。司空图的超越思想还体现在"超以象外，得其環中"（《雄浑》）；只有超越生活的表面描写，才能掌握事物的内在核心。"虚仁神素，脱然畦封"（《高古》），也强调了作家要保持质朴的感情，超脱世俗陈旧的习性。

第二类"无我"的形式是"虚空。"庄子从耳听、心听、气听三个方面，逐层深入，描绘了心斋的虚空状态。"回曰：'敢问心斋。'仲尼曰：'若一志，无听之以耳而听之以心；无听之以心而听之以气。耳止于听，心止于符。气也者，虚而待物者也。唯道集虚。虚者，心斋也。'"（《人间世第四》）耳听和心听还存在着行为主体（agents），而"气听"则消除了行为主体；"虚而待物者"说明了两者的关系：只有自我虚空才能接纳他物。① "虚己"并不意味着一无所剩，而是把自私之我降低到最低限度，把道提升到最大限度。

二　虚空的诗学（The poetics of empty - mindedness）

朝鲜高丽时期诗人李奎报（Yi Kyu - bo）崇尚道家美学，认为理想诗歌应该"恬淡、和静"。"大音希声，大象无形"说明事物的真正价值不可能通过奢华装饰而获得。陶渊明的诗体现了典型的道家之"虚静"和"恬淡"。"无味之味"指除去了各种香料韵味后的纯洁味道。无味之味、无形之象、无弦之琴都指腾空了一切不必要之物后的最基本存在，这就是诗歌的精髓。② 庄子的"坐忘"反对执着，强调只有清空了头脑才能看清事物的真实本质。"做诗之时，若固恋外物，则不能自由，便凹陷其中。人若凹陷，便沉溺执着，蛊惑其中，不可自拔，封闭堵塞。"而冲淡个人的主观执着，消除了知识，进入虚空境界，就会像自然一样逍遥翱翔。"虚空"并不意味着清除一切、一无所剩，而是降低、减少、简化一切不必要之物。

第三类"无我"是物化自我。"以道观之，物无贵贱；以物观之，自贵而相贱。"（《秋水第十七》）这表明事物可以从不同角度进行观察：从道的角度来看，就是不带有主观感情地来观察事物，呈现其公正客观的面貌；从事物各自不同的角度来看待事物，就会呈现偏颇的观察。考虑到自我的主体性，我们可以说客观的观察就是以无我的方式来描绘事物。

三　物化的诗学（The poetics of objectification）

申恩庆以日本能乐演员、谣曲作家世阿弥为例，分析了其"离见"理论。"物化"就是从他者的眼光来看待自我时形成的客观形象。日本的能乐中的"离见"就是庄子"物化"在文学方面的发展。"同样，在舞蹈方面，'眼睛要向前看，头脑要向后看'。这就是说，演员的肉眼要朝前方看，而头脑要从后方指挥动作的方向。从观众角度来看，演员的外表就

---

① Eun - kyung Shin, "Taoism and East Asian Literary Theories: Chuang Tzu's Theory of Self-lessness and the Poetics of Self - effacement", *Korean Studies* 26. 2 (2003), p. 257.

② Ibid. , p. 261.

是一个客观形象；从自我的角度来看，演员的外表则是主观形象。"① 世阿弥的"精神观看"以不带有个人感情的方式来客观地观察事物；消除主观性就是除掉自我意识，否定"小我"后的"无我"之境界。申恩庆认为"无我"就是排除主体性，消除自我意识，客观公正地看待事物。他进一步阐述了道家"以物观物"的思维方式："我看到了我自己。"第一个我是主语：感受的自我、大我；第二个我是宾语：被感受的客体、小我。"无我"即消除了社会观念的我，可以容纳万物的开放之我。

　　第四类"无我"体现在著名的庄周梦蝶的故事中。庄周化蝶说明自我和事物之间无法彼此分离，存在着相互转化；换言之，自我能够和万物融合为一体。一体（one）既包括相同又包括自我和事物的差异；"一"是两个事物的和谐相处，并没有丧失自己的特征。"天地与我并生，而万物与我为一"表达了忘记自我之后的、与万物为一的境界。

　　"忘""丧""无"等动词假定了两个自我：作为客体的自我和作为行为的主体。那么，被忘记、被丧失、被腾空的内容是什么呢？《庄子》中被忘却的内容包括：知识、荣誉、利益、名声、美德、外表等汇聚而成的"自我"。"自我"被设想成为实质性的载体，承担了各种两元对立差别；自我成了代理商，能够思考、采取行动、学习知识、寻求利益、区分彼此，这种充满意识的自我就是"小我"。那么超越了理性概念、与道合一的自我则是"大我"：它感受万物却不涉私人感情，是"忘却""丧失""腾空""小我"之后的主体存在。②

四　"天人合一"（The poetics of oneness）

　　王夫之的"情景交融论"是这方面的典型代表。"情境虽有在心在物之分，然情生景，景生情，哀乐之触，荣悴之迎，互藏其宅。"情是内在的主观感受，景是外在的客观事物；而情景交融是两者的有机结合，是天人合一。在王夫之看来，两者既不可分离、相互依赖，又互补合作、由此

---

　　① Eun－kyung Shin, "Taoism and East Asian Literary Theories: Chuang Tzu's Theory of Self-lessness and the Poetics of Self－effacement", *Korean Studies* 26.2（2003）, pp. 262－263.

　　② Ibid., pp. 263－264.

生彼。情和景，都在对方身上留下了痕迹。申恩庆认为王夫之的"情景交融"源自于庄子的"方生之说"。"物无非彼，物无非是。自彼则不见，自知则知之。故曰：彼出于是，是亦因彼。彼是方生之说也。"（《齐物论第二》）"方生"（congenesis）由"方"和"生"构成："方"是"共同"或"巧合"（together 或者 coincidently），"生"是"创始"或"起源"（genesis）。① 显而易见，王夫之的"情生景、景生情"是庄子哲学的理论变形。王夫之又曰："情景名为二，而是不可离，神于诗者，妙合无垠，巧者则情中景，景中情。""情景不可离"说明两者形成一个整体，但不是排除差异的封闭一体；它更接近于差异共存的、开放性的平等主义混合体。它是统一体同时又包含了不兼容的因素，既不是纯粹的一，又不是分离的二。

文章最后，作者还比较了道家的自我和佛家、儒家的自我观。佛教"无我"认为不存在自我，否认固定和变化的现实之我；肉体只是"精神和感官的暂时表现"，不存在道家的"自我否认"和"自我确定"。儒家的"无我"是一种自我修养的结果。孔子认为"绝四"是自我修养的必由之路："毋意，毋必，毋固，毋我。"儒家"无我"主要指消除自私自利的"小我"，没有道家的"大我"概念。

五　生态

金泰贤的"生态庄子"是这一方面的代表性文章。② 人类中心主义认为人是万物中最具有价值的生物，人类理性和道德是衡量一切的标准。庄子对此提出了质疑。庄子认为理性并不可靠，因为人类认知和判断根植于欲望中，难以公正客观；而且人类认知条件处在动态变化中，因此理性也会不断变化。如何突破人类中心呢？人应该加强自我修养（self - cultiva-tion）、培养美德、消除欲望，达到天人和谐。

---

① Eun - kyung Shin, "Taoism and East Asian Literary Theories: Chuang Tzu's Theory of Self-lessness and the Poetics of Self - effacement", *Korean Studies* 26. 2 (2003), p. 264.

② Taehyun Kim, "Reading Zhuangzi Eco - Philosophically", *Journal of Daoist Stdies* 2 (2009), pp. 1 - 31.

第二节　动物：鲲鹏之变

　　欧文·戈赫（Irving Goh）的论文《庄子的"变成动物"》角度独特，从当前国际学术前沿的动物研究视角入手。[①] 戈赫认为庄子的"道"就是走出人类中心论，以后人类主义的动物视角来反观我们生存的世界。"天地一指也，万物一马也"强调的就是动物。首篇《逍遥游》记录了动物变化的过程：卵变鲲，鲲变鹏，鹏变云，云变水。动物变化无穷无尽，没有人类的事先预设，无须人为设定的目标。《庄子》中的动物，并不是寓言（metaphor）。寓言以人类为中心，把外来陌生异物进行驯化，使之为人类所熟悉。而庄子笔下的动物并非用来反映人类认知，而是让我们放弃人类中心，学会从动物视角来观察思考世界。惠子认为庄子之言乃奇谈怪论、宏大无用，因为惠子局限于人类理解和认知，无法看到其中的自然之道。戈赫具体从以下几个方面展开论述。

　　第一，他提出了"道即动物哲学"的观点。戈赫以惠子与庄子的对话开头，引入了要讨论的话题。"'今子之言，大而无用，众所同去也。'庄子曰：'子独不见狸狌乎？卑身而伏，以候敖者；东西跳梁，不避高下；中于机辟，死于罔罟。今夫斄牛，其大若垂天之云。此能为大矣，而不能执鼠。'"（《逍遥游第一》）读者在心理上往往站在惠子的立场，认为庄子的语言宏大无边，令人费解。即使庄子进行所谓的"解释"，"解释"只能使"道"更加高深莫测、令人困惑。例如，"天地一指也，万物一马也"更让人不知所措。庄子对"道"的解释并没有提供逻辑说明，让人对"道"的理解"离得更远"。那么如何为庄子辩护呢？其中一个切入点就是"天地一指也，万物一马也"。如果说天地万物是一马，"我们为什么不能说道就是动物的思考呢？如果惠子没能理解庄子对话中的意思，那么我们有理由怀疑惠子理解局限于人类中心的认知领域。"[②] 庄子

---

　　① Irving Goh, "Chuang Tzu's Becoming Animal", *Philosophy East and West* 61.1 (2011), pp. 110 – 133.

　　② Ibid. , p. 110.

话语"宏大无用"是因为其语言处在人类无法理解的水平上，处在人类理解的界限之外，完全超越了人类的知识水平。换言之，道的语言有动物的轮廓，但是惠子局限于人类中心的视角，努力把一切降低到人类的理解水平，无法看到其中的动物背景。由此，思道就是按照动物的思维进行思考；庄子的思想有着动物哲学的痕迹。动物哲学就是纯粹而简单地跟随动物，并不追寻背后的思想体系、论点命题。无独有偶，哲学家德勒茨（Gilles Deleuze）和心理学家伽塔利（Felix Guattari）的《一千个高原》和《卡夫卡：论非主流文学》中提出了"变成动物"（Becoming - Animal）的理论。戈赫认为用德勒茨和伽塔利的动物理论来阅读庄子，可以更好地挖掘和说明庄子的动物思想。因此，戈赫不仅对比了他们思想中的动物哲学，还考察了其中的政治思想。

　　第二，变成动物的梦是庄子思想中的重要内容。最著名的动物梦就是"庄周梦蝶"。大多数的学者在考察这一段时，只关注梦的含义，却忽略了段落内容，没有注意到其中的动物痕迹。戈赫认为该段内容就是变成动物，而且在变成动物的同时还伴随着对人类主体的背离。"昔者庄周梦为蝴蝶，栩栩然蝴蝶也。自喻适志与！不知周也。俄然觉，则蘧蘧然周也。不知周之梦为蝴蝶与？蝴蝶之梦为周与？周与蝴蝶，则必有分矣。此之谓物化。"梦醒的余波之中，庄子最大的不确定性不是无法区分现实和虚幻，而是不知道自己是动物还是人类：自己现有的人类外形是否是动物之梦的延续？庄子的动物梦与德勒茨和伽塔利的"情绪反应"（affect）有异曲同工之妙。"情绪反应不是个人的反应，也不是个体特征。它是群体把个体扔进突变动乱之中使它感到眩晕混乱。他根本没有想到这些动物性后果具有强大力量，把他从人性中拔根而起，使人像啮齿动物一样抓搔面包，或者有了像猫科动物一样的黄色眼睛。内心深处回旋着未曾听到的变化声音。"① 庄子的蝴蝶和人之间的"物化"与德勒茨和伽塔利的"情绪反应"充满了彼此呼应，与"变成动物"更是联系密切。

---

① Deleuze and Guattari, *A Thousand Plateaus*, qtd in Irving Goh, "Chuang Tzu's Becoming Animal", *Philosophy East and West* 61. 1 (2011), p. 113.

变成动物涉及完全不同种类的个体，是其速度和感情反应的混合体，一种相互依赖共生的现象（symbiosis）。它使动物变成了思想，一个存在于人内心中的兴奋活跃的思想；同时人变成了在痛苦挣扎中磨咬牙齿的动物。人和动物绝不是同一事物，但是造物主（Being）用非文字的语言来表达它们的意义，而不是用外在形式的物质、不是用主体的感受性来表达它们的意义。①

由此我们可以看到庄子与德勒茨和伽塔利思想之间的切合。"变成动物"哲学中的"动物变成了思想"在庄周梦蝶中化为蝴蝶在思考自己变成了庄子。"变成动物"中的"不是主体的感受性"在庄周之梦中变成了人丧失了主体性，梦醒后更不能确定自己的人类主体性。"变成动物"中的"非文字的语言"在庄子故事中体现为梦：庄子和蝴蝶的物化发生在梦中，没有语言的媒介。德勒茨和伽塔利的"变成动物"并不是一个存在（人）把自己嵌入另一个存在（动物）继而导致了建立在牺牲两者基础上的新个体；相反，两个个体还存在，在它们相遇的时候形成了新的事物；所以德勒茨和伽塔利说在"变成动物"中，动物和人"不是同一事物"。庄子的"物化"也强调了人和动物之间的滑动（glide），与此同时"周与胡蝶，则必有分矣"。庄子的"梦""物化"和德勒茨与伽塔利的"感情反应""变化"有着很多相似之处，我们可以继续以"变成动物"的视角来阅读庄子。达道的过程并不仅仅局限于人类，也不是只有从人变成动物的单方向变化。② 正如庄子所示，道对动物也是开发的，也包含了从动物（蝴蝶）到人类的变化。胡司德（Roel Sterckx）的《早期中国的动物和精灵》也注意到了中国早期的宇宙论中存在着人与动物的连续一体性（Animal - human continuum）。③ 但是人类更愿意把自己和动物分别放在这个连续一体的两极。更为甚者，人类断绝了人与动物的连续性，把

---

① Deleuze and Guattari, *A Thousand Plateaus*, qtd in Irving Goh, "Chuang Tzu's Becoming Animal", *Philosophy East and West* 61.1（2011），p.113.

② Goh, "Chuang Tzu's Becoming Animal", *Philosophy East and West* 61.1（2011），p.114.

③ Roel Sterckx, *The Animal and the Daemon in Early China*, Albany: State University of NewYork Press, 2002, Note 10 in Goh, "Chuang Tzu's Becoming Animal", *Philosophy East and West* 61.1（2011），p.127.

动物从这一连续性中排除出去。人类/人形中心论努力把人和动物区分开来，在彼此之间建立了诋毁动物的严格界限。庄子则不同，他要努力建立起动物和人之间的连续性；庄周梦蝶就是重新在失落的动物和人的关系之间建立起联系来。

第三，动物开头。庄子从著作一开始就显示了他的动物思想，更准确地说，他的动物变化思想。"北冥有鱼，其名为鲲。鲲之大，不知其几千里也。化而为鸟，其名为鹏。鹏之背，不知其几千里也。怒而飞，其翼若垂天之云。是鸟也，海运则将徙于南冥。南冥者，天池也。"（《逍遥游第一》）戈赫对《庄子》开头中的动物思想进行了详细剖析。他注意到大多数庄子翻译译文都忽略了著作中的动物思想，最著名的华生译本就是典型代表：

> In the Northern Darkness there is a fish and his name is K'un. The K'un is so huge I don't know how many thousand li he measures. He changes and becomes a bird whose name is P'eng. The back of the P'eng measures I don't know how many thousand li across and when he rises up and flies off, his wings are like clouds all over the sky. When the sea begins to move, this bird sets off for the southern darkness, which is the Lake of Heaven.
>
> （Burton Watson, "Free and Easy Wondering"）

> In the dark abyss of the northern waters, there is a fish, and its name is *K'un*. *K'un* is so huge there is no knowing how many thousand miles it measures. It changes and becomes a bird, and its name is *p'eng*. There is no knowing how many thousand miles its back spans. It takes flight and its wings are like the clouds that spread across the sky. As this bird, the waters begin to move toward the south, there where the waters are known as the Lake of Heaven.
>
> （Irving Goh's translation of the first Chapter）

华生在译文中加入了一个人类主体"I"，而在实际汉语原文中并不存在"我";庄子在故事初始,就有意避免人类中心,因此人无法理解生活中无穷无尽的变化。庄子以动物开头巧妙地避开了上述问题。鹏鸟如此巨大,不知它的背有"几千里",它的翅膀就像遮天蔽日的"垂天之云"。这是一种客观描写,其叙述视角游离不定,营造出一种远远超出人类理解范围的磅礴气势。而华生的译文("鲲之大,我不知道它有几千里")则把一切归结到人类视角,使庄子恢宏的内容降低到人类认知范围。

第四,动物的自主权。庄子使我们意识到动物变化有着自主性:它是动物自身的一种能力,不需要人类的在场或者参与。如前所述,鲲是一条鱼,但它不是一条处在静止存在状态的鱼,而是处在主动变化状态的鱼。鲲还有鱼卵的意思,这种最小的卵状存在物还不是鱼,但是它已经处在"变成鱼"的动态过程之中;鱼又变成了巨大的鹏鸟,鸟又变成了"垂天之云",云又变成了海水,"向南方迁徙"。卵中存在了无限变化的可能性,而且这种变化不需要外来力量,是一种源于自身的变化力量,继而导致一系列的变化结果。

第五,动物变化没有计划。如果鲲能够无穷变化,是因为它没有预先的程序可以遵循。整个故事中没有任何蓝图计划的痕迹:鲲只是单纯地在变化。① 如果把庄子的变化局限于人类现存的知识范围和认知水平的范围之内,将是一种曲解。庄子的变化是一种不需要人类知识支撑的自然变化。人类的经验和知识不足以解释说明事物的无穷变化。"变化"不需要事先判断或者概率计算。它不加挑剔地接受生活中的偶然,允许事物自我变化,没有干预,也不在意别人的不解和嘲笑。《庄子》中的小动物体现了这种变化的反例。蜩与学鸠等小动物用习俗固有的知识来理解看待大鹏的变化。这种知识不仅固定僵化它们的生活,还使它们丧失了对未知事物的探索和尝试的信心。它们把自我与超越自己知识和经验之上的内容隔绝起来。"小知"就是被个人有限生活经验所限制,变得琐碎平凡。

---

① 动物变化没有计划性,体现了变化的无穷。这是戈赫敏锐观察的结论。但是有人会提出反对意见,鹏鸟的飞翔非常具有计划性:"海运则将徙于南冥。"戈赫对此的答复是所谓东西南北都是按照人类视觉认知的主观划分,空间本身并不存在东西南北的规定。笔者十分赞同戈赫观察后得出的结论,但是其论证不能令人信服。实际上,戈赫可以从"travelling"和"wandering"两词的区别入手来探讨题目"逍遥游":前者指有目的的旅行;后者是毫无目的的空间运动,是一种探索。

第六，拒绝政治。对于小动物的小知，我们可以思考其政治性；而鲲鹏之变超越了政治，只是单纯的变化。如果说政治就是设定边界，那么，哲学对庄子来讲，没有任何界限。自亚里士多德以来，人类被定义为"政治动物"，因为我们有理性的话语，可以按照城邦、城市、国家来组织我们的生活和文明空间，我们的生活也是按照某些法律或者司法权限来安排的。作为"政治动物"，我们发现政治不仅组织生活，还覆盖了生活的方方面面；想从政治中逃离似乎是一件不可能的事情。而《庄子》中的动物，占有特殊的位置，处在政治控制以外，因为动物没有人类的理性语言，自然也就不是"政治动物"了。我们也可以说动物从政治中消失了，借用布朗肖（Blanchot）的话来说，动物"有从包括一切的政治中消失的权利"。①　正是这个原因，庄子作品中有很多道家真人为了逃脱政治生活的捕获，重新获得未受政治影响的生活，他们遵循动物哲学，学习动物变化。尧帝就是这样一位学习动物的道家明君。"夫圣人鹑居而鷇食，鸟行而无彰；天下有道，则与物皆昌；天下无道，则修德就闲。千岁厌世，去而上仙，乘彼白云，至于帝乡；三患莫至，身常无殃，则何辱之有？"（《天地第十二》）孔子拜见道家老聃以后，同样把他比喻为超出人类理解范围的动物："吾乃今于是乎见龙！龙，合而成体，散而成章，乘乎云气而养乎阴阳。予口张而不能嗋，予又何规老聃哉？"（《天运第十四》）

同样，德勒茨和伽塔利的"变成动物"理论也非常蔑视政治。"面对政治的残酷无情，答案就是变成动物：变成一只蜜蜂，变成一只狗，变成一只猴子，'完全彻底地逃跑'，而不是仅仅低下了头颅，还保留着官僚、巡查、法官的遗留。"②　从政治中消失，用庄子的术语来讲，就是"忘记世界"。"忘记世界"包括两部分：我要忘记世界和世界要忘记我。"使亲忘我易，兼忘天下难；兼忘天下易，使天下兼忘我难。"（《天运第十四》）使世界忘记我，就是从政治中消失，就是以简单的方式保持生命，从政治

---

①　Maurice Blanchot, *Michel Foucault tel que je l'imagine*, Paris：Fata Morgana, 1986, qtd in Goh, p. 118.

②　Gilles Deleuze and Felix Guattari, *Kafka：Toward a Minor Literature*, trans. Dan Polan, Minneapolis：U of Minnesota P, 1986, 12, qtd in Goh, "Chuang Tzu's Becoming Animal", p. 118.

的约束中脱离出来。楚王派人邀请庄子出山担任要职。庄子以泥中乌龟为喻阐明了自己的立场。"'吾闻楚有神龟,死已三千岁矣。王巾笥而藏之庙堂之上。此龟者,宁其死为留骨而贵乎?宁其生而曳尾于涂中乎?'二大夫曰:'宁生而曳尾涂中。'庄子曰:'往矣!吾将曳尾于涂中。'"(《秋水第十七》)在令人窒息的政治生活中,庄子选择了变成乌龟,变成鲲鹏,过着没有界限的生活。戈赫进一步指出,我们必须要明确一点:否认政治,虽然是反对国家政治和其约束,但是它还是政治性的,并不存在于非政治的真空中。相对政治而言,哲学持有开发的态度,它允许政治领域内发生的一切,并不有意去纠正政治上的失败。动物哲学,虽然否定政治,但还是有政治属性。如何既要追随动物哲学又要从政治中逃离呢?庄子提出了著名的"无为"。"无为"对政治采取漠然的态度,让事物自然地发生,不进行人为的干预。"无为"是否仅是个人的追求,独立于政治因素的影响?跟随动物哲学是否就摆脱了政治?即使对动物来讲,在它生存的世界中,还有其他动物和非动物的存在。它的世界中还有死亡、捕食、猎杀、驯化,甚至克隆。但是动物还是让世界自然地运行,并没有动员、组织其他动物形成政治帮派,继而按照自己的意志和判断来重新安排世界。

第七,追随动物,离开人类。《庄子》中的跟随动物,就是逃脱政治、体道得道的重要途径。放弃人类中心思想才能防止人对动物的歪曲和盗用。在庄子的思想中,人是有用性体系划分规定后的产物。与人相反,庄子把天(道)与"动物的自然条件"联系在一起。所谓的"动物的自然条件"是指"动物单纯地存在,它们能够自由地在自然中漫游,不会受到人类的剥削"。[①] 庄子在《秋水》中对人为行为进行了批判:"牛马四足,是谓天;落马首,穿牛鼻,是谓人。故曰,无以人灭天,无以故灭命,无以得殉名。谨守而勿失,是谓反其真。"所谓人就是用缰绳勒住原本自然(动物本性)的东西,并把它变成人的财产和工作的工具。人类有着无法满足的强烈欲望,想把一切变成对自己有用的东西;在此背景下,庄子提出了"无为",让事物顺其自然地发展,反对过多人类欲望和

---

① Irving Goh, "Chuang Tzu's Becoming Animal", *Philosophy East and West* 61.1 (2011), p. 121.

人为干涉。"汝徒处无为，而物自化。堕尔形体，吐尔聪明，伦与物忘；大同乎涬溟。解心释神，莫然无魂。"（《在宥第十一》）戈赫认为庄子的"堕尔形体"与德勒茨和伽塔利的"没有器官的身体"（body－without－organs）如出一辙，是对人类中心思想的批判。①"没有器官的身体"是思想的一幅肖像，它努力打破以人类整体为核心的思想体系。换言之，它是未经组织的、杂乱思想的肖像，就像身体器官没有组织，不能按照期待的秩序发挥作用；它从内部粉碎了所有的组织形式，消除了各种旨在同化、统一的意识形态形式，解除了事物的限制。应该指出的是，德勒茨和伽塔利的"没有器官的身体"更多的是一种思想模式而不是现实中对身体采取的暴力，因为变化需要一副身体，变化要通过身体才能发生。"没有器官的身体"不是放弃身体，而是保留身体，使身体不受任何限制。同样，庄子的"堕尔形体"也不是消除自我，而是不要把自我局限在身体形式上以及其代表的传统思想。庄子的联想是"无极"，即消除极/边界，与他人和万物融合在一起。

在寻道的过程中，人类形体起到了障碍的作用。庄子认为"至人无己，神人无功，圣人无名"（《逍遥游第一》）。道家圣人完全"无己、无功、无名"。戈赫提出，实际上道家圣人已经跟随动物，或者在变成动物过程中。动物就是那个"无己、无功、无名"的理想化身。如果说语言从根本上界定了我们人类的生存状态或者建立了人与动物的区别，那么庄子的"动物哲学"使动物完全失去了语言，彻底与人类分离。道家的圣人往往"放弃了语言"，保持沉默的境界。换言之，人们是通过沉默而不是语言来体道悟道。庄子中的动物保持沉默，不是因为它们无法讲话（mute），而是人类的语言无法超越自身的认知局限。道家"无言的教导"可以理解为跟随无言的动物。体道就是在动物的身旁，体验做动物物理空间上的邻居的感觉。"跟随动物就是在动物身边的空间体验（spatial experience），同样，德勒茨和伽塔利的变成动物就是'毗邻的现象。'"② 与空间体验相关的是建立在空间或者临近基础上的一种知识，安乐哲这样描绘

---

① Irving Goh, "Chuang Tzu's Becoming Animal", *Philosophy East and West* 61.1 (2011), pp. 121 – 122.

② Ibid. , p. 121.

它:"一种临近的、情景的、参与的、阐释的知识。"这种知识是庄子从"与周围连续不断的关系"中衍生而来。① 引发安乐哲的"临近知识"的段落是庄子与惠子对鱼的感受的讨论。庄子声称自己能够感到鱼的快乐感受。戈赫从中读到了动物和"临近知识"之间的关系:"临近知识与庄子中沉默地跟随动物或者变成动物有着内在的联系。"② 因此,庄子中的语言不再局限于人类交流和理解的范围之内,它带有了动物的轮廓(animal contour)。

动物哲学不是以人类的实用性为目的,也不为政治服务,是无用的哲学。庄子的动物哲学与皮特·辛格(Peter Singer)的动物理论不同。辛格要求把动物哲学翻译为实用目的,尤其是人类世界对待动物的道德伦理行为。对辛格来讲,动物问题始终是人类的道德问题,最终以人类中心或者人形中心(anthropomorphic)为判断标准。庄子的动物总有一种神秘感,因为庄子对以动物身体存在的、人类无法理解的未知怀有敬意。尊敬未知之物,在未知之物面前的谦卑可以消除人类的高傲自大。

是否可以用比喻的方法来理解《庄子》中的动物?这看起来,似乎完全可行。"小知"动物看待大鹏的万里迁徙可以看成心胸狭隘的官僚对宏大广阔的道家哲学的理解;我们还可以用比喻的方法来解读"万物一马也"。但是,戈赫认为比喻的阅读方法把庄子的动物哲学降低为人类经历的寓言了。比喻,以人类理解为中心,把外在事物转化成人类可以理解的形象,抑制消除了不同于人类的差异。比喻的运用存在着危险:"危险就是驯化,遮盖外来的异质力量,把挑战变成了熟悉、舒适、容易接受的东西。"③ 戈赫重申,把庄子中的动物看成比喻一方面削弱了文本的力量,成了文学的修辞表达;另一方面动物变成了人类教育中一个成长阶段。

---

① Roger Ames, "Knowing in *THE ZHUANGZI*: 'From Here, On the Bridge, Over the River Hao'", in *Wandering at Ease in THE ZHUANGZI*, ed. by Roger Ames, Albany: State U of New York P, 1998, p. 220.

② Irving Goh, "Chuang Tzu's Becoming Animal", *Philosophy East and West* 61.1 (2011), p. 123.

③ Lee Yearley, "The Perfected Person in the Radical Chuang – tzu", in *Experimental Essays on Chuang – tzu*, ed. by Victor H. Mair, Hnolulu: U of Hawaii P, 1983, p. 137.

第三节　混沌：去脸过程

《庄子》作品中的混沌意象吸引了很多学者的注意力。混沌故事是《庄子内篇》的结尾篇章的结尾段落，是《内篇》思想的一个高度升华，具有高屋建瓴的意义。诺曼·吉拉道（N. J Girardot）认为"混沌"意象是《庄子》主题的根本构成模式。[①]"南海之帝为倏，北海之帝为忽，中央之帝为浑沌。倏与忽时相下遇于浑沌之地，浑沌待之甚善。倏与忽谋报浑沌之德，曰：'人皆有七窍以视听食息此独无有，尝试凿之。'日凿一窍，七日而浑沌死。"（《应帝王第七》）

渴望过去，怀旧失落的天堂，是古今文学的一个重要内容。混沌就是道家天体演化论中（cosmogonic）的重要思想。道家努力重新建立个人与道的结合，其主要方法就是"反（返）"：重新回到根，回到"雕琢复朴，块然独立以其形立"的初始状态。吉拉道认为混沌主题是早期道家的天体演化思想的框架结构，起着主导作用。道家的炼丹术提倡的核心就是"返本还源"：逆转、再生和返回。"这意味着特意在人体内使用某些技术，导致身体组织从年迈衰老向新生婴儿的逆向生长。"[②]吉拉道进一步指出混沌主题广泛地存在于古代中国思想哲学的诸多领域，那么混沌主题是道家思想体系特有的概念还是当时中国哲学和宇宙进化论的普遍思想？混沌对道家有什么特殊意义？在儒家观念中，创世主要指三皇五帝的圣人时代，他们是人类文明的杰出创造者，是美德的楷模。道家的创世更加久远，是宇宙洪荒，把人类重新融入文明尚未产生之前的绝对开始，与自然形成了原始的混沌一体。庄子还区分了至德之世和大乱之世：前者指人类产生之前的原始混沌，后者指儒家文化英雄所制造的混乱。

[①]　N. J Girardot, "Returning to the Beginning' and the Arts of Mr. Hun‑tun in *the Chuang Tzu*", *Journal of Chinese Philosophy* 5 (1978), pp. 21‑69.

[②]　Lu Gwei‑djen, "The Inner Elixir (Nei Tan): Chinese Physiological Alchemy", qtd. in N. J Girardot, "Returning to the Beginning' and the Arts of Mr. Hun‑tun in *the Chuang Tzu*", *Journal of Chinese Philosophy* 5 (1978), p. 23.

　　混沌处在中间位置，是中央之帝，它是庄书意义的核心模式。倏和忽，南海之帝和北海之帝，相聚在中央之帝，受到浑沌的盛情款待。李约瑟（Needham）从社会—政治学角度入手，认为混沌象征着中国封建社会产生以前的黄金时代。它封闭了感觉世界的七窍，没有任何知识，浑然一体；象征着没有任何阶级区别的原始社会。① 李约瑟的阐释极具启发性，但是他把丰富的道家思想看成了简单的社会理论图示，忽略了其中所包含的个人主义的神秘倾向和集体主义的怀旧情怀。

　　井筒（Izutsu）从《山海经》入手，认为混沌是神秘的宗教仪式。混沌是一种传说中的巨大的"无面目"的"神鸟"，身体像"黄囊"。"混沌"神鸟在萨满教的"巫术通灵"（Shamanism）时，通过"歌唱和舞蹈"创造一种灵魂附身的狂迷。井筒说"鸟是'歌唱和舞蹈'的怪兽，它可以产生这样的联想：巫师在通灵时会戴着羽毛发饰，跳着一种羽毛一样的舞蹈。"② 井筒阐释的不足在于他把"巫术通灵"看成一个单一概念来解释道家的全部思想和行为；道家，在他的理解中，只是早期中国的通灵巫术升级到了哲学和神秘的境界。巫术通灵是极其复杂、充满变化的现象，无法定格为单一的宗教结构。巫术通灵期待人与动物神秘认同，而道家哲学比这更加丰富多元，有着更深刻、更广泛的宗教意义。

　　马塞尔·格奈特（Marcel Grenet）分析了造脸的文化意义和入社仪式（initiation）之间的关系。为面部开凿七窍的手术（face – giving operation）是给予一个人进入社会的通行证，自此以后成为社会中的一员。格奈特认为混沌的获脸过程具有入社的仪式功能。"凿孔"就像外科手术，类似成年仪式，导致了混沌之死；故事有宇宙创世神话的普遍意义："通过一个神灵之死，创造了人类世界（'脸的世界'）。"③ 盘古，混沌的后裔，牺牲自己为人类创造了天地，他被肢解的身体各个部分化作了自然界万物，

---

① Needham, *Science and Civilization* 2, pp. 107 – 115, qtd in N. J Girardot, "'Returning to the Beginning' and the Arts of Mr. Hun – tun in *the Chuang Tzu*", *Journal of Chinese Philosophy* 5 (1978), p. 26.

② Izutsu, *Key Philosophical Concepts*, qtd in N. J Girardot, "'Returning to the Beginning' and the Arts of Mr. Hun – tun in *the Chuang Tzu*", *Journal of Chinese Philosophy* 5 (1978), p. 26.

③ N. J Girardot, "'Returning to the Beginning' and the Arts of Mr. Hun – tun in *the Chuang Tzu*", *Journal of Chinese Philosophy* 5 (1978), p. 27.

形成了"世界的脸"。同样，格奈特还注意到要进入文明世界，人必须要张开七窍，学会观察思考，拥有"一张脸"。死亡是新生的序曲。同理，古代道教在葬礼时要堵住死人感觉外在世界的七窍，原因是为避免死者干扰活人，确保死者已经被控制，无法影响生者的生活。从中国古代葬礼的风俗中，格奈特认为道家圣人采取了与葬礼相反的过程，达到关闭脸上七孔和心灵七孔的境界。换言之，阻塞死者的七窍并不意味着死者要比生者低劣；其实死者达到了一种生活的全新条件，一种与宇宙轴心的认同状态。封闭对道家象征着达到了一种新的存在方式：重新返回到了胚胎状态，充满了宇宙生命和生育繁殖的活力。在道家思想中，不是对比人与封闭尸体的区别，而是强调人与死亡的认同，因为死亡象征着创世之际的混沌状态。实际上，早期道家对活人能够具有死人的神奇力量的探讨十分着迷；这就要求逆转混沌死亡的过程，关闭所有孔窍，消除脸面。因此，道家要逆转创造文化的过程，重新返回到封闭的宁静状态。这正是格奈特的错误之处：他把道家圣人作用等同于为人类开凿脸部和心灵的"七窍"。诺曼·吉拉道进一步区分了儒家和道家在此问题上的不同。在周朝末期，成年仪式（puberty initiation）的社会价值逐渐由宗教性变成了非宗教性，"拥有一张社会面孔、得到体面声望、处在社会等级秩序之中"。"儒家的'脸'或'名'不再是与祖先神灵的联系，它只是这样一个简单的事实：变成一个完全的人，一种可以被伦理道德原则明确规定的存在方式。"[1]不同于儒家的圣人教育和文明熏陶，道家把接受文明之脸看成"欺骗的生活"。一个奉道者必须死亡，不是为了变成一个人，而是为了返回到中央之帝的混沌世界。道教者必须学会"无脸的艺术"（the arts of "no face"）。

"有脸"和"无脸"都暗示了入社仪式。"儒家的'脸'是加入社会的集体仪式，由孩子变成社会群体的一名成员。他的思想道德和社会存在完全由集体成员所共享的文化来决定。"[2] 但是吉拉道指出，在这种普遍的"入社仪式"之上，还存在着某种宗教的精英团体，或者极其私人的、

① N. J Girardot, "'Returning to the Beginning' and the Arts of Mr. Hun - tun in *the Chuang Tzu*", *Journal of Chinese Philosophy* 5 (1978), p. 28.

② Ibid., p. 29.

更神秘的团体的"入社仪式"。这就是说，在所有社会成员经历的成人仪式背后还有更高层次的小集体的入社仪式；这种存在模式要比普通标准所要求的社会存在更有意义、更强烈地抓住人们的内心。

在"入社"背景下讨论道家，存在着一个问题：入社是社会化的过程，强调社会互惠原则（reciprocity）。但当社会失败了，个人该怎么办？门德尔松（E. M. Mendelson）指出"入社"不仅是社会互惠原则，还是自我独立。"简单社会的入社强调了获得社会崇尚的权力，在高级形式的入社中未必如此；因为高级形式的入社团体中的所有权力、知识、完整性都会使成功的候选人完全成为他自己，或许可以不用依靠社会来实现自我独立。"①

吉拉道从四个方面分析了混沌故事中的符号和象征意义。

第一，数字的特别意义。混沌故事中，倏、忽分别代表着南海和北海之帝，这两个神代表了创世时的双重原则（dual principles）；倏、忽相聚在混沌之地，他们被放置在三位一体的背景中。这说明"三"是创世的必要条件。三指出现在混沌被凿脸之前的三个神帝，凿脸之后世界由三演化为万物了。创世之初的三使两极和谐，形成了宇宙初始的完美天堂。在天体演化的最初时期，天地万物浑然一体，自然和谐。因此人类世界的创造，即"文明之脸的世界"（the world of "face" and civilization）变成了第二次创世，也部分地丧失了浑然天成的最初朴素。体现这种原始质朴状态的形象就是三。中国文化常用"昆仑山"、双葫芦、鸡蛋、风箱、罐子等意象来表达原始状态的完美秩序。这些形象的中间都是虚空，内含气（空气、火、水、呼吸等），也都是生命所需的元素，也同样是"三"代表的创世之初的条件：中间的虚空和无形，连接了天地、阴阳两个极端。这个与道一体的创世之地往往神奇地化为宇宙之山（昆仑），生命之泉（源），逝者之地（黄泉），旋涡之流（尾闾）。"达道"者往往采用神奇的旅行，穿越紊乱的地带（迷宫、山洞、沙漠、海洋，等等），最终才能抵达两极相遇的创造之地，即混沌的中央之地。

---

① E. M. Mendelson, "Initiation and the Paradox of Power: A Sociological Approach", qtd. in N. J Girardot, "'Returning to the Beginning' and the Arts of Mr. Hun - tun in *the Chuang Tzu*", *Journal of Chinese Philosophy* 5 (1978), p. 28.

第二，混沌故事中的神话结构。故事中间儵忽决定报答混沌的美德，为它开凿了外在的七窍，让它加入人类的文明社会。开凿成为混沌生死转变的关键点，体现了堕落（Fall）主题：从宇宙洪荒的神圣时期跌落到人类文明的世俗社会。儵忽所犯的过错就在于"脸"文化所规定的"报答"（社会互惠原则）。吉拉道敏锐地观察到："在混沌有'脸'之前，未被文明开化之前，他已经充满了美德和善良。因此，真正的美德和善良是人的内在本质，不需要凿孔造脸和区别感官知识。这就意味着文明教化并不一定能够实现人的本质。从道家观点来看，这是人从天堂神祇状态下的跌落。"[1] 吉拉道仔细地分析了庄子混沌故事的两重结构。一层是宇宙之初的原始和谐：伊甸园时期。第二层是创造人类的初期。人类及其文明的产生，从无脸的混沌变成了有脸的世界，是"第二次创造"；此时已经部分地失去了宇宙之初的神圣条件。"第二次创造"在道教看来是堕落，文明造成了社会的无序和混乱。道教所提倡的就是从第二层结构重新返回第一层的原始伊甸园时期。

第三，7在混沌故事中有着特殊的意义。儵忽花费了7天为混沌开凿了七窍，使它变成人。7天预示着从创世之初到人类文明诞生的日期。在道家文本中，7或者9象征着圆满和完整，重返原始。在中国古代思想中，胚胎从开始诞生到发育完整需要7个月的时间。从道教的相反方向，人们才能到达婴儿7个月时完美和谐的母子合一状态，即混沌之初。

第四，死亡和再生的主题。儵忽为混沌脸上凿孔，导致其在第7天死亡。从宇宙进化角度来看，毁掉天堂是建立人类社会的必要条件，破坏伊甸园才能进入文明世界；从个人角度来看，进入新生活（再生）需要象征性的死亡。要想重生，进入一种新的存在方式，个体同样要经历"死亡"。最能体现这种象征性死亡的就是"遗忘"：忘身体、忘天下、忘万物、忘生死，达到"撄宁"。庄子认为把人的价值等同于"脸文化"的文明是对生命意义的误解：我们不该把普通的文化价值观念当作最终的、标准的衡量尺度。道家必须要经历一种死亡，但它是世俗社会普遍条件的死亡，对原始混沌状态的重返。道家神秘的入社仪式要经过七个阶段的玄思

---

[1]　N. J Girardot, "'Returning to the Beginning' and the Arts of Mr. Hun－tun in *the Chuang Tzu*", *Journal of Chinese Philosophy* 5 (1978), p. 32.

冥想，切断与外界的联系，重新经历混沌帝王的无脸状态。

混沌的艺术。混沌的艺术指道家想努力重新获得混沌当初的无脸状态，来实现普通人社之上的更高层次的自我实现。这往往需要玄思冥想（Meditation）和独特的实验条件来实现神秘的恍惚状态，经常包括：控气、隔绝、净化、专注、体位等方法。所要经历的阶段有三：撤回（preliminary withdrawal）、冥思和丧我。① 在《大宗师第六》中，庄子描写了神人之道的实现过程。"三日之后"他能够忘记天下，"七日之后"他能够置万物于身外，"九日之后"他能够放下生死。此时，他完全逆转了普通的社会过程，达到了与道统一的"撄宁"状态。庄子把这种状态称为"瞻明"。此刻的圣人能够"堕肢体，黜聪明，离形去知"；在外人看来，他呈现出"非人"特征，如同枯枝和死灰。这种停止了"眼视耳听"，放弃了文明社会的思想道德，就变成"无脸"的混沌状态。

有脸和无脸。庄子提倡的重返混沌世界并不仅是文学或比喻的手段，还是一系列的体道悟道的具体技术方法，例如："静心""关闭器官"等给人以文明之脸的"无脸"的方法。从道家观念来看，拥有外在的脸，就是通过外在感官和人类语言来获取各种各样的知识，实际上是人的内在本质的死亡。吉拉道对脸进行了说明。人的"文明之脸"，即他所继承的传统知识，就是强行在人类混沌状态上生硬地凿上人工面具。相信人脸决定了人的本性和社会本质是一种错误的观点，这正是道家大力提倡的观点。

脸，作为人类文化的面具，使人脱离本性；因此人们要"牺牲"道德伦理，摘掉文明之脸，死而后生，才能获得精神上的逍遥自由。所以庄子作品中有很多尸体形象：死灰、枯叶。庄子还强调了原始蛮人的价值，因为他们处在社会文明之外。"浑人"典型体现了这种道家理想：他丧失了社会之脸，反对社会文明。还有一类人非常能够体现这种没有社会脸孔的人，那就是婴儿，所以很多关于真人的描写都有儿童的特征。儿童在没有完全接受教育、没有被社会文化同化之前，没有真正的存在，没有"公众之脸和社会名声"。"一个婴儿的存在方式主要是由母亲决定，由无

---

① N. J Girardot, "'Returning to the Beginning' and the Arts of Mr. Hun - tun in *the Chuang Tzu*", *Journal of Chinese Philosophy* 5 (1978), p. 37.

固定形态的、油然而发的母爱决定"，吉拉道写道："由此看来，婴儿是阈限关节，它与混沌状态和死亡毗连接壤。"①

在孔子的学说中，成年仪式赋予人们"一张人类的脸"，"一种由社会伦理道德所规范的生存模式"。② 如果说孔子主张的文化礼仪是赋予人们"社会脸孔"，各自承担不同的责任义务，庄子认为把人的价值等同于脸的文明，就丧失了生活的真正意义。无脸混沌原本快乐善良，当脸被强行凿印后，失去了快乐和生命。庄子强调的是"去脸"的相反过程，忘记文化道德，重返混沌之初。

重返混沌状态有两层意义：社会层面和个人层面。李约瑟从社会政治层面探讨了封建社会形成以前的黄金时代，而吉拉道则从个人层面讨论了自我实现的仪式象征。吉拉道受前人研究启发，提出道教就是混沌、无脸的艺术。道教真人必须要"死亡"，从道德文化中撤退，重返太初的混沌状态，这就是"无脸"艺术。社会层面和个人层面两者相辅相成，完整地说明了庄子作品中的混沌思想。

---

① N. J. Girardot, "'Returning to the Beginning' and the Arts of Mr. Hun-tun in *the Chuang Tzu*", *Journal of Chinese Philosophy* 5 (1978), p. 32.

② Ibid., p. 28.

结　语

主体性与研究者

结语部分主要总结英语世界的庄学研究成果，并简单比较海外汉学家、华裔学者、国内庄学专家的研究成果。

笔者大量阅读了英语世界的庄学材料，进行了全面调查，发现很多研究都与主体相关。爱莲心在康德的基础上，根据人的左右脑的不同分工，认为人的头脑分为理性逻辑和直觉想象两个方面。这对笔者很有启发性，也为梳理庄子在英语世界的传播提供了一个很好的框架。在葛瑞汉的影响下，陈汉生从理性认知角度出发，认为语言决定了我们看待事物的视角；我们对事物的理解只是不同视角的相对主义，不存在统一的是非标准。乔柏客进一步提出了《庄子》中的怀疑论，对我们认识事物的能力产生了质疑。史华兹从"通见"和"问题意识"的辩证关系入手，分析了《庄子》中的神秘主义宗教思想。李耶理指出庄子提出了第三种神秘主义：内向神秘主义。从直觉想象来看，叶维廉把道家思想运用到文学赏析，分析了道家诗学对美国意象派诗人的美学影响。克兰德尔从游戏理论出发，论述了《庄子》中的游戏客体、游戏主体和游戏过程。

如果说主体的理性逻辑追求的是"真"，直觉想象专注的是"美"，那么我们还应该有"善"。因此，笔者在爱莲心的基础上，根据亚里士多德和德里达等人的理论，把主体划分为认知主体、神秘主体、美学主体和道德主体。这一研究框架包含了探讨庄子道德观方面的论文。西方学者从上述四个方面对庄学进行了深入研究；进入 21 世纪以来，庄子研究呈现出新态势。金泰贤分析了庄子中的生态思想，认为人类不再是主宰，而是整个体系中的一员。戈赫以"鲲鹏之变"为例，仔细剖析了"动物变化"（Animal – Becoming），认为《庄子》中的动物不是基于人类中心的"寓

言”，而是为我们提供了一个逃离政治、审视世界的角度。吉拉道提倡我
们要放弃“社会脸孔”，忘记文化道德，重返混沌之初。

纵观英语世界的庄学研究，我们发现其研究内容从强调自我变成了弱
化自我，甚至“吾丧我”。姚斯认为，某一个文本的阐述和接受往往反映
了一个时代的人们的“期待视野”。[①] 在崇尚个人主义的资本主义社会，
评论家对庄子的理解充满了各种各样的“有我”解读：认知主体、神秘
主体、美学主体、伦理主体；到了今天，后人类主体成了环保时代的主
题。这一过程在很大程度上反映了英语世界读者心理接受过程的转变轮
廓：理性启蒙、浪漫主义、现实批判和生态意识。

这一从“有我”到“无我”的转变过程在《庄子内篇》得到了完美
体现。《庄子内篇》通常被认为是庄子本人亲笔撰写，而《外篇》和《杂
篇》是后人所写。《内篇》结构精巧，构思巧妙，讲述了从“无我”，到
“有我”，再到“无我”的循环过程。《逍遥游》首篇讲述了“无我”“无
待”的自由，《齐物论》中“我”逐渐产生，但与万物平等相处。《养生
主》强调了身体重要性，要“保身全性”。在《人间世》中，主体从真人
无我的状态降低到了现实政治社会中的自我。《人间世第四》是《内篇》
7 篇文章的转折点，在道家价值体系中，到达了“最底层”的社会主体开
始逐渐升华。普通凡人只要跟随“德”，顺从“道”，通过“德充符”的
方式就会得到不断改善提高。“德充符”不断积累，我们就达到“大宗
师”的真人境界。宗师之上，便是无知无觉之原始混沌状态——“应帝
王”，而这一境界又再次回到《逍遥游》的“无己、无功和无名”。

国内庄学研究也反映了中国当下的“期待视野”。当前国内研究主要
集中在庄子的美学理论。20 世纪 80 年代初，中国大陆兴起一股中国古代
文学理论研究热潮。改革开放后，各类西方学术思潮纷纷涌入中国，文学
研究在很大程度上成了运用西方文论来解读文学文本。[②] 但是中国古代经
典处在一个与西方文学理论完全不同的思想传统下，是否可以简单地把西

---

① 　Hans Robert Jauss, "From Literary History as a Challenge to Literary Theory", *The Critical Tradition: Classic Texts and Contemporary Trend*, 2nd edition, ed. by David H. Richter, Boston: Bedford Books, 1998, pp. 934 - 955.

② 　直接来看，中国大陆的这股学术思潮受到 20 世纪 60 年代末和 70 年代的香港和台湾的比较文学研究的影响，然后才是欧美文学理论的影响。

方模式套用在中国文本上呢？多数学者认为不能把中国文本变成阐释西方文学理论的脚注，应该从中国文化的思想传统脉络中研究中华经典。这就是比较文学研究的"中国学派"。在这个中西碰撞、对话的学术交流过程中，庄子成了中国文化的一个经典符号。刘绍瑾的《庄子与中国美学》就是在这种学术争锋的大背景下，从中国文化传统的角度来研究庄子的一次可贵尝试。作为中国大陆第一本系统的庄子美学专著，《庄子与中国美学》对国内庄学研究产生了深刻影响。

研究庄子美学面临着一个困境。庄子对中国文学和美学产生了"无论怎样评价都是不会过分的"深远影响。① 但是通读《庄子》全文却很少发现他对文学和美学的直接论述；相反，我们发现了庄子对"丑"的歌颂。庄子是否有自己的美学体系？刘绍瑾为我们提供了一个走出"困境"的方法：不能用西方美学体系来阐释庄子美学，因为庄子对美有着自己独特的理解和表达方式。刘绍瑾借用《庄子》中"鲁侯养鸟"的故事来说明自己的观点。套用西方理论模式和阐释框架来解读庄子美学正如鲁侯"以己养养鸟"；相反，我们应该采用"以鸟养养鸟"的方法来理解庄子。庄子和惠子关于"鱼之乐"辩论继续深化了该主题。对于"鱼之乐"庄子"知之濠上也"（《秋水第十七》）。这说明庄子美学从直觉出发，超越了实用价值，强调了个体的感受和体验。"庄子思想正是从实用和知识的执滞中解放出来，以达至审美的人生。"② 这加深了我们对庄子"自由"的理解。从哲学认知论和社会实践角度来看，"无待"之"逍遥"实质上是无法实现的幻想；它只是一种"观赏的自由"，从"有待"到"无待"的审美自由。

庄子美学研究还存在着第二个困境。学者们往往关注《庄子》文字，注重他的哲学思想，却忽略了思想背后的"真精神"，即庄子对"深层生命意识的体验"。③ 庄子不仅对日常生活有着敏锐的感受，还对人生苦难有着切肤体会。"面对大动乱时代人的苦难、忧患和自我异化"，庄子追求对困苦的超越和解脱，文学变成一种"苦闷的象征"。这就是"缘情"

---

① 曹础基：《序》，刘绍瑾：《庄子与中国美学》，广东高等教育出版社1989年版，第1页。

② 刘绍瑾：《庄子与中国美学》，第3页。

③ 同上书，第8页。

理论的雏形，对中国后世文学产生了极大影响。① 不同于尼采的反理性的酒神精神，庄子以冷静态度看待世界，在人与自然的关系中实现了"忘我"之和谐。

刘绍瑾提醒我们，在庄子美学的比较研究中还有一个要注意的问题。庄子美学强调人的直觉和对生活的感受，反对外在名利对人的异化。这与西方美学形成了有趣对比。工业革命是西方美学历史的一个分水岭。西方古代美学主要强调艺术实用性功能（教育公众的政治意识），例如柏拉图的《理想国》。近代美学主要从认识论层次上反对机械化生产对人类的异化。实际上，庄子美学与西方近代美学有着更多交集。但庄子又不同于西方美学的研究范式，他不以美学为对象，而是以生活体验作为自己的终极之道。"《庄子》一书的美学意义，不是以美和艺术作为对象进行理论总结，而是在谈到其'道'的问题时，其对'道'的体验和境界与艺术的审美体验和境界不谋而合。由于这种相合，后世很自然地把这些带有审美色彩的哲学问题移植到对艺术的审美特征的理解中，从而使庄子的哲学命题获得了新的意义。"②

刘绍瑾提出自己的方案，解决了庄子美学研究的困境，有着重要意义。作为中国大陆较早的庄子美学专著，《庄子与中国美学》从中国文化传统出发，用"以庄解庄"的方法来阐释《庄子》，构建了古代文学理论（庄子美学），为庄学研究开辟了一条新路。

刘绍瑾认为我们要从庄子哲学中解脱出来，达到美学境界；但是国内另一位比较有影响力的庄学研究专家陶东风提出了相反的观点：庄子一切关于美学的言论都是建立在庄子的人生哲学的基础之上。"庄子有关艺术和美学几乎所有的言论，都是与其人生哲学不可分离的，它们同时参与了中国古代文人的心态、人格以及艺术趣味、艺术风格的铸造。而其中的有些影响是消极的。这种消极影响如不联系深层人生观念而只停留在似乎无懈可击的只言片语是很难发现的。"③ 陶东风的观点具体可以分为三点：

---

① 刘绍瑾：《庄子与中国美学》，第9页。

② 同上书，第10页。

③ 陶东风：《从超迈到随俗——庄子与中国美学》，首都师范大学出版社1995年版，第6—7页。

（1）庄子仍然活在我们今天的生活；（2）庄子关注的人生哲学，也是我们生活中的问题；（3）庄子美学只是其人生哲学的一部分；他的美学思想极大地影响了中国后世的文学和艺术思想。

《从超迈到随俗——庄子与中国美学》的引论"一场打不完的官司"以学术争论开场。李泽厚声称庄子反对人为物役，强调绝对身心自由；而刘小枫却认为庄子是"无情的石头"，超越生死、超越社会。时至今日，关于庄子的争议和歧解愈演愈烈，这说明庄子生活在我们当下时代。能否综合两人的不同争议？陶东风认为这是不可能的，因为阐释者的理解和其生活的社会时代都有各自的局限性。两位学者从不同侧面阅读了庄子：李泽厚看到了文明理性对人类感性的压抑，刘小枫察觉到了缺乏终极价值判断的危险性。陶东风把《从超迈到随俗》的正文内容分为上编和下编两部分。

在第一部分"庄子人生哲学的超越性结构"中，陶东风探讨了庄子的人生哲学。"超越性结构"包括起点、中介（途径）、终点。庄子非常恐惧死亡，"表现出对生死问题的极大关注和异常敏感"。[①] 时间的有限性、入世的竞争压力、乱世中的保命焦虑都使庄子迫切地寻找超越的方法。超越的中介/方法有两种：齐物论和心斋论（虚静）。超越的终点是"无为"的生存方式。庄子笔下的真人形象就是这种无为存在的典型代表：他顺应物化，与物为春，跟随自然变化。

在第二部分"中国古典美学中的庄学精神及其现代阐释"中，陶东风阐释了中国古典美学中的庄学精神。庄子的美学实际上是庄子的人生哲学在文学和艺术领域内的具体展现。庄子美学的审美感受方式是"虚以待物"，艺术表现形式是"天人感应""以物观物"。陶东风还论述了"言不尽意"与"言外之意"的关系。庄子曰："语之所贵者意也。意有所随，意之所随者，不可以言传也。"（《天道第十三》）庄子注意到了"言"和"言之所指"的区别，而且"言之所指"又有普通的"意义"和普通意义之外的"意有所随"。可以言说的普通意义就是人们认知能力能够理解的知识，而不可言说的"意之所随"往往与人的瞬间感受、直接印象密切相关，属于美学范畴。弗洛伊德的意识、潜意识、

---

① 陶东风：《从超迈到随俗——庄子与中国美学》，第 11 页。

无意识的划分，拉康的语言和无意识理论都说明了"言之所指"的不同层次。庄子对此有着明确的区分："可以言论者，物之粗也；可以意致者，物之精也；言之所不能论，意之所不能察致者，不期精粗焉。"（《秋水第十七》）语言不可表达的内容，在陶东风看来，就是艺术的范围："美感经验的情绪性、文学语言的表情性。"① 文学和艺术需要这种情感语言来表现"意指的暧昧性"：语义的流动多义性和言不尽意的感情联想。

　　张利群从审美主体和客体之间的关系考察了庄子美学。其著作《庄子美学》之首篇提出了庄子的研究方法论。改革开放促进了学术百家争鸣的繁荣局面，打破了过去政治垄断模式下的文学阐释。庄学研究方法不仅是角度问题，还会影响甚至决定最终结果，因此明确研究方法成了当务之急。张利群认为庄学研究方法论可以从三个方面进行更新：一是"蹈乎大方"的研究方法。"蹈乎大方"就是不拘小节，从大处着眼。换言之，庄子研究要采用系统论原则，具体有三个特征：整体性、层次性、相关性。二是"以鸟养鸟"法。受刘绍瑾方法启发，张利群主张放弃"以己养鸟"的方法，避免"人为"地把主观思想框架强加于庄子身上；这在政治标签、理论口号的背景下有着积极的意义。三是"得意忘言"式的研究方法。寓言强调了言外之意，表达意义的语言文字本身并不重要。"筌者所以在鱼，得鱼而忘筌；蹄者所以在兔，得兔而忘蹄；言者所以在意，得意而忘言。"（《外物二十六》）张利群指出庄子研究要本着"古为今用""弘扬和发展我们的文化传统的精华"的原则，因此我们不仅要"以庄解庄"，还要"以我论庄"，充分发挥人的主

---

① 陶东风认为可以用语言清楚表达出来的内容属于理性认知，而语言激发起来的瞬间印象等无意识思绪是庄子美学讨论的内容。他的这一划分为庄子美学研究提供了一个崭新的视角。但其学理依据却值得商榷。我们能够意识到、可以清楚用语言表达出来的事物，难道就不存在美了吗？美仅仅局限在不可言表的事物之中吗？朗古努斯（Longinus）的《论崇高》早就此问题提出自己的划分：日常生活中令我们感动愉悦的事物是美（beauty），而让我们感到惊奇、无法理解的波澜壮阔是"崇高"（sublime）。Longinus, "On the Sublime", *Dramatic Theory and Criticism：Greeks to Grotowski*, ed. by Bernard F. Dukore, New York：Holt, Pinehart and Winston, Inc, 1974, pp. 76 – 82.

观能动性。①

张利群阐明了庄子研究方法后，又从十个方面系统地构建了庄子美学：审美关系论、审美特征论、审美本质论、审美真实论、审美心态论、审美境界论、审美形象论、审美方式论、审美创造论、审美艺术论。张利群的庄子"审美构架论"中最重要的"基座"是"物化"。"物化"就是庄子对审美关系的认识，就是对审美主体和审美客体之间和谐关系的体悟。"它所显示的审美过程和艺术过程中的主客体关系就构成了一个独立自主和自由自在的小世界，小天地，这就是审美世界、艺术世界。"② 物化有利于审美意境的产生，它使审美主体和客体水乳交融，成为一体，容易产生审美欣赏的共鸣。庄子产生"物化"思想的重要原因是原始人的混沌思维。"古之人，在混芒之中，与一世而得澹漠焉。"（《缮性第十六》）世界是一个不可分割的浑然整体，自然中存在着"万物有灵论"。在人们原始神话思维之中，人兽合一的传说比比皆是。庄子首篇中的鲲鹏之变体现了人、水、风、鸟等因素之间的流动关系。"神话中的合一现象是导致庄子'物我为一'思想的根源。"③

张利群从审美主体和审美客体之间的关系来探讨"物化"，为庄子美学研究开辟了一个崭新视角；他从十个方面系统阐释了庄子美学思想体系，使国内庄学在理论研究上又上了一个更高的台阶。但他的研究在很大程度上是对"物化"思想的重复。例如，审美特征论中的"顺物自然"之"自然"、审美境界论中的"逍遥游"之"游心"、审美心态论的"虚而待物"之"心斋"等理论学说，在本质上都是对"物化"思想的累赘阐述。此外，张利群提出"舍弃语言而捕获语意"的见解也非常值得商榷。

---

① 参见张利群《庄子美学》，广西师范大学出版社 1992 年版，第 12 页。张利群的这些学术思想都值得商榷。拉康认为我们根本无法摆脱语言去捕获意义。实际上，语言是我们唯一的、可以获得的工具；所谓的无意识就存在于语言的结构中，因此拉康重新改写了索绪尔的语言学公式：

$$\text{S（能指）意识}$$
$$—　\quad : \quad : \quad —$$
$$\text{s（所指）无意识}$$

② 同上书，第 19 页。
③ 同上书，第 16 页。

　　比较国内外庄学研究，我们发现研究者的文化背景与其学术研究有着密切关系：国外汉学家倾向于从理论角度研究庄子，有华裔背景的海外学者擅长从事中西比较视角下的庄子研究，国内学者善于从中国传统文化的视野来考察庄子思想。

　　海外汉学家从理论角度对庄子进行了全新的阐释，开拓了庄学研究的视野。陈汉生提出了"道就是话语"的语言学观点，葛瑞汉系统阐述了庄子的非理性哲学，巴雷特从心理学的"流动"体验剖析了庄子的"无为"观点，戈赫从德勒茲的"变成动物"理论视角"解域"了政治，克莱因章斯从阴阳变化关系审视了女性的地位，弗莱明论证了庄子对人们心理的医学治疗功能。海外汉学家往往受过非常专业（除了文学以外）的训练，有着独特的眼光。当他们把非文学的专业眼光转向《庄子》时，这部经典奇书呈现出一幅独特的景观。英语世界汉学家们广阔的学术背景为庄学研究提供了很多新颖的视角，使庄子研究不断推陈出新。但是他们的研究也有"把《庄子》当成西方理论的脚注"的嫌疑，不能全面、系统地阐释庄子的思想体系。例如，陈汉生的"道就是话语"令人信服地阐述了道和语言的关系，却不能解释庄子的养生、审美等其他方面的内容。再如，戈赫的"动物变化"有力地阐述了"鲲鹏之变"和"庄周梦蝶"，但是把整本《庄子》看成关于动物的论述未免太过牵强。

　　相比国外汉学家们交叉学科的专业背景，国内庄学专家的学术背景往往局限于哲学和文学背景，缺乏具有深度的跨专业知识和学科训练。但国内庄子研究学者充分利用中国文化的优势，从庄子对后代中国文学艺术历史的影响入手，做了大量扎实的研究。在《庄子》版本研究和注释方面，崔大华的《庄子歧解》和陈鼓应的《庄子今注今译》成了校勘注释方面的权威著作。在理论研究方面，庄子美学成为了学者们研究的重点。张恒寿的《庄子新探》、崔宜明的《生存与智慧》以及刘绍瑾、陶东风、张利群等人的美学著作都是这方面的典范。在庄子传记方面，颜世安的《庄子评传》和汪国栋的《庄子评传——南华梦觉话逍遥》史料丰富，内容翔实，梳理了庄子的历代评论。方勇的《庄子学史》更是雄心勃勃，系统整理了2000多年的庄学评论。还有一部分中国学者从中西比较的视野对庄子进行研究：庄子与黑格尔、尼采、德里达等哲学家的比较。但这部分研究成果的质量值得商榷。很多国内学者在西方哲学和文艺理论方面的学术水平有待提高；他们的比较研究只是在表面上并置罗列中西术语，不能触及内在精神实质。例如，国内个别专家认为解构就是反对主流价值和政治话语，颠倒两元对立，解放被压迫、被边缘化的因素，最终要"重构"（reconstruct）被德里达解构的内容。这是极其荒谬的论调，与德里达的解构精神背道而驰。解构并不是颠倒两元对立，而是要消除中心（decenter）、废掉体系（hierarchy），使一切因素成为不断延迟的差异。①

在庄子的比较研究方面，具有华裔背景的海外学者有着独特的优势。他们接受在中国文化的传统中熏陶，但又在西方著名学府中接受过系统的专业训练，在庄子比较研究方面做出突出贡献。叶维廉（Wai-lim Yip）就是一个典型的例子。他先在中国台湾大学和台湾师范大学学习，打下了深厚的中国文学功底。26 岁时，叶氏赴美留学，从爱荷华大学获得美学硕士后，进入普林斯顿大学攻读比较文学博士学位；博士毕业后长期在加利福尼亚大学圣地亚哥分校教书。多年在美国的求学和教书的学术生涯使他对西方文学艺术理论了如指掌，为中西比较文学研究打下了夯实的基础。叶维廉创造性地把西方文学理论与中国文学古典特质结合，提出了"互照互省"的中西文学模子理论。在庄学研究方面，叶维廉把道家美学与西方文化巧妙结合，突出了中国诗歌的艺术特色。此外，美籍华人学者吴光明从读者反映文论角度，认为《庄子》消除了传递信息，调动了读者参与，使读者反思各自的人生之道。陈捷荣在《中国哲学原始资料》的第八章"庄子神秘的思维方式"中，详细阐释了神秘主义视角下的直觉思维方式对中国文学和绘画的深远影响。

海外汉学家、国内专家、华裔学者各有所长，其研究成果彼此相互补充说明，使国际庄学研究呈现了百家争鸣、百花齐放的繁荣局面。各自的研究不足又在他者的对照中得以彰显，为后来的学者开启了更多争辩的空间，增加了更加多元的视角。学术的争锋、阐释的歧义说明了《庄子》永恒的生命力；国际庄学的蓬勃发展说明了《庄子》已经走出了中国，成了人类文化遗产的重要组成部分。

---

① 德里达把延迟（defer）和差异（differ）两个词语合并在一起，自创了 differánce 一词，旨在说明真理并不存在，它只是给人一种马上到来（不断延迟）的印象；消除了中心/真理以后，只有一系列的能指的差异。

参考文献

一　庄子著作及译作

陈鼓应：《庄子今注今译》，中华书局 1983 年版。

［清］郭庆藩：《庄子集释》，中华书局 2004 年版。

王世舜：《庄子注译》，齐鲁书社 2009 年版。

Chuang Tzu. *Basic Writings*. Translated by Burton Watson. New York：Columbia University Press，1964.

Chuang Tzu. *Chuang tzu*. Translated by James Legge. *Sacred Books of the East*. Vol. 39，40. Oxford：Oxford University Press，1891.

Chuang Tzu. *Chuang-Tzu*：*The Inner Chapters*：*A Classic of Tao*. Translated by A. C. Graham. London：Mandala，1991.

Chuang Tzu. *Chuang tzu*：*World Philosopher at Play*. Translated by Wu Kuang-Ming. New York：Crossroad Publishing Company，1982.

Chuang Tzu. *The Complete Works of Chuang Tzu*. Translated by Burton Watson. New York：Columbia University Press，1968.

二　英文文献

Allen，Barry. "A Dao of Technology？" *Dao*：*A Journal of Comparative Philosophy* 9. 2 （2010）：151 – 160.

Allinson, Robert E. "A Logical Reconstruction of the Butterfly Dream: The Case for Internal Textual Transformation." *Journal of Chinese Philosophy* 15. 3 (1988): 319 – 339.

Allinson, Robert E. "Book Reviews." *Philosophy East and West* 48. 3 (1998): 529. *Academic Search Premier*. Web. 26 Dec. 2014.

Allinson, Robert E. *Chuang-Tzu for Spiritual Transformation: An Analysis of the Inner Chapters*. Albany: State University of New York Press, 1989.

Allinson, Robert E. "Having Your Cake and Eating It, Too: Evaluation and Trans-Evaluation in Chuang Tzu and Nietzsche." *Journal of Chinese Philosophy* 13. 4 (1986): 429 – 443.

Allinson, Robert E. "On Chuang Tzu as a Deconstructionist with a Difference." *Journal of Chinese Philosophy* 30. 3&4 (2003): 487 – 500.

Allinson, Robert E. "On the Question of Relativism in the Chuang-Tzu." *Philosophy East and West* 39. 1 (1989): 13 – 26.

Alt, Wayne E. "Logic and Language in the Chuang Tzu." *Asian Philosophy* 1. 1 (1991): 61. *Academic Search Premier*. Web. 26 Dec. 2014.

Ames, Roger T. "Coextending Arising, Te, and Will to Power: Two Doctrines of Self-transformation." *Journal of Chinese Philosophy* 11. 2 (1984): 113 – 138.

Ames, Roger T. ed. *Wandering at Ease in THE ZHUANGZI*. Albany: State University of New York Press, 1998.

Aristotle, "Metaphysics." *The Way Toward Wisdom: An Interdisciplinary and Intercultural Introduction to Metaphysics*. Benedict Ashley. Notre Dame: University of Notre Dame Press, 2006.

Arnheim, Rudolf. "The Fable and the Scroll." *British Journal of Aesthetics* 43. 1 (2003): 35. *Academic Search Premier*. Web. 26 Dec. 2014.

Balfour, Frederick Henry. *The Divine Classic of Nan Hua, Being the Work of Chuang Tsze, Taoist Philosopher*. Shanghai: Kelly & Walsh, 1881.

Barrett, Nathaniel F. "The Spontaneity of Nature and Human Experience." Boston University Dissertation, 2008. Ann Arbor: *ProQuest*. Web. 5 Mar. 2015.

Barrett, Nathaniel F. "Wuwei and Flow: Comparative Reflections on Spirituality, Transcendence, and Skill in *THE ZHUANGZI.*" *Philosophy East and West* 61. 4 (2011): 679 – 706.

Barthes, Roland. *S/Z.* Trans. Richard Miller. New York: Hill and Wang, 1974.

Beebe, John. "Individuation in the Light of Chinese Philosophy." *Psychological Perspectives* 51. 1 (2008): 70 – 86. *Academic Search Premier.* Web. 26 Dec. 2014.

Bockover, Mary I. "Daoism, Ethics, and Faith: The Invisible 'Goodness' of Life." *Journal of Daoist Studies* 4 (2011): 139 – 153. *Academic Search Premier.* Web. 26 Dec. 2014.

Bourquin, David. "Chuang Tzu: The Inner Chapters." *Library Journal* 122. 12 (1997): 87 – 88. *Academic Search Premier.* Web. 26 Dec. 2014.

Bruya, Brian James. "Aesthetic Spontaneity: A Theory of Action Based on Affective Responsiveness." University of Hawaii Dissertation, 2004. *ProQuest.* Web. 5 Mar. 2015.

Bruya, Brian, tr. & Tsai Chih Chung. *Zhuangzi Speaks: The Music of Nature.* Cartoon Version. Princeton, NJ: Princeton Univ. Press, 1992.

Burneko, Guy C. "Chuang Tzu's Existential Hermeneutics." *Journal of Chinese Philosophy* 13. 4 (1986): 393 – 409.

Cain, D. "Book Reviews: Arts & Humanities." *Library Journal* 117. 4 (1992): 93. *Academic Search Premier.* Web. 26 Dec. 2014.

Cavendish-Jones, Colin. "Oscar Wilde's Radically Revised View of China." *SEL: Studies in English Literature (Johns Hopkins)* 54. 4 (2014): 923 – 941. *Academic Search Premier.* Web. 26 Dec. 2014.

Chan, Kang. "The Uncultivated Man and the Weakness of the Ideal in Classical Chinese Philosophy." Order No. 9972472 PhD Dissertation. Harvard University, 2000. Ann Arbor: *ProQuest.* Web. 5 Mar. 2015.

Chin, Ping Wong. "A Study of the Chuang-Tzu: Text, Authorship and Philosophy." PhD Dissertation. Univ. of Wisconsin, Madison, 1978.

Chinn, Ewing Y. "The Natural Equality of All Things." *Journal of Chinese*

Philosophy 25 (December 1998): 471 –482.

Cho, Kyung-hyun. "Beyond Modern Scientism and Postmodern Relativism: Therapeutic Methods of Wittgenstein and Chuang Tzu. " Order No. 3046045 Fuller Theological Seminary, Doctor of Ministry Program, 2002. Ann Arbor: *ProQuest*. Web. 5 Mar. 2015.

Chong, Kim Chong. "Zhuangzi and the Nature of Metaphor. " *Philosophy East and West* 56. 3 (2006): 370 –391.

Christian, Graham. "Chuang-Tzu: The Tao of Perfect Happiness; Selections Annotated & Explained. " *Library Journal* 136. 4 (2011): 66. *Academic Search Premier*. Web. 26 Dec. 2014.

Christian, Graham. "The Great Ancestral Teacher. " *American Poetry Review* 27. 3 (1998): 19 –21. *Academic Search Premier*. Web. 26 Dec. 2014.

Chan, Wing-tsit and Wm. Theodore De Bary, eds. *Source of Chinese Tradition*. Vols. 1 –2. New York and London: Columbia University Press, 1960.

Cleary, Thomas. *The Essential Tao*. Sanfrancisco, CA. : Harper Collins, 1991.

Connolly, Tim. "Perspectivism as a Way of Knowing in *THE ZHUANGZI*. " *Dao: A Journal of Comparative Philosophy* 10. 4 (2011): 487 –505.

Cook, Scott. *Hiding the World Within the World: Ten Uneven Discourses on Zhuangzi*. Albany: State University of New York Press, 2003.

Cook, Scott. "Zhuang Zi and His Carving of the Confucian Ox. " *Philosophy East and West* 47. 4 (1997): 521 –553..

Cooper, David E. "Technology: Liberation or Enslavement?" *Royal Institute of Philosophy Supplement* 38. 1 (1995): 7 –18. *Academic Search Premier*. Web. 26 Dec. 2014.

Coutinho, Steve. "A Companion to Angus C. Graham's Chuang Tzu: The Inner Chapters (Book) . " *Philosophy East and West* 55. 1 (2005): 126 –130. *Academic Search Premier*. Web. 26 Dec. 2014.

Coutinho, Steve. *Zhuangzi and Early Chinese Philosophy: Vagueness, Transformation, and Paradox*. London: Ashgate Press, 2004.

Craig, Erik. "Tao Psychotherapy: Introducinga New Approach to Humanistic

Practice. " *Humanistic Psychologist* 35.2 (2007): 109 – 133. *Academic Search Premier.* Web. 26 Dec. 2014.

Crocker, Lester G. *Two Diderot Studies.* Baltimore, MD: Johns Hopkins University Press, 1952.

Culler, Jonathan. "Literary Theory Today. " *Research on Literary Theory* 4 (2012): 77 – 85.

Dippmann, Jeffrey. "The Tao of Textbooks: Taoism in Introductory World Religion Texts. " *Teaching Theology & Religion* 4.1 (2001): *Academic Search Premier.* Web. 26 Dec. 2014.

Dolph, S. Barret. "Equivalences of Experience in Eric Voegelin and Chuang-Tze. " *Conference Papers-American Political Science Association* (2007): 1. *Academic Search Premier.* Web. 26 Dec. 2014.

Dull, Carl Joseph. "*THE ZHUANGZI* and Nourishing Xin: Causes of Strife, Positive Ideals of Caring for Living, and Therapeutic Linguistic Practice. " Order No. 3460298 Southern Illinois University at Carbondale, 2011. Ann Arbor: *ProQuest.* Web. 5 Mar. 2015.

Dyer, Alan. "Inspiration, Enchantment anda Sense of Wonder⋯Can a New Paradigm in Education Bring Nature and Culture Together Again?" *International Journal of Heritage Studies* 13.4/5 (2007): 393 – 404. *Academic Search Premier.* Web. 26 Dec. 2014.

Epstein, ShariRuei-hua. "Boundaries of the Dao: Hanshan Deqing's (1546 – 1623) Buddhist Commentary on *THE ZHUANGZI.* " Order No. 3431382 Stanford University, 2010. Ann Arbor: *ProQuest.* Web. 5 Mar. 2015.

Fleming, Jesse. "Philosophical Counseling and Chuang Tzu's Philosophy of Love. " *Journal of Chinese Philosophy* 26.3 (September 1999): 377 – 395.

Foucault, Michel. *The Order of Things: An Archaeology of the Human Sciences.* New York: Pantheon, 1971.

Fox, Alan Fox. "Reflex and Reflectivity: Wuwei in *THE ZHUANGZI.* " *Asian Philosophy* 6.1 (1996): 59 – 72.

Fraser, Chris. "Psychological Emptiness in *THE ZHUANGZI.* " *Asian Philosophy* 18.2 (2008): 123 – 147.

Froese, Katrin. "Humour as the Playful Sidekick to Language in THE ZHUANGZI." *Asian Philosophy* 23. 2 (2013): 137 – 152. *Academic Search Premier*. Web. 26 Dec. 2014.

Fung, Yu-Lan. *A Short History of Chinese Philosophy*. Tian Jin: Tian Jin Social Science Academy Press, 2007.

Fung, Yu-Lan. *Chuang-Tzu: A New Selected Translation with an Exposition of the Philosophy of Kuo Hsiang*. 2nd ed. New York: Paragon Book Reprint Corporation, 1964.

Galvany, Albert. "An Introduction to Daoist Thought: Action, Language, and Ethics in Zhuangzi." *Philosophy East and West* 61. 3 (2011): 579 – 580. *Academic Search Premier*. Web. 2 Jan. 2015.

Gao, Shan. "The Beauty of Nature as a Foundation for Environmental Ethics: China and the West." Order No. 3533580 University of North Texas, 2012. Ann Arbor: *ProQuest*. Web. 5 Mar. 2015.

Giles, Herbert A. *Musings of a Chinese Mystic: Selections from the Philosophy of Chuang Tzu*. NY: E. P. Dutton & Co., 1909.

Girardot, N. J. "'Returning to the Beginning' and the Arts of Mr. Hun-tun in the Chuang Tzu." *Journal of Chinese Philosophy* 5 (1978): 21 – 69.

Goh, Irving. "Chuang Tzu's Becoming Animal." *Philosophy East and West* 61. 1 (2011): 110 – 133.

Graham, A. C. "Chuang-tzu's Essay on Seeing Things as Equal." *History of Religions* 9 (1969/1970): 137 – 159.

Graham, A. C. *Disputers of the Tao: Philosophical Argument in Ancient China*. La Salle: Open Court, 1989.

Graham, A. C. "How Much of Chuang Tzu Did Chuang Tzu Write?" *Studies in Early Chinese Thought*, ed. by Henry Rosemont Jr. and Benjamin Schwartz. Rpr. in *Studies in Chinese Philosophy and Philosophical Literature*. Ed. Graham. Albany: State University of New York Press, 1979.

Graham, A. C. *Later Mohist Logic, Ethics and Science*. London: School of Oriental and African Studies, 1978.

Groves, J. Randall. "Daoism, Freedom and Jazz Improvisation: A Rational

Reconstruction of Chuang Tzu's Cook Ting Passage. " *Interdisciplinary Humanities* 2006: 99 – 108. *Academic Search Premier.* Web. 26 Dec. 2014.

Guichard, Jeffrey L. "An Application of Ancient Chinese Philosophical Beliefs of Leadership as Defined within Sun Tzu's 'the Art of War': Creating an Instrument to Measure the Strategic Intelligence of a Leader. " Order No. 3480377 Regent University, 2011. Ann Arbor: *ProQuest.* Web. 5 Mar. 2015.

Ha, SungAe. "A Reading of the Divine Speech in Job in Light of *THE ZHUANGZI*: From an Asian Feminist Perspective. " Order No. 3580558 Graduate Theological Union, 2014. Ann Arbor: *ProQuest.* Web. 5 Mar. 2015.

Hall, David. "Nietzsche and Chuang Tzu: Resources for the Transcendence of Culture. " *Journal of Chinese Philosophy* 11. 2 (1984): 139 – 152.

Hamil, Sam & J. P. Seaton. *The Essential Chuang Tzu.* Boston: Shambhala, 1998.

Hansen, Chad. *A Daoist Theory of Chinese Thought: A Philosophical Interpretation.* New York, Oxford University Press, 1992.

Hansen, Chad. "A Tao of Tao in Chuang Tzu. " *Experimental Essays on Chuang Tzu.* Ed. Victor Mair. Honolulu: University of Hawaii Press, 1983: 22 – 45.

Hao, Changchi. "Relativity of the Human World and Dao in Lao-Zhuang—An Interpretation of Chapter 1 of the Zhuang-zi and of the Lao-zi. " *Asian Philosophy* 15. 3 (2005): 265 – 280.

Haraway, Donna. "Manifesto for Cyborgs: Science, Technology, and Socialist Feminism in the 1980s. " *Socialist Review* 80 (1985): 65 – 108.

Herman, David. "Storyworld/Umwelt. " *Substance* 40. 1 (2011): 156 – 181.

Herman, Johnathan Roy. *I and Tao: Martin Buber's Encounter with Chuang Tzu.* Albany, New York: SUNY Press, 1996.

Hinton, David. *Chuang Tzu: The Inner Chapters.* Wash. DC: Counterpoint Press, 1998.

Hochsmann, Hyun. "The Starry Heavens Above—Freedom in Zhuangzi and

Kant. " *Journal of Chinese Philosophy* 31. 2 （June 2004）: 235 – 252.

Hoffert, Brian Howard. " *Chuang Tzu*: The Evolution of a Taoist Classic. " Order No. 3038495 Harvard University, 2002. Ann Arbor: *ProQuest*. Web. 5 Mar. 2015.

Ivanhoe, P. J. & PaulKjellberg, eds. *Essays on Skepticism, Relativism, and Ethics in THE ZHUANGZI.* Albany: State University of New York Press, 1996.

Ivanhoe, Philip J. "Zhuangzi on Skepticism, Skill, and the Ineffable Tao. " *Journal of the American Academy of Religion* 64. 4 （1993）: 639 – 54.

Jauss, Hans Robert. "From Literary History as a Challenge to Literary Theory. " *The Critical Tradition: Classic Texts and Contemporary Trend*, 2nd edition. Ed. David H. Richter. Boston: Bedford Books, 1998: 934 – 955.

Johnson, Daniel M. "Social Morality and Social Misfits: Confucius, Hegel, and the Attack of Zhuangzi and Kierkegaard. " *Asian Philosophy* 22. 4 （2012）: 365 – 374.

Jung, Carl C. "On the Relationship of Analytical Psychology of Poetry. " *Dramatic Theory and Criticism: Greeks to Grotowski.* Ed. Bernard F. Dukore. New York: Holt, Rinehart and Winston, Inc. , 1974: 836 – 846.

Kai-Yuan, Cheng. "Self and the Dream of the Butterfly in*THE ZHUANGZI.* " *Philosophy East and West* 64. 3 （2014）: 563 – 597. *Academic Search Premier.* Web. 26 Dec. 2014.

Kim, JeanHee. "Ecoharmony: An Asian Feminist Theology of Creation. " Order No. 3025589 Drew University, 2001. Ann Arbor: *ProQuest*. Web. 5 Mar. 2015.

Kim, Taehyun. "Reading Zhuangzi Eco-Philosophically. " *Journal of Daoist Stdies* 2 （2009）: 1 – 31. *Academic Search Premier.* Web. 26 Dec. 2014.

Kirby, Christopher C. "Naturalism in the Philosophies of Dewey and Zhuangzi: The Live Creature and the Crooked Tree. " Order No. 3376192 University of South Florida, 2008. Ann Arbor: *ProQuest*. Web. 5 Mar. 2015.

Kirkland, Russell. "Reading the Chuang-Tzu in theT'ang Dynasty （Book） . " *Journal of the American Oriental Society* 122. 3 （2002）: 629. *Academic*

Search Premier. Web. 26 Dec. 2014.

Kirkland, Russell. "Teaching Taoism in the 1990S." *Teaching Theology &
Religion* 1. 2 (1998): 111. *Academic Search Premier.* Web. 26 Dec. 2014.

Kjellberg, Paul. "A Companion to Angus." *China Review International* 12. 1
(2005): 222 – 225. *Academic Search Premier.* Web. 26 Dec. 2014.

Kjellberg, Paul. "Dao and Skepticism." *Dao: A Journal of Comparative Phi-
losophy* 6. 3 (2007): 281 – 299.

Kjellberg, Paul. *Zhuangzi and Skepticism.* PhD dissertation. Department of Phi-
losophy, Stanford University, 1993.

Kleinjans, Everett. "The Tao of Women and Men: Chinese Philosophy and
the Women's Movement." *Journal of Chinese Philosophy* 17. 1 (1990): 99 –
127.

Ko, Agnes Po – Yee. "The Beauty of Harmony: Clues from Chinese Aesthet-
ics for Contemporary Art and Art Education." Order No. NR23885 Simon
Fraser University (Canada), 2006. Ann Arbor: *ProQuest.* Web. 5 Mar. 2015.

Lai, Karyn L., and Wai Wai Chiu. "Ming in THE ZHUANGZI Neipian: En-
lightened Engagement." *Journal of Chinese Philosophy* 40. 3/4 (2013):
527 – 543. *Academic Search Premier.* Web. 26 Dec. 2014.

Lavallee, Thomas M. "Formality and the Pursuit of Pleasure in Early Medieval
Chinese Banquet Poetry." Order No. 3162156 Washington University, 2004.
Ann Arbor: *ProQuest.* Web. 5 Mar. 2015.

Lenehan, Katia. "Theory of Non-Emotion in THE ZHUANGZI and Its Connec-
tion to Wei- Jin Poetry." *Journal of Chinese Philosophy* 40. 2 (2013): 340
– 354. *Academic Search Premier.* Web. 26 Dec. 2014.

Levinovitz, Alan Jay. "The Concept of Toy—at Play with THE ZHUANGZI."
Order No. 3548246 The University of Chicago, 2012. Ann Arbor: *Pro-
Quest.* Web. 5 Mar. 2015.

Li, Chenyang. "What-Being: Chuang Tzu Versus Aristotle." *International
Philosophical Quarterly* 33. 3 (1993): 341. *Academic Search Premi-
er.* Web. 26 Dec. 2014.

Liao, Futing. "Positive Alienation and Its Reflection in Taoist Thought." *In-

ternational Sociology 4. 1 （1989）: 5 – 19. *Academic Search Premier.* Web. 26 Dec. 2014.

Liu, Xiaogan. *Classifying THE ZHUANGZI Chapters.* Ann Arbor: University of Michigan Center for Chinese Studies, 1994.

Liu, Xiaogan. "On the Concept of Naturalness in Lao Tzu's Philosophy." *Journal of Chinese Philosophy* 25. 4 （December 1998）: 423 – 446.

Longinus. "On the Sublime." *Dramatic Theory and Criticism: Greeks to Grotowski.* Ed. Bernard F. Dukore. New York: Holt, Pinehart and Winston, Inc, 1974: 76 – 82.

Lou, Gabrielle. "The Nature of Madness: An Integrative Literature Review Comparing R. D. Laing's and Chuang Tzu's Perspectives." Order No. 3643111 California Institute of Integral Studies, 2014. Ann Arbor: *ProQuest.* Web. 5 Mar. 2015.

Lusk, Daniel. "The Butterfly Dream of Chuang-Tzu." *Southern Review* 43. 2 （2007）: 325. *Academic Search Premier.* Web. 26 Dec. 2014.

Mair, Victor, ed. *Experimental Essays on the Chuang Tzu.* Honolulu: University of Hawaii Press, 1983.

Merton, Thomas and Edgar Neville. *The Way of Chuang Tzu.* New York: W. W. Norton, 1988.

Miles, M. "Disability on a Different Model: Glimpses of an Asian Heritage." *Disability & Society* 15. 4 （2000）: 603 – 618. *Academic Search Premier.* Web. 26 Dec. 2014.

Mitsuda, Masato. "Chuang Tzu and Sor Juana Ines De La Cruz: Eyes to Think, Ears to See." *Journal of Chinese Philosophy* 29. 1 （2002）: 119 – 133. *Academic Search Premier.* Web. 26 Dec. 2014.

Møllgaard, Eske. "Zhuangzi's Notion of Transcendental Life." *Asian Philosophy* 15. 1 （2005）: 1 – 18.

Møllgaard, Eske. "Zhuangzi's Religious Ethics." *Journal of the American Academy of Religion* 71. 2 （2003）: 347 – 371. *Academic Search Premier.* Web. 14 May 2015.

Neville, Robert Cummings. "Foreword." *Chuang-Tzu for Spiritual Transfor-*

mation: *An Analysis of the Inner Chapters*. Robert Allison. Albany: State University of New York, 1989: 1 – 2.

Ng, Ka Yi. "A Research of the English-Speaking World's Philological Studies of Zhuangzi. " Order No. 3571692 The Chinese University of Hong Kong (Hong Kong), 2012. Ann Arbor: *ProQuest*. Web. 5 Mar. 2015.

Ownes, Wayne D. "Tao and Difference: the Existential Implications. " *Journal of Chinese Philosophy* 20. 3 (September 1993): 261 – 277.

Parkes, Graham. "The Wandering Dance: Chuang Tzu and Zarathustra. " *Philosophy East and West* 33. 3 (July 1983): 235 – 250.

Perillo, Lucia. "From the Bardo Zone. " *Georgia Review* 56. 4 (2002): 899 – 910. *Academic Search Premier*. Web. 26 Dec. 2014.

Perkins, Franklin. "Wandering Beyond Tragedy with Zhuangzi. " *Comparative and Continental Philosophy* 3. 1 (2011): 79 – 98.

Perry, Lara. " Leadership as Harmonization. " *Asian Philosophy* 21. 3 (2011): 291 – 301. *Academic Search Premier*. Web. 26 Dec. 2014.

Perushek, D. E. , et al. "Book Reviews: Arts & Humanities. " *Library Journal* 123. 13 (1998): 100. *Academic Search Premier*. Web. 26 Dec. 2014.

Plato. "Ion. " *Critical Theory Since Plato*. Rev. Ed. Hazard Adams. Philadelphia: Harcourt Brace Jovanovich College Publishers, 1992: 12 – 18.

Puett, Michael J. " 'Nothing Can Overcome Heaven': The Notion of Spirit in *THE ZHUANGZI*. " *Hiding the World in the World: Uneven Discourses on THE ZHUANGZI*. Ed. Scott Cook. Albany: State U of New York Press, 2003: 248 – 262.

Raphals, Lisa. "Skeptical Strategies in Zhuangzi and Theaetetus. " *Essays on Skepticism, Relativism, and Ethics in THE ZHUANGZI*. Albany: State University of New York Press, 1996.

Regan, Tom. *The Case for Animal Rights*. Berkeley: U of California P, 1983.

Reiter, Jendi. "Chuang Tzu's Dream (Poem). " *Legal Studies Forum* 28. 1/ 2 (2004): 348. *Academic Search Premier*. Web. 26 Dec. 2014.

Richey, Jeffrey Lynn. " Magical Power and Moral Law in Early Chinese Thought. " Order No. 9969460 Graduate Theological Union, 2000. Ann Arbor: *ProQuest.* Web. 5 Mar. 2015.

Roekphisut, Prasit. "Hermeneutical Dialogue With Tao." *Dialogue & Universalism* 9. 7/8 (1999): 201. *Academic Search Premier.* Web. 26 Dec. 2014.

Ross, W. D. *Aristotle.* London: Methuen & Co Ltd, 1923.

Roth, Harold. *A Companion to A. C. Graham's Chuang Tzu: The Inner Chapters.* Honolulu: University of Hawaii Press, 2003.

Roth, Harold. "Who Compiled the Chuang-tzu?" *Chinese Texts and Philosophical Contexts.* Ed. Henry Rosemont. La Salle: Open Court, 1991.

Sarkissian, Hagop. "The Darker Side of Daoist Primitivism." *Journal of Chinese Philosophy* 37. 2 (2010): 312 – 329.

Saussy, Haun. *The Problem of a Chinese Aesthetic.* Stanford, CA: Stanford UP, 1993.

Shang Geling. "The Religiosity of Zhuangzi and Nietzsche: Human Liberation as Affirmation of Life." PhD Dissertation, Temple University, 1999.

Shan-hong, Shen. "The Nature of Consciousness in Chuang Tzu Thought: Its Structure and Implications." *Chinese American Forum* 4. 1 (1988): 3 – 23. *Academic Search Premier.* Web. 26 Dec. 2014.

Shen, Aimin. "Transcendental Philosophy in Taoism, Kant, and Wittgenstein." Order No. 3019268 Southern Illinois University at Carbondale, 2001. Ann Arbor: *ProQuest.* Web. 5 Mar. 2015.

Shin, Eun-kyung. "Taoism and East Asian Literary Theories: Chuang Tzu's Theory of Selflessness and the Poetics of Self-effacement." *Korean Studies* 26. 2 (2003): 251 – 269.

Silver, Ramona. "Chuang Tzu's Ontology and His Conception of Self and Mind." Order No. 3680273 California Institute of Integral Studies, 2014. Ann Arbor: *ProQuest.* Web. 5 Mar. 2015.

Singh, Danesh. "Zhuangzi, Wuwei , and the Necessity of Living Naturally: A Reply to Xunzi's Objection." *Asian Philosophy* 24. 3 (2014): 212 – 226. *Academic Search Premier.* Web. 26 Dec. 2014.

Skogemann, P. "Chuang Tzu and the Butterfly Dream." *Journal of Analytical Psychology* 31. 1 (1986): 75 – 90. *Academic Search Premier.* Web. 26 Dec.

2014.

Smith, Travis W. "CultivatingSagehood in *THE ZHUANGZI*: Hanshan Deqing's Unified Reading of the Inner Chapters. " Order No. 3615386 Southern Illinois University at Carbondale, 2013. Ann Arbor: *ProQuest*. Web. 5 Mar. 2015.

Sorajjakool, Siroj. "Chuang Tzu, Butterfly and Wittgenstein: An Exploration of the Relationship Between Psychological Factors and Philosophical Thinking in the Life of Ludwig Wittgenstein. " *Pastoral Psychology* 60. 5 (2011): 727 – 735. *Academic Search Premier*. Web. 26 Dec. 2014.

Trowbridge, John. "Skepticism and Pluralism: Ways of Living a Life of Awareness as Recommended by *THE ZHUANGZI*. " Order No. 3139786 University of Hawaii, 2004. Ann Arbor: *ProQuest*. Web. 5 Mar. 2015.

Wai-Yee, Li. "Chuang-Tzu for Spiritual Transformation: An Analysis of the Inner Chapters (Book) . " *Journal of Religion* 71. 2 (1991): 300 – 301. *Academic Search Premier*. Web. 26 Dec. 2014.

Waley, Arthur. *Three Ways of Thought in Ancient China*. Stanford, CA: Stanford University Press, 1939.

Wang, Youru. "Philosophy of Change and the Deconstruction of Self in *THE ZHUANGZI*. " *Journal of Chinese Philosophy* 27. 3 (September 2000): 345 – 360.

Wang, Youru. "The Strategies of ' Goblet Words ': Indirect Communication in *THE ZHUANGZI*. " *Journal of Chinese Philosophy* 31. 2 (June 2004): 195 – 218.

Ware, James R. *The Sayings of Chuang Chou*. NY: Mentor Classics, 1963.

Wen, Haiming. "Zhuangzi: Wandering in Selfless Ease. " *China Today* 60. 5 (2011): 74 – 75. *Academic Search Premier*. Web. 26 Dec. 2014.

Wolfe, Cary. *Animal Rites: American Culture, the Discourse of Species, and Posthumanist Theory*. Chicago, IL: The U of Chicago P, 2003.

Wolfe, Cary. *What Is Posthumanism?* Minneapolis: University of Minnesota Press, 2010.

Wolfe, Cary, ed. *Zoontologies: The Question of the Animal*. Minneapolis and

London: U of Minnesota P, 2003.

Wong, David B. *Moral Relativity.* Berkeley, CA: University of California Press, 1984.

Wu, Kuang-ming. *Chuang Tzu: World Philosopher at Play.* New York: Crossroad Publishing Company, 1982.

Wu, Kuang-ming. "Hermeneutic Explorations in *THE ZHUANGZI.*" *Journal of Chinese Philosophy* 33 Supplement Issue (2006): 61 – 79.

Wu, Kuang-ming. *The Butterfly as Companion: Meditations on the First Three Chapters of the Chuang Tzu.* Albany: State University of New York Press, 1990.

Wu, Kuang-ming. "Trying without Trying: Toward a Taoist Phenomenology of Truth." *Journal of Chinese Philosophy* 8.2 (June 1981): 143 – 167.

Wu, Meiyao. "Hundun's Hospitality: Daoist, Derridean and Levinasian Readings of Zhuangzi's Parable." *Educational Philosophy & Theory* 46.13 (2014): 1435 – 1449. *Academic Search Premier.* Web. 26 Dec. 2014.

Xu, Keke. "Two Dreams: Music for String Quartet, Piano, and Percussion." Order No. 1440211 Tufts University, 2007. Ann Arbor: *ProQuest.* Web. 5 Mar. 2015.

Xu, Keqian. "A Different Type of Individualism in Zhuangzi." *Dao: A Journal of Comparative Philosophy* 10.4 (2011): 445 – 462.

Yang, Xiaomei. "Great Dream and Great Awakening: Interpreting the Butterfly Dream Story." *Dao: A Journal of Comparative Philosophy* 4.2 (2005): 253 – 266.

Yao, Zhihua. " 'I Have Lost Me': Zhuangzi's Butterfly Dream." *Journal of Chinese Philosophy* 40.3/4 (2013): 511 – 526. *Academic Search Premier.* Web. 26 Dec. 2014.

Yeager, Patricia. "Sea Trash, Dark Pools, and the Tragedy of the Commons." *PMLA* 125.3 (2010): 523 – 545.

Yearley, Lee. "Daoist Presentation and Persuasion: Wandering Among Zhuangzi's Kinds of Language." *Journal of Religious Ethics* 33.3 (2005): 503 – 535.

Yearley, Lee. "The Perfected Person in the Radical Chuang Tzu." *Experimental Essays on the Chuang Tzu*. Ed. Victor Mair. Honolulu: University of Hawaii Press, 1983: 125 – 139.

Yu, David C. "The Mythos of Chaos in Ancient Taoism and Contemporary Chinese Thought." *Journal of Chinese Philosophy* 8. 3 (September 1981): 325 – 348.

Zeng, Hong. "Temporality and Self: A Deconstructive Reading of Chinese Natural Philosophy in Poetry." Order No. 3070928 The University of North Carolina at Chapel Hill, 2002. Ann Arbor: *ProQuest*. Web. 5 Mar. 2015.

Zhuangzi. *Stanford Encyclopedia of Philosophy*. http: //plato. stanford. edu/entries/zhuangzi/.

三 中文文献

安蕴贞:《西方庄学研究述评》,《河北学刊》2011 年第 4 期,第 238—241 页。

安蕴贞:《英语世界的庄学研究》,博士学位论文,北京师范大学,2008 年。

包兆会:《二十世纪〈庄子〉研究的回顾与反思》,《文艺理论研究》2003 年第 2 期,第 30—39 页。

包兆会:《英语世界庄学研究回顾与反思》,《文艺理论研究》2004 年第 1 期,第 76—86 页。

曹兆银:《阐释学视角下〈庄子〉英译研究》,博士学位论文,苏州大学,2013 年。

陈冰如:《梭罗和庄子自然观的比较研究》,博士学位论文,兰州大学,2013 年。

陈红映:《庄子思想的现代价值》,《思想战线》2000 年第 6 期,第 1—5 页。

陈火青:《大美无美:庄子美学的反思与还原》,博士学位论文,西南大学,2012 年。

陈洁:《从阐释学角度研究〈庄子〉英译》,博士学位论文,江南大学,2013 年。

陈炎:《儒家与道家对中国古代科学的制约——兼答"李约瑟难题"》,《清华大学学报》(哲学社会科学版)2009 年第 1 期,第 116—126 页。

崔大华:《庄子思想的文学特质及其影响》,《文史哲》1987 年第 2 期,第 53—56 页。

崔柯:《解释学视野中的庄子美学》,博士学位论文,山东师范大学,2005 年。

邓娜:《生态翻译学视角下〈庄子〉英译本中生态美学思想的再现》,博士学位论文,西北师范大学,2013 年。

邓叔平:《论老庄生态美学思想》,博士学位论文,贵州大学,2006 年。

刁生虎:《生命哲思与诗意言说》,博士学位论文,复旦大学,2005 年。

丁媛:《〈庄子〉丑意象研究》,博士学位论文,哈尔滨师范大学,2011 年。

杜新宇:《论梭罗〈瓦尔登湖〉中的儒家与道家思想》,博士学位论文,吉林大学,2008 年。

樊公裁:《庄子的美学思想》,《哲学研究》1981 年第 9 期,第 69—76 页。

方勇:《庄子学史》,人民出版社 2008 年版。

冯友兰、钱穆:《庄子二十讲》,冉云飞编,华夏出版社 2009 年版。

傅停停:《"我思故我在"与"吾丧我"——笛卡尔与庄子的自我观比较》,博士学位论文,兰州大学,2011 年。

高萍:《〈庄子〉翻译中文化信息的转换》,博士学位论文,山东大学,2007 年。

辜正坤:《庄子哲学英译研究新发展与翻译标准多元互补论》,《中国翻译》2014 年第 1 期,第 63—66 页。

关学锐:《〈庄子〉生存美学思想研究》,博士学位论文,哈尔滨师范大学,2010 年。

郭庆藩:《庄子集释》,中华书局 2008 年版。

郭沂:《生命的价值及其实现——孔、庄哲学贯通处》,《孔子研究》1994 年第 4 期,第 65—74 页。

郝大维、安乐哲:《期望中国:对中西文化的哲学思考》,施忠连等译,学林出版社 2005 年版。

何少甫：《呼唤与超越：庄子生命哲学研究》，博士学位论文，西北师范大学，2009 年。

何飞雁：《庄子与卢梭文明批判思想的比较研究》，博士学位论文，广西师范大学，2007 年。

何颖：《英语世界的〈庄子〉研究》，博士学位论文，四川大学，2010 年。

何颖：《〈庄子〉在英语世界的传播》，《吉林省教育学院学报》2011 年第 8 期，第 43—46 页。

洪琼：《中西"游"和"游戏说"之比较》，博士学位论文，中国人民大学，2004 年。

黄东花：《中西寓言语类结构的评价对比研究——以〈伊索寓言〉和〈庄子〉寓言为例》，《求索》2013 年第 11 期，第 168—170 页。

黄鸣奋：《英语世界先秦散文著译通论》，《厦门大学学报》（哲学社会科学版）1995 年第 2 期，第 94—99 页。

黄勇：《本期视点：英语世界如何面对中国古代经典》，《求是学刊》2006 年第 2 期，第 5—6 页。

蒋一之：《英语世界的中国现代文论译介与研究》，博士学位论文，苏州大学，2014 年。

金德三：《庄子思想之三个阶段》，《河北师范大学学报》（哲学社会科学版）2008 年第 2 期，第 56—59 页。

金琳：《冯友兰的庄子学研究》，博士学位论文，华东师范大学，2009 年。

孔令宏：《道家、道教思维方式与生态型可持续发展》，《学术研究》1998 年第 3 期，第 76—79 页。

孔子：《论语·大学·中庸》，俞日霞译注，二十一世纪出版社 2014 年版。

赖永兵：《论庄子的生命美学思想》，博士学位论文，四川师范大学，2005 年。

老子：《道德经》，申维注译评，线装书局 2014 年版。

李秀英：《华兹生的汉学研究与译介》，《国外社会科学》2008 年第 4 期，第 63—69 页。

林琳：《庄学百年——二十世纪庄学研究述评》，博士学位论文，山东大学，2010 年。

刘华文：《"道"与"逻各斯"在汉诗英译中的对话》，《外语与外语教学》2000 年第 8 期，第 52—55 页。

刘乾阳：《跨文化视角下〈庄子〉"道"的英译研究》，博士学位论文，山东大学，2012 年。

刘墙宇：《中国古代审美的主体体验特色》，《内蒙古社会科学》（文史哲版）1995 年第 3 期，第 30—35 页。

刘绍瑾：《庄子与中国美学》，广东高等教育出版社 1989 年版。

刘生良：《〈庄子〉文学研究》，博士学位论文，陕西师范大学，2003 年。

刘崧：《庄子"吾丧我"思想追问》，博士学位论文，复旦大学，2012 年。

刘妍：《文化与语言的跨界之旅：〈庄子〉英译研究》，博士学位论文，上海交通大学，2012 年。

刘毅青：《当代美学的人生论转向与中西美学会通——以徐复观为中心》，《哲学研究》2012 年第 12 期，第 111—118 页。

刘颖倩：《庄子"言意"说与索绪尔"能指、所指"说比较》，《华南师范大学学报》（社会科学版）2002 年第 1 期，第 142—144 页。

刘召伟：《理雅各〈庄子〉英语译本之生态翻译学阐释》，博士学位论文，广西民族大学，2013 年。

路传颂：《自然与自由的统一：对庄子与康德的比较研究》，博士学位论文，西北大学，2013 年。

路旦俊：《"三言"英译的比较研究》，《求索》2005 年第 4 期，第 163—166 页。

罗炼：《功能翻译理论视域下巴尔福〈庄子〉英译本研究》，博士学位论文，西南交通大学，2013 年。

罗娟容：《逍遥与拯救》，博士学位论文，首都师范大学，2009 年。

吕不韦：《吕氏春秋》，陆玖译注，中华书局 2014 年版。

马思齐：《〈庄子〉阴柔美研究》，博士学位论文，鲁东大学，2013 年。

孟子：《孟子译注》，杨伯峻译注，中华书局 2012 年版。

米乐山、刘鹤亭：《默顿的〈庄子〉》，《世界宗教文化》2014 年第 3 期，第 71—75 页。

苗雨：《〈庄子〉内篇"游"之观念的跨文化阐释》，博士学位论文，北京外国语大学，2014 年。

裴汉云：《从阐释学翻译观看两译者英译〈庄子内篇〉》，博士学位论文，华中师范大学，2012 年。

彭姗姗：《瞻之在前，忽焉在后：英语世界中作为哲学家的庄子》，《中国哲学史》2005 年第 3 期，第 56—66 页。

邱洪瑞：《〈庄子〉中几种句式的研究》，博士学位论文，新疆大学，2006 年。

屈海燕：《庄子与德里达：解构思想比较研究》，博士学位论文，哈尔滨师范大学，2012 年。

任增强：《论美国学界老庄美学研究的一个路向》，《湖北民族学院学报》（哲学社会科学版）2012 年第 4 期，第 86—88 页。

容曙：《庄子新探》，《广西民族学院学报》（哲学社会科学版）1998 年第 1 期，第 230—233 页。

芮文浩：《〈庄子〉语词考释》，博士学位论文，南京师范大学，2005 年。

少岩：《庄子哲学思想研究略述》，《文史哲》1985 年第 6 期，第 95—100 页。

邵丰：《当代视域下的庄子生态美学思想》，博士学位论文，四川师范大学，2004 年。

石了英：《道家美学精神与现代诗艺的融合——叶维廉教授访谈录》，《文艺研究》2011 年第 8 期，第 62—71 页。

石了英：《台港及海外华人学者美学视野下的庄子阐释》，博士学位论文，暨南大学，2010 年。

史秋红：《庄子散文教学与中学生健全人格的培养》，博士学位论文，华中师范大学，2004 年。

史华兹：《古代中国的思想世界》，程刚译，江苏人民出版社 2008 年版。

苏菡丽：《后现代视域下庄子与海德格尔人生哲学的对话》，博士学位论文，苏州大学，2006 年。

孙贵蓉：《庄子自由精神与庄文艺术创造》，博士学位论文，青海师范大学，2013 年。

孙红：《〈庄子〉阐释之研究》，博士学位论文，中国社会科学院研究生院，2002 年。

孙敬敬：《文化翻译观下理雅各〈庄子内篇〉英译本研究》，博士学位论文，上海师范大学，2013 年。

张利群：《庄子美学》，桂林：广西师范大学出版社 1992 年版。

孙琳：《庄子"道""技"观对绘画创作和绘画教育的启示》，博士学位论文，辽宁师范大学，2007 年。

孙敏明：《庄子"游"的人生哲学研究》，博士学位论文，浙江大学，2011 年。

孙振声：《易经今译》，海南人民出版社 1988 年版。

陶东风：《从超迈到随俗——庄子与中国美学》，首都师范大学出版社 1995 年版。

汪榕培：《契合之路程：庄子和〈庄子〉的英译本》，《外语与外语教学》1997 年第 5 期，第 42—45 页。

王飞：《庄子与克里希那穆提的人格美学思想比较研究》，博士学位论文，青海民族大学，2011 年。

王凤婷：《〈庄子〉中的语言学思想管窥》，博士学位论文，陕西师范大学，2012 年。

王景丹：《庄子文本的语言阐释及中西文化在语言层面上的解读》，《青海社会科学》2008 年第 2 期，第 79—82 页。

王磊：《从齐物到无物》，博士学位论文，东北师范大学，2010 年。

王宁：《"后理论时代"的后人文研究：兼论文学与机器的关系》，《外国文学》2013 年第 2 期，第 119—127 页。

王泉、朱岩岩：《解构主义》，《外国文学》2004 年第 3 期，第 67—72 页。

王素芬：《庄子"人与天一"的生态解读》，《河北学刊》2010 年第 2 期，第 39—43 页。

王小可：《文化诗学视阈中的早期唐诗英译研究》，博士学位论文，南开大学，2013 年。

王玉红：《以〈庄子〉为语料的概念隐喻认知研究》，博士学位论文，武汉理工大学，2008 年。

王煜：《庄学研究新视野——叶舒宪〈庄子的文化解析〉评介》，《海南大学学报》（社会科学版）1998 年第 2 期，第 96—100 页。

王云潇：《〈庄子〉四英译本中的视域融合现象》，博士学位论文，上海外国语大学，2014 年。

吴光明：《庄子：庄书西翼》，台湾东大图书股份有限公司 1988 年版。

吴名琳：《庄子思想对美术新课程教学理念的镜鉴》，博士学位论文，四川师范大学，2011 年。

吴清：《天籁的回响》，博士学位论文，华东师范大学，2004 年。

吴瑜：《〈逍遥游〉中哲学意象的英译研究》，博士学位论文，浙江师范大学，2013 年。

谢苗苗：《庄子创作心理探微》，博士学位论文，福建师范大学，2007 年。

邢玉堂：《〈庄子〉中篇章隐喻的认知研究》，博士学位论文，上海外国语大学，2012 年。

徐克谦：《"存在"、"此在"与"是非"——兼论庄子、海德格尔对人的存在问题观点之异同》，《南京师范大学学报》（社会科学版）1999 年第 6 期，第 25—30 页。

徐来：《〈庄子〉英译研究》，博士学位论文，复旦大学，2005 年。

徐志啸：《叶维廉中西诗学研究论析》，《社会科学》2008 年第 10 期，第 140—149 页。

阳赟：《再现伦理视角下〈庄子〉两英译本中文化负载词探究》，博士学位论文，长沙理工大学，2013 年。

杨金燕：《〈庄子〉悖论中的美学思想》，博士学位论文，西北师范大学，2010 年。

杨荣国：《庄子思想探微》，《哲学研究》1961 年第 5 期，第 34—41 页。

杨宪敏：《"惟我"与"无我"》，博士学位论文，苏州大学，2010 年。

杨子江：《〈庄子〉寓言刍论》，博士学位论文，华南师范大学，2003 年。

余年顺：《庄子时空观探析》，博士学位论文，福建师范大学，2009 年。

张峰屹：《庄子思维方式探析》，《内蒙古社会科学》1998 年第 2 期，第 15—19 页。

张静：《由"虚室生白"到"至美至乐"》，博士学位论文，武汉大学，2005 年。

张隆溪：《道与逻各斯：东西方文学阐释学》，凤凰出版传媒集团 2006

年版。

张隆溪、向玲玲：《选择性亲和力？——王尔德读庄子》，《浙江大学学报》（人文社会科学版）2012 年第 3 期，第 74—85 页。

张松：《从后殖民主义视角解析〈孔子的智慧〉与〈庄子〉》，博士学位论文，天津科技大学，2010 年。

周炽成：《从爱莲心的庄学研究看以西评中》，《华南师范大学学报》（社会科学版）2006 年第 1 期，第 10—15 页。

朱华英、叶维廉：《"中国诗学"阐释的洞见与不见》，《当代文坛》2013 年第 1 期，第 69—71 页。

致　谢

　　本书的写作过程是我学术研究过程中的一个痛苦的蜕变。长期从事英美文学研究使自己养成了专注文本分析的习惯，但是"洞见也是盲点"。正如我的导师刘洪涛教授所说："如果你能突破以前的研究局限，拓宽自己的研究方法和视野，你的学术水平就能进入一个更高的境界。"《英语世界的庄子主体形象构建研究》的写作过程就是我个人学术重生的过程：质疑、思考、迷茫、摸索、尝试。虽然这个学习过程如同在黑夜中行走，但导师刘洪涛教授始终就是我学术的北斗星，为我指引着方向，鼓舞着我前行的信心。这种痛苦改变使我获得了"2015—2016 年度中美富布赖特研究学者项目"（2015 – 2016 U. S. -China Fulbright Visiting Research Scholar Program）资助，赢得了去美国耶鲁大学学习的机会。

　　不仅在学术上，刘洪涛教授在工作上也给予了我极大的关怀。我一边工作，一边读书，还要照顾家庭；刘老师在暗中帮助我，省掉了很多原本应该我去做的繁琐任务，让我节省时间，专注学习。我常常心怀感激，暗下决心：决不能辜负刘老师对我的期待！没有刘老师的帮助，就不可能有本书的问世。感谢刘老师！

　　此外，姚建彬教授对本书的写作提出了非常有建设性的指导意见，方维规教授、曹顺庆教授、章燕教授、张辉教授、顾钧教授在本书的写作过程中给予了很大帮助。北师大的学习岁月中永远都是我人生中一道亮丽的风景。

　　最后，对我妻子的感谢总是表达不尽的；我的儿子，是我生命中的阳光。

作　者